Herbert V. Guenther

Tantra als Lebensanschauung

Umschlagmotiv:
»Gott und Tänzerin«
Elfenbeinschnitzerei aus Indien
Ausschnitt

Lizenzausgabe 1992 für
Manfred Pawlak Verlagsgesellschaft mbH,
Herrsching
mit Genehmigung des Scherz Verlages, Bern und München
Titel der Originalausgabe: »The Tantric View of Life«
© 1974 by Scherz Verlag Bern, München, Wien
für Otto Wilhelm Barth Verlag
Einzig berechtigte Übersetzung aus dem Englischen von
Ursula von Mangoldt
Gesamtdeutsche Rechte bei Scherz Verlag, Bern und München
Umschlaggestaltung: Bine Cordes, Weyarn
Umschlagmotiv: bildarchiv preußischer kulturbesitz, Berlin
Gesamtherstellung: Mohndruck, Gütersloh
Printed in Germany
ISBN 3-88199-912-4

Inhalt

Vorwort

Der Westen ist mit dem Begriff Tantrismus heute wohl vertraut, aber es gibt kaum Anzeichen dafür, daß ein ernsthafter Versuch zur Klärung seines Inhalts unternommen wurde oder zur Erläuterung dessen, was dieser für den einzelnen bedeutet, der sich mit der tantrischen Lehre befaßt. Verallgemeinerungen über den Tantrismus sind in der Regel irreführend, weil nicht genügend von den Tatsachen ausgegangen wird. Ehe wir allgemeine Schlüsse ziehen, müssen wir über die Voraussetzungen Bescheid wissen, die der jahrhundertelangen Entwicklung des Tantrismus zugrunde liegen. In diesem Buch habe ich mich bemüht, diese Voraussetzungen anhand tibetischer Originaltexte anstatt einzelner Sanskrit-Werke und deren Übersetzungen zu behandeln, obgleich auch diese benutzt wurden, denn die tibetischen Originaltexte gehen auf die Wurzel des Tantrismus zurück. Die Beschränkung eines solchen Verfahrens liegt darin, daß es den buddhistischen, nicht den hinduistischen Tantrismus darstellt; sein Vorteil ist, daß keine Gedanken vermengt werden, die nichts miteinander zu tun haben.

Ich bin überzeugt davon, daß der Tantrismus in seiner buddhistischen Form von größter Bedeutung für das innere Leben des Menschen und damit für die Zukunft der Menschheit ist. Wenn das Geistesleben neue Impulse erhalten soll, dann müssen wir zu einer neuen Anschauung und einem neuen Verständnis kommen, und dafür gibt es kaum etwas so Wertvolles wie das Studium der Erfahrungen und der Lehre des buddhistischen

Tantrismus. Denn dieser gründet auf Praxis und einer tiefen, persönlichen Erfahrung der Wirklichkeit, die von den überlieferten Religionen und Philosophien nur in einer emotionalen und intellektuellen Weise beschrieben wurde. Für den Tantrismus ist die Wirklichkeit die stets gegenwärtige Aufgabe des Menschen, *zu sein*.

Die kritischen Hinweise auf westliche Gedanken, Vorstellungen und Schlußfolgerungen sollen keine Verunglimpfung sein, sondern ein Mittel, um den Gegensatz zwischen zwei unterschiedlichen Begriffssystemen hervorzuheben. Das eine ist vorwiegend mechanisch und theistisch bestimmt, das andere im Grunde dynamisch und existenzbezogen. Solange diese Unterschiede nicht klargelegt sind, werden nur Mystifikation und Gefühlsduselei das Resultat sein.

Sein - der Wesenskern des Tantra:
Eine Übersicht

Die konkrete Gegenwart des Seins ist zweifach:
Gegenwart des Körpers und des Geistes.
Die Gegenwart des Körpers bedeutet,
daß er erkennbar ist in Stufen – grobstofflich,
feinstofflich und sehr subtil, im allgemeinen unteilbar.
Aus dem strahlenden Licht (kommt) eine Leere,
aus dieser Darstellung und Würdigung in einer Vielfalt (von
Lebensformen),
die (ihrerseits) fünffaches Erwachen ist,
Struktur, Beweglichkeit und *bodhicitta* (Lebensenergie).

(DER GRUND)
Die konkrete Gegenwart des Geistes bedeutet
sein Dasein im Zentrum des Körpers als E-VAM,
da er von Natur der Darstellung und Würdigung ist,
schwinden alle Fiktionen von ihm.

(DER WEG)
Frei von den Vorstellungen von Mandala und *(gana)* Chakra,
von Karmamudra und Jnanamudra,
verneine nichts, unterbrich' nicht (das geistige Wirken), finde
nicht Fehler,
fixiere nicht die Gedanken (auf etwas), werte nicht, laß einfach
geschehen.

(DAS ZIEL)
Wie der Samen, so der Baum –
wie der Baum, so die Frucht.
In dieser Weise die ganze Welt zu betrachten –
ist relatives Bedingtsein.

Aus *Ahapramana-samyak-nama-dakini-upadesa*

Bedeutung des Tantra

Das Wort Tantra wurde 1799 in die englische Sprache eingeführt. Es wurde mit Vorliebe für eine Art von Literatur verwendet, die in mancher Weise auch heute noch jene Menschen
verblüfft, die sie dem allgemeinen, stark idealisierten und deshalb völlig mißverständlichen Bild der indischen Philosophie
anzupassen suchen, von der man annahm, sie sei aus einem
Guß.

Da der Begriff Tantra sowohl auf hinduistischen wie buddhistischen Buchtiteln erscheint, wurden solche Schriften zuerst
auf einen Haufen geworfen und dann abgelehnt mit der Begründung, sie ließen keine »klaren« Feststellungen zu. Diese
angebliche Abstrusität solcher Literatur war aber nur eine Widerspiegelung der erschreckenden Engstirnigkeit der Menschen,
die Zugang zu ihr hatten und der Meinung waren, daß alle
Bücher nichtwestlicher Herkunft nur aus einem Wirrwarr
von Mythen und Dichtung, Religion und Aberglauben be-
stünden und deshalb unwichtig und verächtlich seien.

Da solche Literatur Themen umfaßte, die aus dem »ehr-
baren« Bereich der »Philosophie« ausgeschlossen waren, entstand eine geheimnisvolle Zweideutigkeit. Denn dieser »ehr-
bare« Bereich galt als Aufbewahrungsort tiefer, klarer und
hoher Ideale mit wenig Bezug auf die harte Wirklichkeit des
tatsächlichen Lebens, ausgenommen, daß sie diese verdeckten.
Entweder hielt man die Literatur für die Widerspiegelung einer
traurigen intellektuellen und moralischen Entartung, oder man

war der Meinung, sie sei im Besitz des Schlüssels für eine Welt von Macht und Sexualität, den beiden Vorstellungen, die alle verfolgen, die an der einen oder anderen oder an beiden leiden. Wenn auch die Theorie der Entartung weitgehend aufgegeben wurde, ist doch die Annahme stark verbreitet, daß Macht und Geschlechtlichkeit die Hauptanliegen des Tantrismus sind. Denn es ist leichter und wahrscheinlich auch einträglicher, Unzulänglichkeit lebenslänglich zu verewigen als Wissen zu erwerben und zu verbreiten. Es ist sehr einleuchtend, daß in der westlichen Welt das Wort Tantra fast ausschließlich im Hinblick auf eine mit Macht und Sex aufgeblähte esoterische Lehre gebraucht wird und nicht im geringsten in seiner umfassenderen Bedeutung als »erweiterte wissenschaftliche Abhandlung«. Dies bezieht sich auf das westliche Denken, wirft aber kein Licht auf die Bedeutung von Tantra an sich.

Das Wort Tantra wird in verschiedener Weise angewendet. Deshalb besagt es für den Hindu etwas anderes als für den Buddhisten. Dies ist auch auf die zugrunde liegende Metaphysik zurückzuführen, so daß hinduistischer und buddhistischer Tantrismus sich stark voneinander unterscheiden. Etwaige Ähnlichkeiten sind nebensächlich und berühren das Wesen nicht.

Durch seine enge Verbindung mit dem *Samkhya-System* gibt der hinduistische Tantrismus eine Psychologie vorherrschender Subjektivität wieder, vermindert diese aber durch Vermischen des Menschlichen mit dem Göttlichen und umgekehrt. Der buddhistische Tantrismus hat das menschliche Erkenntnisvermögen zum Ziel, so daß der Mensch hier und jetzt *sein* und die Harmonie von Sinnlichkeit und Geistigkeit vollbringen kann. Herrschaft oder Macht üben einen großen Reiz auf das Ich aus, da sie ihm die Möglichkeit geben, sich als Herr der Welt zu fühlen. Herrschaft läßt auch eine Saite in uns, die wir in einer Massengesellschaft leben, anklingen. Denn in dieser steht die Vernichtung des Einzelnen drohend vor uns. Macht aber ist dem Anschein nach eine Kompensation für das innere Gefühl der Verzweiflung. Doch wenn man nicht weiß, daß Macht als höchster Wert die Unterwerfung der eigenen Individualität bedeutet, besteht die Gefahr, daß sich der Mensch im Gefühl von Unsicherheit und Angst, zu sich selbst zu kommen, zu irgend etwas hinwendet, das anscheinend Macht verspricht. Aufgrund seiner Voreingenommenheit und weil das Wort »Shakti«, schöpferische Kraft, das häufig im hinduistischen, niemals aber im buddhistischen Tantrismus gebraucht wird, als Macht verstanden werden könnte, wurde Tantrismus fast ausschließlich mit dem hinduistischen »Tantra« gleichgesetzt. Dies ist auch bekannter als das buddhistische, das individuelles Wachstum betont und die Einmaligkeit des menschlichen Wesens zu verwirklichen sucht.

Im Buddhismus bedeutet Tantra sowohl »Integration« wie »Fortdauer«.

Dies bestätigt das *Guhyasamajatantra:*[1]

» ›Tantra‹ ist Fortdauer und diese ist dreifach: Grund, tatsächlicher Zustand und Nichtübertragbarkeit.«

Der Tantrismus beginnt mit der konkreten Situation der lebendigen menschlichen Existenz und versucht, die in ihr schon eingeschlossenen Werte klarzustellen. Sein Blick ist nicht von Anfang an auf ein äußeres System gerichtet, das durch Wahrnehmung aufgenommen und dann als ein Objekt irgendwelcher Art behandelt wird. Der Tantrismus spekuliert auch nicht über ein jenseits der endlichen Person liegendes transzendentales Subjekt. Er versucht eher, die endliche Existenz des Menschen, so wie sie von innen gelebt wird, zu erforschen, ohne einer anderen Art von Subjektivismus zu unterliegen. Das Dasein des Menschen, das im Konkreten gelebt wird, ist ganz verschieden von den begrenzten Horizonten einer mehr »objektiven« Beurteilung und Wissenschaft, die ihre besonderen Werte besitzen, aber nicht die allgemeinen Werte sind. Auch lernt man dieses Leben in einer anderen Weise kennen.

Die Welt des Menschen beruht nicht auf der Vorstellung, daß das subjektive Ich das einzig wirkliche ist (Solipsismus, Gipfel des Subjektivismus); sie ist auch nicht die Summe aller in der Welt auffindbaren Gegenstände. Die Welt des Menschen ist der Horizont seiner Sinndeutung, ohne die es keine Welt und keine Einsicht in sie gibt, die der Mensch für sein Leben braucht. Dieser Horizont der Sinndeutung ist nicht ein für allemal festgelegt, sondern entfaltet sich mit dem Wachstum des Menschen, und dieser ist die Wirklichkeit der gelebten menschlichen Existenz.

Sinndeutungen bilden ja keine andere Welt, sonden geben dieser Welt, die der Ort unserer Handlungen ist, eine andere Dimension. In diesem Sinn ist Sein nicht eine geheimnisvolle Wirklichkeit, sondern genau der Beginn und Weg des Handelns und sein wahres Ziel.

Es ist beides: die Voraussetzung unserer Gedanken und das, was wir mit ihnen zur Bereicherung unseres Lebens tun. Der Nachdruck, den der Buddhismus auf Erkenntnis *(ye-shes, jnana)* und auf unterscheidend-würdigendes Bewußtsein *(shes-rab, prajna)* legt, ist Ergebnis der Erkenntnis, daß das menschliche Problem eine Frage der Erkenntnis und diese nicht nur ein Bericht aus der Vergangenheit ist, sondern eine Neuformung der Gegenwart, auf die Erfüllungen in der daraus folgenden Zukunft gerichtet. Dies also ist die Bedeutung von Tantra als »Fortdauer«. Sein dreifacher Aspekt, der in dem Aphorismus aus der *Guhyasamajatantra* umrissen wurde, wird von Padma dkar-po in folgender Weise erklärt:

»Das Tatsächliche oder die aktuelle Gegenwart von allem

Seienden, angefangen mit Farbe-Form bis zu der innerlichen Wahrnehmung aller bemerkbaren Eigenschaften heißt ›konkrete existentielle Gegenwart‹. Nachdem diese unverändert in allem gegenwärtig ist wie der Himmel, beginnend mit den Lebewesen und bei den Buddhas endend, wird sie um ihrer Fortdauer willen ›Tantra als tatsächlicher Zustand‹ genannt.[2]

Es ist ein Weg, den man wandern muß mit (Hilfe unserer) Handlungen, die reif und in diesem unbeschmutzten Sein gereinigt werden. Es ist auch eine Stufenfolge, weil es unaufhörlich weitergeht von der Ebene, auf der Wissen und Verdienste angehäuft werden, bis zur Ebene dessen, der ein Zepter hält. Deshalb wird Tantra ›Stufenfolge des Weges‹ genannt.[3]

Da es der Grund ist, aus dem alle Tugenden erwachsen und in dem sie wurzeln, wird es ›Tantra als Grund‹ bezeichnet. Es heißt auch ›Tantra als Handlung‹, weil es die ›Erleuchtung‹[4] begleitet.

Ziel ist die Erlangung des Zustandes von einem Menschen, der das Zepter hält. Dieser ist Quelle des ›Seins für andere‹. Sein Merkmal ist Freisein von zufälligen Befleckungen, und da (der Prozeß) des Erleuchtetwerdens so lange andauert, wie es Lebewesen gibt, die so unerschöpflich sind wie der Himmel, tritt (die Erfüllung) stufenweise hervor. Dieses stufenweise Hervortreten des Zieles wird ›Tantra als Ziel‹ genannt. Dies wird gekennzeichnet als Umwerfen der Hindernisse, die durch erfahrungsmäßig eingeführte Möglichkeiten des Erlebens aufgestellt wurden und nicht den Verlust des ›Seins für andere‹ herbeiführen wie im Fall von Nirvana, in dem das Bewußtsein endet. Deshalb wird dieses Tantra ›unübertragbar‹ genannt.«[5]

Es gibt also kein Entweichen aus dem Sein, und Tantra

will uns lehren, daß wir dem Sein ins Angesicht schauen müssen. Sinn im Leben finden, ist Buddha-»Erleuchtung« empfangen. Aber was dieser Sinn ist, kann nicht ohne Verfälschung ausgedrückt werden. Deshalb ist das Wissen, auf das der Tantrismus großen Wert legt, nicht Wissen von diesem oder jenem, von Natur, Gesellschaft oder von einem selbst, sondern Wissen, das alle diese Arten von Wissen ermöglicht. In gleicher Weise ist eine Handlung, für die der Tantrismus eintritt, nicht eine solche, die den Menschen tatsächlich dem Zusammenhang eines vorgebildeten Schemas anpaßt, sondern eine Handlung, die voller Selbstzucht und Verantwortung ist. Verantwortlichkeit ist nicht nur Handeln, sondern eher eine Sicht der einen wirklichen Welt von einer anderen Perspektive her. Ihr Ziel ist die Verwirklichung dessen, was wir die ganze Zeit waren. Denn es ist nicht weniger Sein als der Grund oder Ausgangspunkt. Der Durchgang aus der verborgenen Gegenwart der existentiellen Werte bis zu ihrem Dasein wird offen erkannt.

Mit der praktischen Anwendung des Tantrismus stimmt überein, daß dieser auf den Menschen zentriert ist, aber nicht so, daß »der Mensch alles ist«. Denn das ist eine Entpersönlichung und eine Herabsetzung, die ihn einer transzendenten Gottheit unterwirft. Das Problem ist nicht Wesen oder Natur des Menschen, sondern was der Mensch aus seinem Leben in dieser Welt machen kann, um die höchsten Werte, die das Leben gewährt, zu verwirklichen. Wenn irgendein Grundsatz das tantrische Denken beherrscht, so ist dieser durch und durch Wirklichkeit. Es bleibt nichts Subjektives im Gegensatz zu einer »objektiven« Wirklichkeit übrig.

Im Streben nach Sein liegt eine Freude und Unmittelbarkeit, die sonst nur im Zen gefunden werden kann, das heißt in dem Höhepunkt des sino-japanischen Buddhismus, nicht im Dilettantismus der zurückgebliebenen Jugend des Westens, der in einigen Gegenden schon im Abflauen ist. Im Vergleich kann man den Tantrismus den Höhepunkt des indo-tibetischen Buddhismus nennen.

Der Körper als fortdauernde Verkörperung

Tantra, von seinen mystifizierenden Ausschmückungen befreit, bezieht sich, wie wir gesehen haben, auf das »Sein«, die »Existenz«, Worte, die wir in Ermangelung eines besseren Ausdrucks gebrauchen. Seine konkrete Gegenwart manifestiert sich in dem, was wir gewohnheitsmäßig Körper und Geist nennen. So lesen wir in den *Ahapramana-samyak-nama-dakini-upadesa:* [6]

»Die konkrete Gegenwart (des Seins) ist eine doppelte: Gegenwart des Körpers und des Geistes.«

Dem Anschein nach wiederholt der Tantrismus hiermit nur unseren gebräuchlichen Dualismus und formuliert stillschweigend unsere Bewertung dieser zwei Aspekte unserer Existenz. Um alle Mißverständnisse tantrischer Absichten zu vermeiden, die einer anscheinend gleichen Formulierung und Präsentation zuzuschreiben sind, lohnt es sich, die Entwicklung unserer dualistischen Methode und des ihr innewohnenden Wertcharakters zu prüfen. Von orphisch-dionysischen Gedanken ausgehend, entfernte Plato zuerst die Seele aus der Welt und verwandelte dann diese Welt, die er aus der göttlichen Gesamtheit herausgenommen hatte, in einen Bereich des Bösen. Diese Vorstellung von zwei sich widerstreitenden und unversöhnbaren Gegensätzen übte einen so starken Einfluß auf die Jahrhunderte aus, daß der Dualismus von Körper und Seele bis in unsere Zeit hinein als fast selbstverständlich angesehen wurde. Es war ganz natürlich, daß aufgrund einer solchen Beurteilung der Körper an Wert verlor und sogar zum Gegenstand des Ekels wurde. »Der Körper ist ein Grab« *(soma sema)*, heißt es im *Gorgias* von Plato. Diesen Ausdruck hatte zuvor Philolaos angewendet.

Auf jeden Fall garantiert die Verdammung des Körpers und seine damit verbundene Entwertung nicht die Geistigkeit und den unbestreitbaren Wert der Seele, da die Seele Ideen und Gedanken, Impulse und Begierden materieller Art enthält. Die Seele mußte deshalb auch von der ihr innewohnenden Körperlichkeit gereinigt werden.

Wieder war es Plato, der nicht nur den Körper herabsetzte, sondern auch die Seele, die trotz ihrer Teilhabe an den höheren Bereichen der Ideen zu der niederen Welt des Werdens gehört. Der Seele überlegen war der Geist, eine völlig unstoffliche Kraft. In dieser Stufenfolge wird Geistigkeit gleichbedeutend mit Feindseligkeit gegen die Welt und Verachtung für alle weltlichen Bindungen. Zwei entgegengesetzte Schlußfolgerungen wurden hieraus gezogen, die beide ihre jeweiligen Vertreter in Asketen und Wüstlingen hatten (und noch haben). Askese entsteht und erhält sich durch Angst. Sie wächst auf einem streng dualistischen Boden und nimmt die Gefahr der Verunreinigung dessen, was der Asket für das »Beste« im Menschen hält, das Ewige in ihm, oder wie er es ausdrücken mag, sehr ernst. Der Asket versucht die verunreinigende Kraft wieder unschädlich zu machen, sich ihrer Wirkung entgegenzustellen, selbst unter Qualen, so daß sich Seele oder Geist befreien und die höchste Herrschaft ergreifen können. Askese ist somit ein Streben nach Macht und Freude durch umgekehrte Wege, das heißt, die Freude wird aus der Qual gewonnen. Nicht alle Asketen sind Psychopathen oder lüsterne Pervertierte, und viele gehörten einst und gehören noch heute zur erlesenen Schar der Heiligen.

Das Gegenstück zur Askese ist die Ausschweifung. Diese aber ist nicht wie die Askese auf Angst gebaut, sondern beruht auf Verachtung. Äußerste Verachtung für den Körper und die gesamte Welt besteht darin, daß man sie sogar als Gefahr leugnet. Der Körper und die Materie im allgemeinen sind demnach nicht nur schlecht, sondern so schlecht, daß man sich am besten meilenweit über sie erhebt und rücksichtslos und willkürlich mit ihr umspringt. Zügellosigkeit erscheint häufig als Empörung gegen Askese, beide aber haben die gleiche Wurzel. Einmal wird der Körper durch Nichtachtung und Enthaltsamkeit verneint, das andere Mal durch Zügellosigkeit und Überbeanspruchung mißbraucht. Beide Verhaltensweisen sind in ihrer unterschiedslosen Negierung einander gleich. Im Lauf der Geschichte wurde Askese gewöhnlich positiv angesehen aus dem einfachen Grund, weil ihre Ablehnung sich ausgezeichnet für die Bildung von Institutionen eignete. Die asketische Verketzerung der natürlichen Werte meint zwar, daß sie eine positive Qualität hervorbringt, nämlich Reinheit, aber diese besteht nach asketischen Begriffen wesentlich im Nichttun und entwickelt lediglich einen Kodex negativer »Tugenden«. Auf der anderen Seite ist das ausschweifende Leben immer Vorrecht und Privileg der »Auserwählten«, der Freigeister (Pneumatiker) geblieben im Gegensatz zu denen, die die Seele oder den Stoff (Hyliker) in den Vordergrund stellten. Von dieser der Ausschweifung und der Askese innewohnenden Negation führt nur ein kleiner Schritt zum äußersten Nihilismus, dem Notstand des modernen Abendländers. Dies bedeutet im Sinne der Askese »vernichten, um zu retten« (was oder wen?), im Sinne der Ausschweifung »die Leichen zählen«.

Die Entwertung des Körpers und die Verwerfung der Welt am Beispiel der Askese und der Ausschweifung erreichen ihren Höhepunkt im Gedanken der Transzendenz. Diese wird als etwas anderes begriffen, das aber in keiner positiven Beziehung zur Welt der Wahrnehmung steht, und ist damit die Negation und Aufhebung nicht nur der Welt, sondern auch ihrer selbst. Dieser Nihilismus wird nicht abgefangen durch eine sogenannte transzendente Meditation, die nichts anderes ist als eine Neuformulierung des Nihilismus in nichtwestlicher Terminologie. Das wirklich Transzendente ist jenseits des Seins und nicht eine Ursache, die gewisse eigene Eigenschaften als Wirkung ausgibt. Es hilft uns nicht für das Verständnis unserer selbst oder der Welt, aber es scheint Nihilismus und Nichtsein schmackhafter zu machen.

Die Abwertung der natürlichen Welt und der natürlichen Werte ist schuld daran, daß dem Körper wenig Aufmerksamkeit beigemessen wurde. Dabei wären wir nichts ohne unseren Körper, und bei einer solchen Abwertung ist seine Bedeutung überhaupt nicht zu verstehen. Dies ist auch nicht möglich durch Rückkehr zu einem »Körperkult« der vorchristlichen Welt, vor allem in Griechenland, wo die leidenschaftliche Erforschung des nackten Körpers dem intellektuellen Interesse für Geometrie untergeordnet und als »Proportion« aufgefaßt wurde. Dies trug letztendlich zur Ablehnung des Körpers eines Menschen bei. Die Bedeutung des Körpers ist auch nicht zu verstehen, wenn man ihn »therapeutisch« betastet. Damit soll nur das kaschiert werden, was die Menschen auf der ganzen Welt zu allen Zeiten meistens heimlich taten.

Körper und Geist, die für uns ein Gegensatzpaar bilden, bei dem der Geist einen »höheren« Wert besitzt, sind im Tantrismus voneinander abhängig und durchdringen sich gegenseitig. Das Umschließende ist zugleich auch das Umschlossene. Wunderbar wird dies im *Hevajratantra*[7] ausgedrückt:

»Wie gäbe es Seligkeit, wäre der Körper keine Wirklichkeit? Unmöglich, von Glückseligkeit dann zu sprechen.

Glückseligkeit umschließt (durchdringt) die lebenden Wesen,
so daß das Umschließende selbst das Umschlossene ist.
Wie der Wohlgeruch einer Blume
nicht duften würde ohne die Blume,
so wäre nicht wirklich Glückseligkeit,
wären Form und dergleichen nicht Wirklichkeit.«

Der Körper ist von grundlegender Bedeutung. Deshalb
spricht der Text von seiner »konkreten Gegenwart«. Sie ist
eine Verfügbarkeit, eine Möglichkeit, die eine gewisse Kenntnis
in sich schließt. Diese Kenntnis unterscheidet sich von jeder intellektuellen oder anderen durch Wissenschaft wie durch Hy-
pothesen gebildeten Auslegung über den Körper. So ist der
Körper also nicht etwas, das der Mensch *hat*, sondern der
Mensch *ist* der Körper. Dies bezieht vieles mit ein. Deshalb
fährt *Ahapramana-samyak-nama-dakini-upadesa* fort: [8]

»Die Gegenwart des Körpers besagt, daß er
in grober Abstufung erkennbar ist.
Feinstofflich und sehr subtil ist er im allgemeinen unteilbar.«

Mit Ausnahme des Ausdrucks »im allgemeinen unteilbar«,
den man auf verschiedene Weisen erklärte, herrscht darin Über-
einstimmung, daß sich die dreifache Abstufung auf das bezieht,
was gewöhnlich unter Körper, Rede, Geist verstanden wird.
Das Grobstoffliche ist sowohl »Anordnung« oder »Ansammlung« wie ein »einheitliches Ganzes«. Als Anordnung oder
Ansammlung umfaßt es die fünf psychophysischen Bestandteile, das heißt Farbe-Form als erkenntnistheoretisches Objekt in einer wahrnehmbaren Situation, Gefühlsurteil, Empfindung und Begriffsbildung, Begründung und abstrakte, kategorische Wahrnehmung; die vier elementaren Kräfte, das heißt
Festigkeit, Kohäsion, Temperatur und Beweglichkeit; die sechs
sich gegenseitig beeinflussenden Ebenen der Sinne mit ihren
Objekten und die Kraft des Geistes mit seinen Ideen; die fünf

Objekte der Sinne, das heißt Farbe, Ton, Geruch, Geschmack und Struktur; ebenso die größeren und die kleineren Glieder. Wir würden diese als aufbauende Elemente des Körpers, als »Ding« unter anderen Dingen betrachten. Die übrigen Bestandteile wären für uns Funktionen. Das »einheitlich Ganze« entsteht durch die Begegnung der Sinne mit ihren jeweiligen Objekten und wird erhalten durch wertende Unterscheidung, durch subjektiven Standpunkt, unbekannte latente Neigungen, Wünsche und viele Emotionen. Diese letzte Definition weist auf die Lebenswelt des einzelnen hin, in der der Körper ein Zentrum der Orientierung ist, auf das hin andere Objekte in der raum-zeitlichen Umwelt organisiert, erkannt und bewertet werden.

Denn die Lebenswelt, die Welt lebendiger Existenz, ist – wie man aus den vorhergehenden Erläuterungen ersehen kann – weder ganz subjektiv (geistig) noch ganz objektiv (Körper-»Ding«), sondern beides in einem. In diesem Zusammenhang ist es vollkommen legitim, von einer »menschlichen Welt« zu sprechen, in der der Körper eine sehr wesentliche Rolle spielt, weil er ein belebter Organismus, ein komplexes (selbst-) aufbauendes Gefüge in Bewegung ist.

»Feinstofflich« ist das ganze System der Kommunikation durch die Sprache. Es ist die Mitte zwischen »Grobstofflichem« und »sehr Subtilem« und kann beiden ein Modell sein, wie zum Beispiel in der Reihenfolge der Buchstaben H-u-n-d, und eine Sinndeutung, wenn ich etwa das Wort »Hund« ausspreche, um die Aufmerksamkeit eines anderen auf etwas zu lenken.

Das »sehr Feinstoffliche« ist die Einheit von »drei Manifestationen«, das heißt ein Abblenden des strahlenden Lichts, ein verstreutes Glühen und dauerhafte Dunkelheit.[9] Diese bauen als Begriffe oder »Konstruktionen der Gedanken«, als »Emotionen« und »Handlungen« das sogenannte *samsara* auf, die

Welt, nicht so sehr im Sinn eines Mediums, sondern als eine Bewegung aus einer Situation in eine andere hinein. Dabei verlangt jede eine Lösung, die sehr häufig nur wieder eine neue Situation ist. Diese »drei Manifestationen« wirken nicht von außen auf den Körper ein; sie sind, wie es der fachliche Ausdruck andeutet, sein »sehr feinstofflicher« Aspekt. So erklärt dies Padma dkar-po:

> »Seine (Tätigkeit) gleicht nicht jener des Töpfers, der einen Krug gebrannt hat, der dann ohne den Töpfer weiterexistiert, sondern dem Lehm, der zu einem Krug geformt wird.«[10]

Nach dieser Ansicht ist der Körper eine bestimmte Gesamtheit von »Wirksamkeiten«, durch die er zur wesentlichen Bedingung für die Existenz der Welt wird. Es gehen nicht nur »Handlungen« von dem Körper aus, sondern die wahrgenommenen Dinge werden auch zu diesem Zentrum hin orientiert. Dadurch wird er zu einer Art von »synergetischem« System, in dem Teilfunktionen verschiedenster Art zusammengefaßt werden und einem identischen Zustand angehören: Ich sehe eine rote Rose, rieche sie, berühre sie, habe sie gern. Dieses »sie« bedeutet das eine gleiche Objekt aufgrund des einen gleichen Zentrums, des Körpers. Wenn ich in diesem Zusammenhang von einem »Ich« spreche, das alle angegebenen Handlungen ausführt, dann ist dieses »Ich« nicht irgendeine Existenz, die dem fortlaufenden Vorgang des Differenzierens hinzugefügt wird, der mir erlaubt, von »meinem« Körper zu sprechen, durch den es »meine Welt« gibt. Mein Körper ist unter allen anderen tatsächlich einmalig. *Mein* Körper ist der einzige, in dem ich völlig unmittelbar die Selbstverkörperung *meines* seelischen Lebens, das heißt ein Empfinden, Fühlen, Einordnen usw. erfahre. Der Körper ist somit anwesend (und ohne Unterbrechung selbst gegenwärtig) als Träger *(rten)* von dieser oder jener Seele oder

Lebenskraft *(brten-pa)* und in einer äußeren Gegenwart, die in sich die innere Kraft (die Seele) trägt, deren »Ausdruck« er ist. Dies bedeutet nicht eine Vergöttlichung der Seele (Geist), wie die idealistisch denkenden Philosophen meinen. Tantrismus beschäftigt sich mit der Existenz, die teilhaben muß am absoluten Sein, dem Sein-an-sich, um sinnvoll als diese oder jene Art individueller Existenz zu sein. Das absolute Sein erhält in den tantrischen Texten verschiedene Bezeichnungen. Ein Ausdruck, der am meisten gebraucht wird, ist »strahlendes Licht«. Die Gegenwart des Körpers, die nach obiger Analyse eine unaufhörlich anhaltende Selbstverkörperung und eine Selbstäußerung des psychischen Lebens durch einen Körper ist, der ausgesondert wurde als ein persönlicher, eigener und als »mein« Körper empfunden und verstanden wird, ist deshalb von diesem Sein, dem »strahlenden Licht«, nicht abzusondern.

»Strahlendes Licht« *('od-gsal)* ist eine Bezeichnung für die Erregbarkeit eines lebendigen Organismus, das heißt die Fähigkeit, seine Leuchtkraft zu verstärken oder zu vermindern. Hier ist ein Wechsel von Trägheit zur Reaktionsfähigkeit nicht mit eingeschlossen. Auch wir reden von einem Menschen, der voller Freude strahlt, der glückstrahlend ist, sprühend von Wohlergehen. Das leuchtende Sein ist Abwesenheit aller Dunkelheit. Sein Strahlen ist seine Kraft zu erleuchten, weniger eine ihm zugeschriebene Eigenschaft. Das »strahlende Licht« gehört zu unserem Sein, aber es vermindert sich in direktem Verhältnis zu unserem Dasein, das vom kategorischen Denken umschrieben wird. Soweit wir »erleuchtet« sind, sind wir glücklich und fühlen uns erhoben und glückselig.

In dem Maße aber, wie das »Licht ausgeht«, fühlen wir uns gelangweilt und niedergedrückt. sGam-po-pa hat deutlich diese innerste Beziehung zwischen »Strahlenglanz« und »Glückseligkeit« festgestellt:

»Es gibt zweierlei Strahlenglanz – ein erkennbares strahlendes Licht und ein strahlendes Licht-an-sich. Das erkennbare strahlende Licht gleicht nicht dem Prinzip der Erkenntnis, das in sich selbst-gültig und selbst-leuchtend, absolut wirklich ist, wie die Philosophen annehmen, sondern eher eine Flamme in einem Krug. Das strahlende Licht an sich scheint unabhängig von einer anderen Lichtquelle. Es ist überdies Freude, aber nicht eine gewöhnliche, die wieder vergeht, sondern absolute Glückseligkeit.«[11]

Da Existenz, Sein-an-sich, einen absoluten Wert besitzt, ist mein Körper, insoweit er an der Existenz teilhat, ein eigener Wert, unabhängig von den spekulativen Gedanken, die ich von ihm als dieser oder jener Art von Objekt habe. Trotz der traditionellen negativen Haltung dem Körper gegenüber wird der Mensch an seinem Körper hängen und sich im allgemeinen ungern von ihm trennen. Dies offenbart einen Bruch zwischen unserer Einsicht und unserer Meinung. Die Einsicht betrifft das Sein; sie sieht, was wirklich *ist*. Meinung klammert sich nur an das, was dem Anschein nach ist, und verliert sich im Urteilen über Erscheinungen. Meinung kann niemals würdigen, was wirklich ist. Einsicht lebt von Wahrheit und setzt diese absolut. Auch Meinung verlangt nach Wahrheit. Da sie diese aber durch eigene Fiktionen ersetzt, ist sie an Dogmen gebunden. Sie sucht diese anderen aufzudrängen, weil sie, ihrer selbst unsicher, diese Ungewißheit durch Aggressivität verbergen will. Sein bedeutet, daß das Leben nach Einsicht, nicht Meinung geführt wird. Auf das Körperproblem angewendet, bedeutet dies: Insofern ich mein Körper bin, der die Selbstverkörperung und Selbstäußerung meines psychischen Lebens ist, vorausgesetzt, daß dieses von Einsicht geleitet wird, bin ich wirklich. Insofern aber das psychische Leben durch Meinungen (falsch) geleitet wird, glaube ich mich im *Besitz* eines Körpers (der zu verachten, milder ausgedrückt: mehr oder weniger zu vernachlässigen ist) und einer Seele (die gerettet werden soll). In einem weiteren Zusammenhang erscheint die menschliche Situation als eine Suche, als ein Notzustand. Der Mensch ist ein Wesen, das als Seiendes auf der Suche nach dem Sein ist. Deshalb ist sein Dasein nicht nur kostbar *(rin-po-che)*, sondern das Geheimnis *(gsang-ba)* des Lebens ist ein Problem, das den Menschen umfaßt, für den es ein Problem ist. Dies gilt für mich als ein verkörpertes Wesen. In diesem Sinn spricht *Vima snying-tig* von vier Aspekten des Körpers: [12]

»Der Körper ist vierfach: a) Der Körper als ein Kleinod und ein Mysterium ist zusammen *dharmakaya, sambhogakaya* und *nirmanakaya*.[13] b) Der Körper als reines Bewußtsein und ohne Erscheinung ist *sambhogakaya*. Oder, wenn der Körper als Kleinod *dharmakaya* ist, ist dieser *rupakaya*. c) Der Körper als ein System von Begriffen und von Neigungen: Das sind die Lebewesen. d) Der Körper als reine Erkenntnismöglichkeit: Das ist der Zustand der anhaltenden Gedankentätigkeit auf der Ebene der Formlosigkeit.«[14]

Hat man einmal erkannt, daß die menschliche Situation eine Suche ist mit der Frage, ob Einsicht und wahres Sein zu verwirklichen sind, ist die Antwort, daß solches möglich ist, schon vorweggenommen. Es stellt sich nun die Frage, wie diese Situation, in der ich mich befinde, zustande kam. *Ahapramana-samyak-nama-dakini-upadesa* erklärt: [15]

»Aus dem strahlenden Licht (kommt) eine große Leere,
aus dieser entstehen beide, Annahme und Würdigung in einer
                                     Vielfalt (von Lebensformen)
(ihrerseits) fünf Stufen des Erwachens,
Struktur, Bewegung und *bodhicitta*.«

Zuerst ist zu beachten, daß der einzelne Mensch sich bei seiner Suche als deren Objekt versteht, und dieses anfängliche und ursprüngliche Wissen ist die erste Voraussetzung für den Weg, den er durch seine Erfahrungen als Subjekt seiner Handlungen sich wählt. Daß sich das Subjekt selbst beurteilt, ist nicht identisch mit dem *Sein* des Subjektes oder dem *Wissen*, daß es *ist*. Beurteilung ist nicht Wissen. Sie wird durch Wissen ermöglicht, aber es ist auch ihr Wesen, daß sie Wissen durch ihre Theorien ersetzt. Während das Subjekt im Wissen »weiß«, nicht aber urteilt, liegt in der Beurteilung die Möglichkeit eines im und durch Wissen gegebenen sinnvollen Lebens als Herausforderung, die jedes Urteil in Frage stellt. Gewöhnlich wird diese Möglichkeit eines sinnvollen Lebens geleugnet und wahre Subjektivität wird in einen sich selbst aufhebenden Subjektivismus verkehrt, dessen ärgste Manifestation die sogenannte »Objektivität« ist. Auf dieser Unterscheidung von Sein-als-solchem, wissendem Subjektsein und dem Vorgang der Selbst-Beurteilung oder des Subjektivismus gründet der Tantrismus seine Lebensanschauung.

Absolutes Sein, Sein-an-sich, das in der menschlichen Situation als wahre Subjektivität gegenwärtig ist, erhält in tantrischen Texten vielerlei Bezeichnungen. Die üblichen sind »strahlendes Licht«, »Glückseligkeit«, »*mahamudra*« und »*tathagatagarbha*«. Es gehört zum Wesen der Subjektivität, daß sie als solche tätig ist. Das bedeutet, daß das Subjekt über sein Objekt dieses oder jenes »denkt« und dabei bald ein »Urteil« über das Objekt fällt. Dieses Tätigsein-als-solches wird »Große Leere« genannt, noch besser umschrieben als *ma-rig-pa (avidya)*. Dies ist nicht so sehr Unwissenheit als die Abwendung vom ursprünglichen Wissen und seine Veränderung durch Tätigkeit. Es ist noch Leere, »tabula rasa«, ein »unbeschriebenes Blatt«, da die Urteile noch nicht formuliert wurden, wenn sie auch als Möglichkeiten vorhanden sind. Diese Leere ist, um ein Gleichnis zu gebrauchen, dem klaren Himmel zu vergleichen, an dem zu jeder Zeit sich Wolken bilden können. Man beachte, daß diese Klarheit nichts gemeinsam hat mit der Idee von Locke, daß eine geistige Substanz gegeben ist, die bewußtseinsfähig ist, wenn sie von materiellen Substanzen berührt wird. Diese Vorstellung berücksichtigt nicht die Unmittelbarkeit und schöpferische Kraft des Lebensprozesses, die im buddhistischen Denken überaus wichtig sind, und sucht das Wesen des Geistes auf reine Passivität und Empfänglichkeit zu reduzieren.[16]

Die Möglichkeit der Erscheinung wird »Darstellung« *(thabs)* genannt. Sie kann als solche gewürdigt *(shes-rab)* werden und damit die Grundlage für die verschiedenen Lebensformen bilden. Noch genauer: »Darstellung« bezieht sich auf das Prinzip der Handlung, die für die Behandlung der uns umgebenden Welt, einschließlich der Menschen, verlangt wird. Der Verlauf der geforderten Tätigkeit ist genau festgelegt für jede Art von Leben und erfordert Verantwortlichkeit im menschlichen Leben. Diese aber wird von den meisten nur zögernd angenommen.

Die Erkenntnis, daß Leben, Sein, Nichtsein und Tod die höchsten Wertmaßstäbe sind, die den Verlauf der Handlung bestimmen, bedeutet auch ihre »Würdigung« *(shes-rab)* und Verwirklichung. Denn es ist die Fähigkeit, zwischen Tatsachen und Fiktionen zu unterscheiden.

Die Mehrzahl der verschiedenartigen Lebensformen liegt noch auf halbem Weg *(bar-do)* zwischen reiner Möglichkeit und Verkörperung. Das Bestreben aber, in dieser oder jener bestimmten Existenz verkörpert zu werden, behauptet sich weiter in den »fünf Stufen des Erwachens«, denen zufolge wir einen Körper haben oder unser Körper sind. Wenn der Tantrismus also von Körper spricht, dann meint er tatsächlich die Verkörperung, die eine bestimmte Struktur enthält, einen fortlaufenden Prozeß oder die Bewegungsfähigkeit als Behälter des psychischen Lebens. Zur gleichen Zeit ist die Verkörperung in einer besonderen Gestalt eine geistige Verarmung in dem Sinn, daß wirkliches Subjektsein dem allgemeinen Subjektivismus gewöhnlicher Existenz unterliegt. Der Ausdruck »Erwachen« ist absichtlich zweideutig. Wir können zu unserem wahren Sein erwachen, wir können aber auch aufwachen und uns in einer Situation befinden, die eine Lösung verlangt. Im Erwachen zur Buddhaschaft entspricht jede der »fünf Stufen des Erwachens« einer der fünf ursprünglichen Bewußtseinsstufen. Beim Erwachen in eine Situation aber wird das absolute Wissen des Subjektseins aus den Augen verloren. So gibt es nur vier Stufen.

Wir haben gesehen, daß der Körper in der Sicht des Tantrismus ein Gesamt von verschiedenen Schichten ist. Einmal stellt der Körper einen Orientierungspunkt als Zentrum eines besonderen (»meines«) Milieus dar, das, nach eigenen Absichten zusammengefügt, durch seine körperlichen Tätigkeiten dargestellt wird, die alle um den Mittelpunkt organisiert und auf ihn gerichtet sind.[17] Ein anderer wichtiger Punkt ist, daß der Körper ein Sinnesorgan ist, so daß meine Empfindungen nicht nur »Feststellungen der Sinne« sind, sondern Bestandteile in einem besonderen Zusammenhang körperlicher Beweglichkeit als Ausdruck des unmittelbaren Lebensvorgangs.[18] Der Körper ist somit Träger örtlich festgelegter Felder der Empfindungen (ayatana), die auftreten (skye), wenn der Körper z. B. berührt wird, und verbreiten sich (mched) über den Bereich, in dem sie sich befinden. Überdies wird der Körper selbst gleichzeitig miterfahren oder mitbestimmt von seiner Mitwahrnehmung, durch die ich wahrnehme und das Wahrgenommene wahrgenommen wird.

Dafür gibt es den Fachausdruck »Zusammengehörigkeit« (sahaja), der sich auf alle Schichten bezieht.

31

Während der Körper die unmittelbarste Verwirklichung des fortschreitenden Verkörperungsprozesses ist, wird das, was sich verkörpert, *bodhicitta* genannt. Wörtlich übersetzt bedeutet dies »Erleuchtungsbewußtsein«, bezeichnet aber zugleich das, was wir »Lebenskraft« oder »Energie« nennen könnten, die durch unseren »Körper« oder unsere »Materie« wirkt. Um jedes Mißverständnis zu vermeiden, soll hier erwähnt werden, daß *keine* Beziehung zwischen »Geist« und seinem »Körper« miteingeschlossen ist. Es werden eher subjektiv erlebte Erfahrungen als solche angezeigt. Diese Erfahrungen werden im Hinblick auf die Unteilbarkeit der beabsichtigten Prozesse betrachtet (der Absicht und des Beabsichtigten). Die Absicht an sich ist bekannt als *karuna*, »Erbarmen«, und das Beabsichtigte als *sunyata*, »Offenheit«, oder als *vam* bzw. *e*. Dies erklärt die oft wiederholte Behauptung, *bodhicitta* sei die Unteilbarkeit von *sunyata* und *karuna*. *Bodhicitta* kann auch als »schöpferische Kraft« angesehen werden, deren offensichtlichsten Symbole »Samen« *(khu-ba)* und »Blut *(rdul)* sind, die Zeichen für Männlichkeit und Weiblichkeit. Da Schöpfertum eine Tätigkeit ist, und diese nicht ruht, sondern dauernd wechselt, ist möglicherweise immer ein Pol in dieser männlich-weiblichen Polarität im Aufstieg. Dies bedeutet mit Bezug auf den Körper, daß Sexualität selbst eine Art des Seins der betreffenden Person ist. In den Begriffen der alten Körper-Geist-Teilung würde dies besagen, daß Geschlechtlichkeit ebenso körperlich wie geistig ist. Und noch mehr: Sie ist zugleich ein Objekt für andere wie ein Subjekt für mich. Männlichkeit und Weiblichkeit sind eben unzertrennlich. Wenn das eine vorherrscht, geht das andere zurück und umgekehrt[19].

Letztendlich ist *bodhicitta* als lebendige Erfahrung alles durchdringend. Es ist sozusagen beides: ich selbst und meine Umwelt.

32

Bodhicitta, das sich im Körper verleiblicht und ausdrückt, wird im allgemeinen mit »Erleuchtungsbewußtsein« *(sems)* bezeichnet, was nicht so sehr »Bewußtsein« in unserem Wortsinn bedeutet, das bestimmten Inhalt hat, sondern ein »ursprüngliches, unberührtes Bewußtsein« in Tätigkeit. *Ahapramana-samyak-nama-dakini-upadesa* besagt: [20]

> »Die konkrete Gegenwart des Bewußtseins bedeutet, daß es als E-VAM im Zentrum des Körpers wohnt und der Natur nach Darstellung und Würdigung ist.«

Hier wird von neuem aufgezeigt, daß der Körper der Mittelpunkt meiner Handlungen ist, und Zentrum dieses Mittelpunktes ist *bodhicitta*. Mit anderen Worten, *bodhicitta* oder »Erleuchtungsbewußtsein« ist grundlegend. In der Symbolik von E-VAM ist noch ein sehr bedeutender Punkt enthalten. Der Vokal E weist im Sanskrit auf die örtliche Lage hin und ist eine Abwandlung des Vokals A, der als erster Buchstabe des Alphabets für das ursprüngliche *sunyata* (Offensein) steht. Dieses können wir mit Recht aufgrund seiner Verbindung mit *prajna* (ästhetische Würdigung) als die offene Dimension des Wahrnehmungsbereichs verstehen. In ihm, und zwar wörtlich darin, kann, wie es der Fall des örtlichen E anzeigt, die Wahrnehmung sich von einem Aspekt der Vollkommenheit zum anderen hin bewegen, und es gibt keine Begrenzungen für den Reichtum des Wahrnehmungsbereichs. *Prajna* umfaßt deshalb das ganze *sunyata*. Dies ist ihm möglich, weil es nicht durch irgendein Vorurteil gefärbt ist, das die inwendige Wahrnehmung und das ästhetische Verständnis verhindert. Dieser »Erkenntnisvorgang« wird von fortdauerndem Entzücken getragen, das VAM symbolisiert. Das immerwährende Entzücken ist ein nicht übertragbarer Teil des ästhetischen Verständnisses. Deshalb gebraucht man das Symbol E-VAM. Jeder Teil scheint dem anderen mehr Möglichkeit zu geben. Je stärker der Mensch das Daseiende schätzt, um so befriedigter fühlt er sich, und je befriedigter er ist, desto mehr wird er es schätzen können.

In einer solchen Erfahrung liegt sowohl Tiefe wie Leuchtkraft, die in scharfem Kontrast stehen zu der gewöhnlichen Flachheit und Stumpfheit unserer Wahrnehmung. Aber wenn wir auch von Tiefe und Leuchtkraft der Wahrnehmung und Erfahrung im ästhetischen Bereich sprechen, so sind diese doch nicht zweierlei, sondern ein unzertrennliches Zusammen. Diese Zusammengehörigkeit *(sahaja, yuganaddha)* ist das grundlegende »ursprüngliche und unberührte Bewußtsein« *(ye-shes)*, das wir verlieren, wenn wir abstrahierende Handlungen begehen, indem wir unsere Aufmerksamkeit auf einzelne Dinge richten und das Objekt nicht so sehr *an sich*, sondern als Teil einer übergeordneten Kategorie sehen, kurz gesagt, indem wir Begriffe bilden und unseren Einbildungen über das Vorhandene nachgeben. *Ahapramana-samyak-nama-dakini-upadesa* sagt:[21] »Dies ist das im Körper anwesende grundlegende Bewußtsein, das Abschaffen aller Fiktionen.«

Die obige Analyse des Körper-Geist-Problems im buddhistischen Tantrismus zeigte, daß der Körper die Verkörperung und damit auch der Ausdruck des Bewußtseins ist, dem er als Körper dient. So werden alle meine körperlichen Tätigkeiten gleichzeitig körperlich erfahren und persönlich gelebt. Das Bewußtsein, das sich selbst in meinen Körper verkörpert und diesen belebt, ist somit grundlegend. Es ist im wesentlichen ein existentielles Bewußtsein, in dem Sinn, daß Da-sein bewußtes Sein ist. sGam-po-pa stellt wörtlich folgendes fest:[22]

»(Mit) Geist-an-sich *(sems-nyid)* zusammen *(lhan-cig-skyes-pa)*

selbstgültiges Sein *(chos-kyi-sku)* –

(Mit) Erscheinung *(snang-ba)* zusammen *(lhan-cig-skyes-pa)*

Licht *(chos-sku'i'od)* selbstgültiges Sein.«

In unserer Ausdrucksweise würde dies besagen:
»Geist-an-sich ist gleichbedeutend mit Sein-an-sich in Wert-
gültigkeit,
Erscheinung ist gleichbedeutend mit dem Sein-an-sich in
Wertgültigkeit.«
Diese gleiche Bedeutung macht die Unmittelbarkeit des Le-
bens aus.

Erscheinung *(snang-ba)*, eine andere Schlüsselbezeichnung im
Tantrismus, ist nicht das Erscheinen von etwas anderem als sich
selbst, eine traurige Widerspiegelung wie in Platos Auffassung,
sondern die Weise, wie ein identisches Ding in seinen Spiel-
arten in Erscheinung tritt, die in ihren Funktionen mit dem
Mittelpunkt des Wahrnehmungsbereichs in Wechselbeziehung
stehen. Das Licht der Sonne ist von dieser nicht verschieden,
sondern ist die Sonne, so wie sie dem Betrachter erscheint.

Das existentielle Bewußtsein des Buddhisten darf nicht verwechselt werden mit dem Subjektivismus der modernen exi-
stentialistischen Philosophien. Es ist nach der Terminologie von
H. Maslow[23] sowohl eine höchste wie eine niedrigere Erfahrung, die ihren eigenen inwendigen Wert in sich trägt und keine
Wertzuteilung *nötig* hat. Existentielles Bewußtsein bedeutet,
das der Geist als Möglichkeit für diese oder jene Art von Erfahrung zu Werten hingeführt wird, die durch ihn verkörpert
werden, während bei der gewöhnlichen Wahrnehmung Grund-
begriffe die vorherrschenden Merkmale bilden. Hier öffnet sich
der Spalt zwischen Subjekt und Objekt, weil »Subjekt« ein
ebenso kategorisches Wort ist wie »Objekt«. Nur daß für das
Subjekt bestimmte Voraussetzungen gelten. Die Hauptsache
ist, daß beide Weisen des Seins oder Werdens im Sein-an-sich
beruhen, das gleichbedeutend mit Bewußtsein ist oder dem
Geist-an-sich. Die problematische Situation des Menschen ist,
daß er das Seiende oder seine Funktion ist. In welcher Richtung

er sich auch bewegen mag, immer wird sein Problem das der Verkörperung sein, die zu gleicher Zeit die Lebenswelt des Menschen bildet.

Der Vorgang der Verkörperung selbst wird von Karma Phrin-las-pa erläutert, der Rang-byung rdo-rje's verschlüsselte Feststellung kommentiert:

>Aus der Absolutheit des grundlegenden Bewußtseins, dem Geist-an-sich, dem strahlenden Licht (kommt) die Beweglichkeit des ursprünglichen Bewußtseins; die beherrschende Schicht mit dem gefühlsmäßig gefärbten egozentrischen Geist ist räumlich.
Antriebsfähigkeit ist Beweglichkeit, Gefühl für Temperatur, Kohäsion der Empfindung, Festigkeit von Farbe-Form.
In dieser Anordnung sprechen wir von Erzeugungs-Vorgang.<[24]

Karma Phrin-las-pa benutzt die Bilder des Tiefschlafs, die Unruhe der Träume und das Ereignis des Aufwachens, um den Vorgang der Verkörperung darzustellen:[25]

>Im tiefen Schlaf sind alle Funktionen der Erkenntnis in der beherrschenden Schicht gesammelt (aufgehoben), und das Bewußtsein-an-sich, selbst ein strahlendes Licht, bewegt sich nicht. Es gleicht einem wolkenlosen Himmel. Da die Verdunkelungen der Denkgefüge noch nicht aufgetaucht sind, wird dieses in sich selbst strahlende Bewußtsein >Bewegungsfähigkeit des ursprünglichen Bewußtseins< genannt. Dies bedeutet nicht, daß dort tatsächliche Bewegung herrscht, aber sie ist in der Anlage vorhanden, vergleichbar mit einer großen Klarheit. Aus diesem Licht geht etwas Dunkelheit hervor, das heißt, das Licht wird leicht trüb, und wenn der Schlaf oberflächlicher wird, tritt die beherrschende Schicht mit dem gefühlsmäßig gefärbten egozentrischen Bewußtsein in Bewegung. Da dieser Vorgang aber nicht erkannt wird,

spricht man von Bewegungsfähigkeit und Räumlichkeit. Das trübe Licht zerstreut sich. Das bedeutet, daß die Dunkelheit dichter geworden ist, daß also das ichzentrierte Bewußtsein mit seinen Anregungen sich aus der beherrschenden Schicht erhebt. Da die Anregungen sich wie in einem Traum bewegen, entsteht die Bewegungsfähigkeit der Beweglichkeit. Aus der Zerstreuung des Lichts entsteht (endgültige) Dunkelheit. Der Antrieb hat sich noch mehr verhärtet. Dies gleicht dem Zustand des Erwachens, wenn die Gefühle, Empfindungen und Wahrnehmungen, die Wärme, Kohäsion und Festigkeit entsprechen – jede für sich –, ihre eigene Bewegungsfähigkeit einsetzen. Kurz gesagt: Drei Arten von Wirksamkeit in der Reihenfolge von Trübung, Zerstreuung und Dunkelheit leiten sich voneinander ab oder manifestieren sich als die fünf psychophysischen Bestandteile. Dies wird unter Erzeugungsvorgang verstanden.«

In ähnlicher Weise beschreibt Padma dKar-po die Verkörperung als Verlust einer höchsten oder werthaften Erfahrung. Er zitiert *bDe-mchog rdo-rje mkha'-'gro:*

»Das Umschlossene, das Umschließende, große Offenheit, stets gegenwärtig, auf nichts zurückzuführen, weit offen, ungehindert geöffnet, dies ist ohne Bewußtsein, es gibt keinen Schlaf und kein Erwachen.

Dort, dort ist keine wie immer geartete Manifestation.«[26]

Nun folgt die Erklärung:

»›Das Umschlossene‹ ist die konkrete Gegenwart des Körpers, und das ›Umschließende‹ ist das strahlende Licht. Es ist eine ›weite Offenheit‹, die nicht geteilt ist, wie die Blume nicht getrennt ist von ihrem Duft. Sie ist ›ständige Gegenwart‹, weil sie wie der Himmel überall ist. Sie wird ›zentrales Vorbild‹ genannt, da sie ihre eigene Gegenwart in sich trägt, in der die Subjekt-Objekt-Verirrung des Durchschnittsmenschen nicht entsteht. Sie wird eine ›nicht begreifbare Bewegungsfähigkeit‹ genannt, weil nichts sie schmälert. Sie ist ein schöpferischer Augenblick wie ein Funke Licht. Da Körper, Rede und Geist nicht gespalten werden können, ist sie auf nichts zurückzuführen. Solange es einen Mond gibt, wird er im Meer des Bewußtseins widergespiegelt. Dabei wird absolute Nichtexistenz verworfen, und da sie nicht als Seiendes (dies oder jenes) erscheint, wird absolute Existenz abgelehnt. Sie entsteht in Abhängigkeit von der Vergangenheit. Seit anfangslosen Zeiten durch verschiedenartig eingeleitete Erlebnismöglichkeiten aufgebaut, kann man sie mit ›Geist‹ bezeichnen. Solange sie aber nicht frei ist von den Möglichkeiten der Handlungen und Gefühle ist sie ein Bewußtsein, in dem alle Samen liegen, und deshalb ein ›Bewußtsein, das sich alles zu eigen macht‹. Der unaufhörliche Glanz dessen, was ›ursprüngliches Bewußtsein‹ genannt wird, ist ebenso wie die objektive Situation das ›ganz Offene‹, und wer sich in dieser objektiven Situation befindet, der ›deutlich Offene‹. Diese drei (Aspekte) sind der Grund für alle Erscheinungen.

Deshalb heißt es in der Abhandlung:

›Aus dem strahlenden Licht kommt eine große Klarheit,
aus dieser treten Darstellung und Würdigung in eine Vielfalt
(von Lebensformen).‹

Obgleich in jedem Einzelnen der Zustand der Nichtbegrifflichkeit *(rtog-med)* erfahren werden kann, gleicht sein Nichterkennen dem Nichterkennen eines Hausbesitzers. Das Objekt, das heißt der Hausbesitzer, und das Subjekt, das heißt der Beobachter, sind beide nicht im Unrecht, so ist die Verwirrung, die zum Nichterkennen des Hausbesitzers führt, nicht an das Objekt oder Subjekt gebunden. Demnach zeigt

sich das Seiende nicht den Lebewesen, das Nichtexistierende aber erscheint. Naropa schrieb darüber:
›Wie wunderbar, wenn auch nicht (an sich) existierend, erscheinen die Dinge der drei Welten.‹
Da es Erscheinungen dessen gibt, was nicht *an sich* existiert, (erklärt der Text):
›Ohne Geist gibt es keinen Schlaf
und kein Erwachen.‹
Wenn Verwirrung entsteht und diese als solche erkannt wird, taucht sie im strahlenden Licht unter wie Wolken am Himmel, die vom Wind zerstreut werden. (Deshalb) ›gibt es dort, dort überhaupt keine Manifestation‹.«[27]

Es ist bezeichnend, daß dieser Verkörperungsprozeß als Grundgedanke des *samsara* angesehen wird. Dies zeigt, daß mit Verkörperung nicht nur mein physischer Körper gemeint ist, sondern ebenso meine ganze körperliche Welt. Der Mensch wurde nicht in *samsara* »geworfen«, ein Ausspruch der Existentialisten, der durch Pascals Worte: »In die unendliche Grenzenlosigkeit der Weite geworfen, die ich nicht kenne und die von mir nichts weiß, werde ich von Angst erfaßt«, auf gnostische Gedanken zurückgeht. *Samsara* ist der unaufhörlich fortschreitende Akt der Verkörperung, wobei die Existenz oder Gegenwart meines Körpers die Grundbedingung für die Existenz und Gegenwart der kulturellen physischen Welt ist. Mit Hilfe seines eigenen Organismus erfährt der Geist ein bestimmtes Milieu als seinen eigenen besonderen Absichten entsprechende Struktur. Seine Absichten werden durch seine körperlichen Tätigkeiten verwirklicht und sind stets auf den »Körper« als Mittelpunkt der Umwelt gerichtet. Da Verkörperung in der Welt als Verlust des Seins empfunden wird, kann dieses wiederhergestellt werden. Doch nicht durch Versinken in der Quelle, aus der die Verkörperung als etwas Unzulängliches entsprang, sondern indem man sich über sie erhebt. Bildhaft gesprochen, durch Verkörperung des Seins. Verkörpertes Sein wird *sku (kaya)* genannt, verkörperter Verlust des Seins *lus (deha)*. Die deutsche Sprache hat nur ein Wort für beide Bedeutungen vom »Körper« – eine ständige Quelle von Mißverständnissen und falscher Darstellung des positiven tantrischen Gedankens.

Geist und die Welt der Erscheinung

So wie ein Unterschied zwischen dem von mir gelebten Körper und dem Körper besteht, den man sich als Objekt verschiedener wissenschaftlicher Disziplinen vorstellt, gibt es auch eine Unterscheidung zwischen dem, was wir als »Geist« bezeichnen, und jenem, was häufig für eine geheimnisvolle Fähigkeit gehalten wurde, um ebenso geheimnisvolle »Bedeutungen« zu erklären, die man für ewige Wesenheiten oder für den »Geist« faßbare Formen hielt. Das aber, was im Tantrismus »Geist« genannt wird, ist die Erkenntnis einer immanenten Kraft, die das Gesamt des Universums durchströmt und mit diesem überall gegenwärtig ist. Er ist kein gedankliches Postulat, von dem unsere Welt der Erscheinung abgeleitet werden könnte. Die Betonung liegt auf der Erfahrung, die auf vielerlei Art gewonnen werden kann. Deshalb gibt es viele Bezeichnungen je nach den besonderen, subtilen Abstufungen der Erfahrung. Wir können einige dieser Ausdrücke durch Vergleich zwischen zwei sehr verschiedenen Arten der Wahrnehmung verstehen. Wir können alles und einen jeden abwechselnd auf zwei verschiedene Weisen wahrnehmen: manchmal so, als wären beide das Gesamt des Seienden, aber öfter noch, als wären sie Teil des Universums und ständen zu dem übrigen in vielfältiger Beziehung. Das heißt, wir vergleichen, stellen gegenüber, billigen, verwerfen, ordnen, klassifizieren. Doch nehmen wir es übel, wenn wir auf diese Weise behandelt werden, die wir als Minderung unseres Seins empfinden, und da wir nötig haben, als das erkannt zu werden, was wir wirklich sind, versuchen wir diese Anerkennung zu erzwingen. Natürlich gelingt uns das nicht, und wir verstärken nur noch mehr unsere Ichbezogenheit in der gewöhnlichen Wahrnehmung. Zuletzt entfernen wir uns immer weiter von erkennender Wahrnehmung und dem Verständnis dessen, was ist. sGam-po-pa weist darauf hin, wenn er sagt:

> »Geist *(sems)* ist ichbezogene Wahrnehmung; ein empfindendes Wesen *(sems-can)* (ist eine Bezeichnung für) alle Wesen (weil diese auf ichbezogene Wahrnehmung eingestellt sind). Aber Geist-an-sich *(sems-nyid)* ist unaufhörliches Wert-Sein *(chos-sku)*.«[28]

Diese Unterscheidung zwischen »Geist« und »Geist-als-solchem«, der »in« dem Körper ist, wenn auch nicht von ihm abgeleitet, stattet nicht das Universum der Erscheinungen oder – in engerem Sinn – den Körper mit einer »geistigen« Qualität aus, sondern zeigt nur an, daß der Mensch in seiner eigenen Natur die Möglichkeit besitzt, sein Sein, das absolut ist, zu verwirklichen. Und zwar in dem Sinn, daß es nicht auf eine oder andere Art von Sein zurückzuführen ist, aber nicht so, daß es »hinter« oder »über« dem Menschen steht. Dieses innere Drängen nach immer uneingeschränkterem Sein wird *bodhicitta* genannt. Dies ist, wie wir schon in einem früheren Kapitel sahen, das sehr Feinstoffliche im und vom Körper. Gleichzeitig ist es das, was der Mensch ist und was er zu sein sich sehnt und bemüht. Wieder ein Ausspruch von sGam-po-pa:

> »Wenn *bodhicitta* als ursächlicher Grund dem Erlangen der Buddhaschaft vorausgehen muß, in welchem Grund ruht dann *bodhicitta*? Um dieses in uns selbst zu verwirklichen, müssen wir Erbarmen und Güte entwickeln. Haben wir uns daran gewöhnt, muß *bodhicitta* in uns wachsen.«[29]

Wenn auch sGam-po-pa von einem »ursächlichen Grund«

spricht, so versteht er darunter doch nicht eine Kraft von außen, die in den Menschen die Fähigkeit einpflanzt, zu wachsen und sein Sein »voranzutreiben«. Der »ursprüngliche Grund« ist die immanente und bewahrende Kraft, die dem als Möglichkeit Bestehenden die Verwirklichung erlaubt und ihm dabei hilft. »Geist« verstehen heißt, in einem absoluten Sinn »zu sein«, und ein solches Sein ist ein absoluter Wert *(chos-sku)*. Da Buddhaschaft die Verwirklichung von Wertsein, *dharmakaya* genannt, ist und *dharmakaya* die Verwirklichung des »Geist-an-sich«, ist Buddhaschaft das Verständnis von Geist-an-sich. Die Entwicklung dieses Verständnisses und des Bewußtseins erläutert sGam-po-pa durch folgendes Gleichnis:

»Obgleich die erste Mondphase der Mond ist, ist sie doch nicht fähig, (ganz) zu erleuchten. Obgleich ein Löwenbaby ein Löwe ist, kann es noch nicht die anderen (Tiere) überwältigen, und obgleich ein Kind ein menschliches Wesen ist, hat es noch nicht die Fülle an Gestalt und Kraft.«[30]

Wenn Geist-an-sich als ein in sich selbst gültiges (sich selbst für gültig erklärendes) Bewußtsein gegenwärtig ist, trägt er seinen eigenen wahren Wert mit sich, und der Mensch, der ihn hat, besitzt ein größeres Gefühl für das »ganz aus einem Stück sein«, für das wirkliche Sein. Auf diese Weise sind nicht nur Geist-an-sich oder absolutes Bewußtsein *(sems-nyid)* und Sein-an-sich-als-Wert *(chos-sku)* unteilbar, so daß mit Recht gesagt werden kann, der geteilte Mensch stehe in diesem Augenblick nicht im Widerspruch zu sich selbst, aber das Bewußtsein stammt aus einem Bereich, in dem die Teile existieren, um später durch Namen unterschieden zu werden. Dennoch ist ihr Dasein ein fließendes »sein lassen«. Mit anderen Worten besteht dort Sein-an-sich *(chos-sku)* mit Geist-an-sich *(sems-nyid)*, mit (seinem) Erscheinungsbereich-an-sich *(snang-ba)*. Mit dieser Einheit von Sein-Bewußtsein-Erscheinung beschäftigt sich sGam-po-pa. Er beginnt mit Bewußtsein und Erscheinung, den beiden Polen der Erfahrung, und gibt ihnen dann ihre existentielle Deutung des Seins.[31]

»Geist-an-sich und Zusammengehörigkeit sind die beiden (Pole). (Mit) Geist-an-sich zusammen Wert-Sein *(chos-kyi-sku)*; (mit) Erscheinung zusammen Licht des Wert-Seins *(chos-sku'i'od)*.[32] ›(Mit) Geist-an-sich zusammen Wert-Sein‹ bedeutet, daß das (womit wir uns beschäftigen) nicht mit Worten auszudrücken ist. Ohne Farbe und Form ist es in sich selbst unerschaffen. Es kann nicht objektiviert werden. Alles umfassend wie der Himmel, ist es ohne begriffliche Vorstellungen, unveränderlich und (sogar) ohne essentielle Leere. ›(Mit) Erscheinung zusammen Licht des Wert-Seins‹ bedeutet, daß es (als absolutes Sein) ohne Ursachen und Bedingungen und ohne kleinste Bewegung der aus sich selbst entstehenden begrifflichen Fiktionen ist. Dieses bildet (im Zusammenhang mit Erscheinung) die Vielfalt der positiven, negativen und neutralen Fiktionen, die zufällig auftauchen. Sind diese beiden (Pole) eins oder verschieden? Obgleich sie für die Verständnislosen dem Anschein nach verschieden sind, bedeuten sie eine Einheit für die Verständnisvollen, die von einem Lehrer unterwiesen wurden. Es ist mit Sandelholz und Sandelduft, mit Sonne und Sonnenstrahlen zu vergleichen, mit Wasser und Wellen. Obgleich der Duft von Sandelholz in alle Richtungen verströmt, geht er nicht vom Sandelholz fort. Obgleich die Sonnenstrahlen in zehn Richtungen ausgehen, verlassen sie nicht die Sonne. Auch die Wellen verlassen nicht das Wasser. In gleicher Weise gehen die Erscheinungen nicht von dem Geist-an-sich fort und umgekehrt.

Es gibt drei Vorschläge zur Erklärung. Man muß wissen, 1) daß die Vielfalt (des Universums der Erscheinungen) von einer Quelle ausgegangen ist, die nichts in sich selbst ist, 2. daß trotz der Vielfalt (des Universums der Erscheinungen) dies nichts in sich selbst ist, und 3) daß man, sobald man dies versteht, nicht einmal von Nicht-Zweiheit sprechen kann.

Die Quelle, die nichts in sich selbst ist, ist hier Geist-an-sich zusammen (mit Erscheinung). Die Gegenwart der Vielheit (des Universums der Erscheinungen) ist Erscheinung zusammen (mit Geist-an-sich). Wenn auch diese Vielfalt (des Universums der Erscheinungen) besteht, die nichts in sich selbst ist, so gibt es dennoch eine Mehrzahl begrifflicher Fiktionen, die keine Wirklichkeiten in sich selbst sind. Die Unfähigkeit, von Nicht-Zweiheit zu sprechen, wenn man dies versteht, bedeutet, daß Verständnis der Erscheinung und ihres Verständnisses nicht zweierlei und nicht in Worte zu fassen ist, ebenso wie der Traum eines Stummen oder eines kleinen Kindes nicht ausgesprochen werden kann.

Es gibt drei Aspekte dieser Erfahrung. Zuerst Entspannung von Körper und Gedanken, indem man keine mühsamen Anstrengungen macht. Dann ausruhen in einem wahrhaften Zustand, in den sich keine Zweifel einnisten, und zuletzt die Erkenntnis, daß alle vom Gefühl unterstützten Fiktionen »ungeboren«[33] sind. Wenn man (dies) wirklich verstanden hat, entspannen sich Körper und Gedanken, weil man keine mühsamen Anstrengungen macht. Wenn man die Fiktion über die drei Aspekte der Zeit überwunden hat, weil kein Zweifel mehr entsteht, dann ist man fest gegründet in der wahren Gegenwart (der Wirklichkeit), und man weiß nunmehr, daß alle auftauchenden Fiktionen frühere Bekannte sind. Man weiß sozusagen, daß sie ›ungeboren‹ sind.

Angesichts der Notwendigkeit (seine Lebensanschauung mit dieser Erfahrung) zu ›besiegeln‹, gibt es drei unterstützende

Belehrungen: Nachdem die (sogenannte) ›Zusammengehörigkeit im Sein aller Lebewesen‹ selbständig (in uns) existiert, muß sie nicht irgendwo gesucht werden. Da das Wert-Sein, das heißt große Glückseligkeit, in der es keine Frustration gibt, ein in sich selbst gültiges Bewußtsein ist, kann es nirgendwo anders sein (als in diesem Bewußtsein); da das Universum der Erscheinungen der eigene Geist des Menschen ist, braucht sich dieser nicht vor sich selbst zu fürchten. So kann man Angst und Scheu fallenlassen.

Weiterhin ist das im (und als) Sein aller Lebewesen Existierende auf alle sechs Seinsweisen anzuwenden, und da das Bewußtsein der Zusammengehörigkeit allumfassend ist, muß man dieses nicht irgendwo anders suchen. ›Keine Enttäuschung‹ heißt, daß die dem *samsara* innewohnende Frustration sich im Bereich der absoluten Wirklichkeit aufgelöst hat. Nachdem absolutes Sein, große Glückseligkeit (unser) in sich selbst gültiges Bewußtsein ist, gibt es nichts anderes als Geist- an-sich. Da das Universum der Erscheinungen der uns innewohnende Geist ist, (kann) man alles als Geist erkennen. Dieser ist ein strahlendes Licht und das absolut Wirkliche. Wenn man im Bereich des Geistes (als) der absoluten Wirklichkeit bleibt, würden alle Lebewesen, selbst wenn sie zu *devaputramaras*[34] würden, keine Gelegenheit finden, uns zu schaden. Denn das Schaden zufügende *devaputramara* ist das absolut Wirkliche selbst, und dieses kann sich selbst nicht schaden. Betrachte deshalb Angst und Scheu als absolut Wirkliches.«

Von einem rein philosophischen Standpunkt aus ist sGampo-pas Feststellung, daß das Universum der Erscheinungen Geist ist, schwerlich aufrechtzuhalten. Es haben sich auch viele Einwände dagegen erhoben. Gewiß kann eine Erfahrung ein geistiges Ereignis sein, aber deshalb ist das, was ich erfahre, nicht geistig. Dennoch stammt die philosophische Einwendung gegen sGam-po-pas Feststellung aus dessen eigener Absicht. Denn er weist auf die Erfahrung des Seins hin, vermindert aber deren Lebendigkeit nicht in Kategorien denkerischer Schlußfolgerungen. Das »ist« in dieser Behauptung ist nicht das »ist« der Identität. Er bezieht sich auf den »intuitiven« oder ästhetischen Aspekt der Wahrnehmung, der »zeitlos« ist, nachdem nur die diskursive Behandlung der Teile in und von der Schau der Zeit unterworfen ist. Es gäbe keine Welt, wenn nicht diese Kraft der Zusammenschau der Dinge vorhanden wäre, und »zusammen« bedeutet mehr als nur die Teile irgendeines Gegenstandes. Es bedeutet auch, der Welt Auge in Auge gegenübergestellt werden: Ich bin mit meiner Welt.

Bedeutsamerweise zeigt sGam-po-pa, daß in dieser Erfahrung der Einzelne frei ist von Vergangenheit und Zukunft in dem besonderen Sinn, daß alles »jetzt« und »hier« ist und die Erfahrung als typisch positiv empfunden wird. Der übliche Ausdruck für dieses positive Gefühl ist »große Glückseligkeit« *(mahasukha)*. Hierbei bedeutet »groß«, daß nichts größer als dies sein könnte. So ist auch das Merkmal des Lichts ein Glühen von innen, aber »innen« ist nur eine Redensart, da hier der Unterschied zwischen »innen« und »außen«, »hinten« und »über« nur metaphorisch ist und keine metaphysische Wirklichkeit. Ein anderer Aspekt ist der völlige Verlust von Angst und Furcht, der besagt, daß die Wahrnehmung offener und weniger verzerrt ist und das Gefühl der Frustration aufgehoben wird. Letztendlich wird alles, was wir wahrnehmen, in der gleichen Weise aufgenommen wie die Begegnung mit einem Freund, bis sich die gewöhnliche Art des Wahrnehmens wieder geltend macht und wir beginnen, alles, einschließlich unserer selbst, in engster Beziehung zu allem anderen zu sehen und in Hinsicht auf unsere Ichbezogenheit zu beurteilen.

Es ist ein Zeichen tiefer Einsicht, wenn die erste »Eigenschaft«, sobald die drei »Manifestationen«[35] tätig werden und unser ichbezogenes psychisches Leben zu bilden beginnen, Feindseligkeit *(zhe-sdang)* ist. Denn diese Feindseligkeit oder, weniger betont, Verstimmung verstärkt das Ich-Gefühl und stellt Subjekt *gegen* Objekt. Dadurch wird ihre Zusammengehörigkeit zerstört. Feindseligkeit ist auch die zwingende Kraft jedes psychologischen Einflusses, um Macht über andere zu gewinnen. In einer solchen Feindseligkeit liegt Zweideutigkeit, da sie sich als »besitzergreifende Liebe« *('dod-chags)* verkleiden kann, die selbstverständlich überhaupt keine Liebe ist. Denn in ihrem Besitzwillen leugnet sie gerade das Sein des anderen. Während Feindseligkeit den Drang hervorbringt, das »Objekt« zu erobern, erzeugt besitzergreifende Liebe die Abhängigkeit des Subjekts vom Objekt, an das man sich vor allem anklammern will. Am Ende entsteht dann die eigentliche menschliche Situation *(rang-bzhin)*, in der alles zum Problem geworden ist und Frustration vorherrscht. Dies kann mit Recht *samsara,* »sich im Kreis bewegen«, genannt werden.

Ein anderer Ausdruck, der in diesem Zusammenhang verwendet wird, ist *'khrul-pa (bhranti)*, oft mit »Irrtum« übersetzt. Aber im Unterschied zu unserer Auffassung dieses Begriffs schließt »Irrtum« im Indo-Tibetischen keine Schuldhaftigkeit mit ein. Er bezieht sich auf eine Bewegung vom Wirklichen fort, ein Irregehen in der Welt der »Erscheinungen«. Dem Anschein nach wird hier die gleiche Unterscheidung gemacht wie beim Gegensatz zwischen »Erscheinung« und »Wirklichkeit«. Die Welt *ist* wirklich das, was die Erfahrung erscheinen läßt. Wenn wir sagen, etwas sei »sichtbar«, dann stellen wir dies in Gegensatz zu dem, was in anderen Erfahrungen sich ereignen kann oder aufgedeckt wird. Ich weiß zum Beispiel, daß in gewisser Hinsicht das, was meine ästhetische

Erfahrung von einem Tisch wahrnimmt, der gleiche Tisch ist, den ich intellektuell erwäge. Diese zweite Art der Wahrnehmung wird 'khrul-pa genannt, das bedeutet die Verschmutzung meines ästhetischen Empfindens durch intellektuelle Abstraktionen und ist deshalb eine Verwirrung der Wahrnehmung. Während das meiste, das »erscheint«, bei gewöhnlicher Wahrnehmung in »Irrtum« verstrickt ist, kann dennoch folgende Unterscheidung gemacht werden: Aller »Irrtum« hat Erscheinung zur Folge, während nicht alle Erscheinung »Irrtum« ist. Denn es gibt eine ästhetische Unmittelbarkeit, die rein und unbeschmutzt (dag-snang) ist. In dieser Unmittelbarkeit nehme ich alles Wahrgenommene, sei es eine Sache oder ein Mensch, als sinnvoll wahr, als Verkörperung bestimmter Bedeutungen. *Im* Rotwerden bemerke ich Scham; *in* Blässe Angst; *im* Lächeln Heiterkeit. Es wird nicht von einem Gegenwärtigen (Farbe-Form) auf etwas nicht Gegenwärtiges (Scham, Angst, Heiterkeit) geschlossen. Ich nehme aber nicht nur andere ästhetisch und intellektuell wahr, sondern auch mich selbst mit und durch meinen Körper, der, wie wir sahen, ein Orientierungs-Zentrum für die raum-zeitliche Welt ist. Es ist nicht nur ein Wortspiel, wenn man sagt, daß Erscheinung ein in Erscheinung tretendes Merkmal hat. Bei sGam-po-pa heißt es:

»Im Erblicken der Erscheinung als Erscheinendes ist ein erscheinender Körper vorhanden. Im Wissen, daß eine Erscheinung ›offen‹ ist (nichts in sich selbst), ist das strahlende Licht zugegen. Diese beiden sind nicht zwei verschiedene Dinge, sondern bilden eine Einheit.«[36]

Tatsächlich liegt der Unterschied zwischen »Erscheinung« und »Erscheinen« darin, daß erstere stärker beschreibend ist, während die letztere aufzeigt, wie wir Erscheinung erfahren.

Zusammengehörigkeit erschließt den Einheitscharakter unserer Erfahrung. Wir stellen uns gleichzeitig dreierlei vor:

1) Ästhetische Erfahrung ist Grund und Ausgangspunkt für alle Erfahrung.

2) Ästhetische Erfahrung ist der Weg, der in sich selbst das ästhetisch Überzeugende von dem ästhetisch nicht Überzeugenden unterscheidet.

3) Ästhetische Erfahrung ist das Ziel. Im Gegensatz zu 1), das nur im ersten Augenblick im Bewußtsein existieren kann und leicht verlorengeht in einem ›Zug nach unten‹, ist 3) eine bestimmte Haltung dem Leben gegenüber.

Die Betonung der ästhetischen Erfahrung muß uns nicht zur Annahme verleiten, der Tantrismus sei eine Art von ästhetischem Empfinden, durch das ein Mensch oder die Welt auf einen geheimnisvollen Gipfel gehoben werden, der gar nicht vorhanden ist. Ästhetische Wahrnehmung enthüllt nicht »mysteriöse« Wesenheiten, sondern individuelle Wirklichkeiten. Diese werden *chos-nyid* oder das »absolut Wirkliche« genannt. Es ist sozusagen das gesamte Sein, und man hält es für alles, was im Universum existiert, und bedient sich in vollem Ausmaß seiner wirklichen Einzigartigkeit. Der Grund, von dem aus wir nicht nur eine größere ästhetische Wahrnehmung, sondern auch eine Art von einordnender kategorischer Wahrnehmung haben können, wird *mahamudra*[37] genannt. In folgender Weise erörtert sGam-po-pa die drei Aspekte der ästhetischen Wahrnehmung:[38]

»Es gibt hier drei Phasen: den Grund in seinem unbeschmutzten (Zustand), den Weg in seinem unbeschmutzten (Arbeitsgang) und das Ziel in seiner unbeschmutzten (Vollendung). Die erste Phase ist das ›absolut Wirkliche‹ (*chos-nyid*), einmalig Reine. Die zweite ist, Zusammengehörigkeits-Bewußtsein zum Weg zu machen, und die dritte ist die Unteilbarkeit des (ästhetischen) Bereiches und seines Bewußtseins. Um diesen unbeschmutzten und weithin reichenden Zustand

I. Ein Paar

(Nagarjunakonda)

zu unserem Weg (der geistigen Entwicklung) zu machen, wird die Lotos-Unterweisung angeboten. Das Verweisen auf das ›Unbeschmutzte‹ bezieht sich auf den Geist in seinem Zustand des Ungetrübtseins durch (die Forderung) von Subjekt und Objekt. Die Belehrung, nach der das ›weithin Reichende‹ zu unserem Weg wird, läßt den Weg von seinem Ausgangspunkt (dem Grund)weitergehen zum Erlangen der Unbeschmutztheit. Dies gleicht einer Lotosblume. Obgleich sie im Schlamm erwächst, werden Stamm, Blätter und Blüten nicht von ihm berührt. In ähnlicher Weise wird der Weg, nachdem der Grund unbeschmutzt und in Zusammengehörigkeit in den Blick gebracht ist *(lta-ba)* durch Pflege und Sammlung von Erfahrung, ohne Schmutz als strahlendes Licht begangen und das Ziel, das unbeschmutzt und Wert-Sein *(chos-sku)* ist, erlangt. Die ›Lotos‹-Lehre, die hierzu verhilft, hat vier Themen:

1) die Annahme, daß *mahamudra* einen Ausblick hat, durch den *mahamudra* als unbeschmutzt und weitreichend angesehen wird. Das heißt: Das ganze Universum ist durch ›Zusammengehörigkeits-Bewußtsein‹ in Erscheinung getreten. Diese (Zusammengehörigkeit) ist von dreierlei Art: a) ›äußere Zusammengehörigkeit‹, b) ›innere Zusammengehörigkeit‹ und c) ›mystische Zusammengehörigkeit‹.

a) Alles, was als Objekt für die sechs Wahrnehmungs-Vorgänge (der Sinne und des Intellekts) einer materiellen Welt erscheint, ist zusammen mit dem ›absolut Wirklichen‹, und dieses, das Nichts-an-sich ist, hängt mit der Erscheinung zusammen. Beide sind zusammen, keins früher oder später und keins gut oder böse. Deshalb sagt Saraha:

›Verstehe die Erscheinung als Lehrer.

Verstehe, daß die Vielheit (der Erscheinungswelt) nur einen Duft hat.

Laß die Dinge zusammen sein.‹

Solange wir diese Zusammengehörigkeit nicht verstehen, hegen wir die Vorstellung (Fiktion), daß äußere Objekte vorhanden sind, damit sie (von einem Geist) ergriffen werden. Aber wenn wir verstehen, dann sprechen wir von diesem (Bewußtsein) als Zusammengehörigkeits-Bewußtsein in seiner wahren Natur, das heißt von einem ästhetisch wahrnehmbaren Bewußtsein einer Vielzahl als objektiver Situation und Herrn dieser objektiven Situation.

b) Der innere Erkenntnisprozeß existiert zusammen mit dem strahlenden Licht, das Nichts-an-sich ist, und dieser Geist-an-sich, das strahlende Licht, das nicht an sich ist, existiert zusammen mit dem inneren Erkenntnisprozeß. (Auch) diese sind zusammen, wobei keins früher oder später und keins wirklich gut oder böse ist. Solange diese Zusammengehörigkeit nicht verstanden wird, besteht die Vorstellung (Fiktion) eines inneren Erkenntnisprozesses. Ist dies aber verstanden, dann sprechen wir von Zusammengehörigkeits-Bewußtsein in seiner wahren Natur, das heißt von einem ästhetisch wahrnehmbaren Bewußtsein einer Vielheit als objektiver Situation und Herrn dieser objektiven Situation. Ähnlich heißt es bei Saraha:

›Die Fiktionen sind absolutes Bewußtsein.

Die fünf Gifte[38] sind Arznei.

Der Begriff eines Objekts und eines Subjekts sind beide
Vajradhara.‹

c) Der Akt der Erkenntnis, der mit Überbewertung und Unterschätzung aufräumt, existiert zusammen mit dem absolut wirklichen Bereich des Ästhetischen. Solange dies nicht verstanden wird, haben wir (noch die Vorstellung von) Zusammengehörigkeits-Bewußtsein. Wenn dies aber verstanden ist, wird die letzte Spur jeder begrifflichen Fiktion im

innersten Bewußtsein fortgeräumt durch Einsatz dieses Bewußtseins-Bereiches. Die Unteilbarkeit des ästhetischen Bereichs und des Bewußtseins wird verschiedentlich ›reines Bewußtsein‹ genannt oder ›begriffloses Bewußtsein‹. Tatsächlich gibt es nichts, das ›Bewußtsein‹ genannt werden könnte. Darum sagt Saraha:
›Kein Weg, kein Bewußtsein.‹«
Diese letzte Vorstellung soll verhindern, daß Sein-an-sich, das wie wir sahen, gleichbedeutend ist mit absolutem Bewußtsein oder Geist-an-sich, begrifflich gefaßt wird. Im Augenblick, in dem wir dem Sein oder Bewußtsein ein gewisses Prädikat zuschreiben, geben wir ihnen Begriffe. Wir haben einen Begriff von etwas und schreiben dem Sein das Merkmal zu, dessen Begriff wir haben. Tatsächlich können wir überhaupt nichts über das Sein aussagen, und alles, was wir aussprechen, kann nur eine Möglichkeit sein, die uns verhilft, das Sein herauszufinden. Dies ist das Beschreiten des Pfades. Es ist ebenso klar, daß dieses ästhetische Bewußtsein nicht von seinem Inhalt bestimmt wird. Tatsächlich macht es nichts aus, welchen Inhalt es hat. sGam-po-pas Feststellung, diese Zusammengehörigkeit sei weder gut noch böse, zeigt in gleicher Weise, daß der Zustand eines moralischen Denkens keine Rolle spielt, sondern nur das, was der Mensch in einer moralischen Verhaltensweise tut. Natürlich besteht eine Beziehung zwischen dem sogenannten ästhetischen und moralischen Bewußtsein im Tantrismus; die Hauptsache aber ist, den anderen zuerst in seinem (oder ihrem) Sein zu sehen, nicht durch die verzerrenden Meinungen, die Verlust des Seinsbewußtseins sind, sei es des eigenen oder der anderen. Somit sind wieder Einsicht und Erkenntnis von wesentlicher Bedeutung. Ob wir es gern oder aus eigennützigem Interesse ungern hören: Moral gründet doch auf Wissen. Ich bin moralisch nur verantwortlich für das, von dem ich

weiß, daß ich es nicht hätte tun sollen, und von dem ich weiß, daß ich es hätte tun sollen. Ebenso wie Meinung die Entstellung des Wissens ist, so ist Moral, die auf Meinung und auf ihrem Dogmatismus beruht, eine Entstellung der Moral. Der Mensch *ist* nicht nur da, er handelt auch und muß das beachten, um seiner Existenz entsprechend zu handeln. Darum fährt sGam-po-pa fort:[40]

> »Es genügt nicht, die Dinge dieser Welt als zusammengehörig (mit unserem Bewußtsein von ihnen) zu sehen, wir müssen auch ihr (Sein) erfahren, indem wir ganz darauf eingehen. Dies ist das ›Wissen, wie man das unbeschmutzte Licht auf den Weg (seiner geistigen Entwicklung) bringt‹. Es will besagen, daß das ganze Universum der Erscheinungen von Anfang an die Wirklichkeit des strahlenden Lichtes war. Nichts-an-sich, ungeboren, absolutes Wert-Sein, frei von allen einschränkenden Behauptungen über sie. So wurde in einer Sutra gesagt:
> ›Tief, friedvoll, wortlos, strahlend, unerschaffen.‹
> Wenn das Universum somit als ungeboren verstanden wird, läßt man sich nieder in dem Bereich, in dem es keinen Subjektivismus gibt, nachdem man sich von den Beschmutzungen wie etwa Aufmerksamkeit, Nicht-Aufmerksamkeit, Existenz, Nicht-Existenz und so fort frei gemacht hat. Der große Brahmane Saraha erklärt:
> ›Das absolut und einzigartig Wirkliche ist ohne Worte.
> Laß (sein) Erkennen ohne Begriffe sein.‹
> Und:
> ›Laß die neue Erkenntnis (unmittelbar) sein wie ein Kind‹.«

Während der Mensch in seiner eigenen Natur einen Drang nach der Verwirklichung des Seins an den Tag legt, zwingt ihn eine andere Kraft zu Erstarrung, Verdrängung, Fixierung und vor allem zu Frustration. Diese Gegenkraft ist

»Unwissenheit« *(avidya, ma-rig-pa)*. Es ist nach sGma-po-pa das Gegenteil von »Zusammengehörigkeits-Bewußtsein«.[41] Graphisch dargestellt, ergäbe sich folgendes:

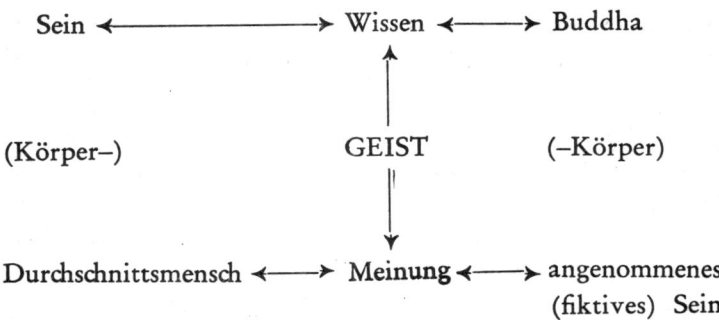

Sein ←————————→ Wissen ←———→ Buddha

(Körper–) GEIST (–Körper)

Durchschnittsmensch ←———→ Meinung ←———→ angenommenes (fiktives) Sein

Dieses Nichtwissen selbst stammt aus eingefleischten Nei-gungen, die sich in Begriffen *(rnam-rtog)*[42] ausdrücken, die auf unsere Handlungen und gefühlsbetonten Antworten zurück-gehen. Sie lassen Spuren zurück, nach denen sie selbst Möglich-keiten gleichartiger Erfahrungen sind. Dies ist charakteristisch für den Durchschnittsmenschen, der von dem Sturm seiner Emotionen »umgetrieben« wird. Besonders schmälern Begriffe die Möglichkeit vollkommener Erkenntnis. Denn sie ziehen von der unmittelbaren Erfahrung ab, wählen einige Eigen-schaften aus, weisen andere zurück und zerstören wieder an-dere. Sie versuchen auch die Aspekte des Objekts unserem Sprachsystem anzupassen, das natürlich nicht fähig ist, mit dem Unaussprechlichen umzugehen. Sobald dieses in Worte eingezwängt wird, verändert es sich sogleich und wird zu etwas anderem, als es ist. Wenn zum Beispiel ein Mensch einen Baum betrachtet, wird er von der Ästhetik wie vom Denken her an-gesprochen, aber er hält diese beiden Betrachtungsweisen nicht auseinander. Er kümmert sich nur noch um das begriffliche

Denken, da sein Leben größtenteils oberflächlich und nicht viel mehr als das ist, worüber er sprechen kann. Die Begriffe aber bestehen nicht über oder jenseits der »Erscheinung«. sGampo-pa bemerkt mit Recht: [43]

»Alles Erscheinende, über das man reden kann (mit dem man sich beschäftigt), ist begrifflich. Ohne Begriffe kann es keine ›Erscheinung‹ geben. Begriffe sind Geist. Dieser ist ungeboren, und das Ungeborene ist Offensein (Nichts-ansich).[44] Offensein ist das absolut und einzigartig Wirkliche. Das absolut und einzigartig Wirkliche, das nicht etwas oder ein anderes ist, ist die Gegenwart der Vielheit (der Erscheinungswelt). Wenn diese Mehrzahl vorhanden ist, dann hat sie sich nicht von dem, was Nichts-an-sich ist, fortbewegt. Wenn du die zwei Wahrheiten (die absolute und die relative) in ihrer Unteilbarkeit verstanden hast, dann hast du von den Dingen dieser Welt die rechte Sicht. Hältst du diese Sicht aufrecht, dann bist du voll Aufmerksamkeit. Das Ergebnis hiervon ist die Aufhebung von Hoffnung und Furcht.«

Jede Darstellung philosophischer, wissenschaftlicher oder belehrender Art ist eine Anzahl von Grundsätzen und diese eine Sammlung von Begriffen. Nur durch Begriffe sind wir fähig, etwas mitzuteilen, überhaupt etwas zu wissen.[45] Es gibt überdies verschiedene Arten von Begriffen. Jede ist in gewissem Sinn eine »Abstraktion«, weil das unmittelbar Faßbare sich selbst für »Abstraktionen« anbietet, das heißt für geistige Theorien.[46] Im allgemeinen neigen wir dazu, Begriffe auf die Abweichungen im Gesamt der ästhetischen Gegenwart und auf Abstraktionen von dieser zu begrenzen. Deshalb haben wir nicht das erkannt, wovon die Abstraktionen abgeleitet wurden. Wenn die Idee der reinen Wahrnehmung »ohne Begriffe« (*mi-rtog-pa*) sein soll, so beinhaltet dies nicht eine völlige

Klarheit oder die sprichwörtliche Leere der Gedanken, eher die uneingeschränkte Würdigung der Totalität, von der spätere Abstraktionen abgeleitet werden können, als wären diese die einzige Wirklichkeit. Die Abstraktionen verstricken uns in ein von selbst wucherndes und selbst wieder frustrierendes Versteckspiel. Die gleichen Begriffe aber können auch hilfreich sein und auf das immer Gegenwärtige zeigen, auf die eigenschöpferische Kraft, die ich als Verleiblichung in meinem Körper erfahre, oder in den Begriffen oder Darstellungen des Geistes. Die volle Würdigung und das Bewußtsein des Seins sind nicht auf Abstraktionen zurückzuführen und in diesen einzufangen. Diese fehlende Möglichkeit des Zurückführens bedeutet »begriffliches Bewußtsein« *(mi-rtog-pa'i ye-shes)*. sGam-po-pa sagt über den Begriff, der in gleicher Weise Manifestation des Geistes ist wie dieser eine Manifestation des Seins, folgendes aus:[47]

»Begriffe müssen als Wohltäter, nicht als entbehrlich angesehen werden. Sie sind eine geliebte Notwendigkeit. Begriffe sind einfach Begriffe. Sie sind Freunde, sind der Weg, sind Nahrung für anerkennende Unterscheidung. a) Sie werden nicht gefunden, wenn man nach ihnen sucht (an einem verborgenen Ort) und sie auskundschaftet; b) sie nehmen nirgends Wohnung und sind c) keine (subjektiven) Auslegungen.

a) Dies bedeutet, daß alles, was im Denken *(blo)* aufsteigt, als Begriff angesehen werden muß. Begriffe sind als Tätigkeit des Denkens *(sems)* zu begreifen, und dieses Wirken, das ungeboren ist, muß als absolutes Sein *(chos-sku)* betrachtet werden.

Anfänger sollten positive Begriffe benutzen, um negative zu verbannen, aber (das folgende sollte man bedenken): Wenn die Sonne von Wolken bedeckt ist, können diese weiß oder schwarz sein. In gleicher Weise kann ein gefesselter Mensch von einer eisernen oder einer goldenen Kette gebunden sein. In Analogie dazu kann man von positiven oder negativen Gedanken gefesselt werden. Beides ist als Tätigkeit des Geistes zu betrachten und dieses Wirken, das ungeboren ist, als absolutes Sein. Dies ist Offensein in Tätigkeit.

b) Wenn sich die Erkenntnisfähigkeit durch Prüfung aller Begriffe erschöpft hat, dann suchen die Begriffe keinen Sitz mehr im Tod, im Menschen oder im Offensein. Diese Zustände müssen als Begriffe angesehen werden, die das Wirken des Geistes sind. Und solches Wirken, das ungeboren ist, ist absolutes Sein.

c) Dies bedeutet, daß die (Begriffe) nicht an sich, als Weg oder Ziel gedeutet werden. Nicht einmal als besondere Sicht, Aufmerksamkeit oder Darstellung. Verstand *(blo)*, der den (Begriffen) zustimmt, ist (in sich selbst) äußerste Offenheit. Das bedeutet: a) Begriffe können im Augenblick ihres Entstehens oder b) später überwunden werden und können c) wie ein Feuer um sich greifen.

a) Dies ist mit der Begegnung eines früheren Bekannten zu vergleichen. Sobald ein Begriff entsteht, wird er als absolutes Sein erkannt.

b) Dies gleicht dem Begegnen eines Unbekannten oder dem Schneefall auf einem Teich. In dem Augenblick, in dem der Schnee auf das Wasser fällt, schmilzt er noch nicht, erst später. Wenn man den Begriff nicht kennt, wird man ihn erst suchen müssen, und danach wird man ihn kennen.

c) Hier der Vergleich mit einem Waldbrand: Solange er noch klein ist, wird ihn der Wind oder anderes löschen. Wenn er aber größer wird, schürt ihn der Wind mit seiner ganzen Kraft. In ähnlicher Weise sollte man Begriffe behandeln, als sei man gröblich beleidigt, von Lepra angesteckt oder durch ein großes Mißgeschick betroffen worden. Auf diese Weise sollte man sie als Begriffe betrachten: die Begriffe als Tätigkeit des Geistes, und dieses Wirken, ungeboren, als absolutes Sein. Solche Betrachtung ist Hingabe (die das Negative in Positives umwenden will), Nicht-Irren und das Öffnen der Tür zur Wirklichkeit durch würdigende Unterscheidung.

›Hingabe‹ bedeutet: Wenn man einen Begriff als absolutes Sein erkennt, weiß man, daß alle Begriffe dieses sind. Ebenso wie man nach dem Trinken des Wassers aus dem Teich das Wasser aller Teiche kennt. Oder wenn man weiß, daß ein Rohr hohl ist, weiß man dieses von allen Rohren. Wenn man weiß, daß ein Krankheitskeim das Knochenmark angreift, weiß man, daß dies auch die anderen tun. ›Das Negative in Positives wenden‹ bedeutet: Wenn man, wie durch ein loderndes Feuer, seine Gedanken gereinigt hat, werden alle ungünstigen Bedingungen zu Freunden.

›Nicht-Irren‹ bedeutet, daß Irrtum herrscht, solange man die Begriffe nicht als das erkannt hat, was sie sind. Hat man die Wurzeln der Begriffe erreicht und sie als absolutes Sein erkannt, gibt es keinen Grund mehr, in die Irre zu gehen.

›Die Tür öffnen‹ heißt: Wie beim Schwingen einer Lanze in frischer Luft versteht man, daß alles mit sich selbst identisch ist.«

Ekstatische Glückseligkeit
und emotionale Verstrickung

Der Tantrismus unterscheidet, wie wir gesehen haben, zwischen dem Körper, den ich lebe und der einen Wert darstellt, und dem Körper, der als ein Objekt der Spekulation verstanden wird; zwischen dem Geist als Möglichkeit und Auswirkung der Kraft und dem Geist als umfassende Bezeichnung für ich-bezogene Neigungen; zwischen absoluter Erkenntnis und der Welt der Begriffe. Die gleiche Trennung bezieht sich auf den Bereich des Gefühls und der Emotionen und entstammt gleichfalls der Erfahrung. Ein Mensch, der eine höchst wertvolle Erfahrung etwa rein ästhetischer Art und Freude hat, fühlt sich besonders wohl und ausgefüllt. Seine Wahrnehmungen sind stärker, und er ist zufriedener als zu anderen Zeiten, aber das Gefühl, das er erlebt, widersetzt sich jeder Eingliederung in Begriffe. Diese ekstatische Glückseligkeit wird nicht nur subjektiv empfunden, sondern kann von anderen wahrgenommen werden, auch wenn diese vielleicht gar nicht verstehen, was in dem Menschen vorgeht, der sie hat. Wir brauchen uns nur an die Begegnung Buddhas mit Ajivika Upaka zu erinnern. Dieser sah Buddhas strahlendes Glück, konnte aber nicht begreifen, was dieser über seine Erfahrung aussagte.[48]

Der Gefühlston einer solchen Erfahrung wird *mahasukha* genannt. Wörtlich bedeutet dies »große Freude«, wobei »groß« den absoluten Charakter der Freude ausdrücken soll, während »Freude« keine gewöhnliche ist. Da aber Freude als lebenssteigernder Zustand eine positive Bedeutung hat, wird dieser Ausdruck gebraucht, um das absolut Positive der Erfahrung anzuzeigen, die in ihrer Erkenntnis unbegrenzt, in ihren Gefühlen befriedigend ist. Wir können Worte wie »ekstatische Glückseligkeit«, »große Wonne« oder »absolute Seligkeit« benutzen, um auf das Gefühl der Befreiung von der Armut der Egozentrik hinzuweisen.

In gleicher Weise wird die Betonung auf Sein-als-Wert *(sku)* gelegt und auf das Erkenntnisvermögen *(ye-shes)*, weniger auf das physische und unwirkliche Sein *(lus)*. Das begriffliche Erfassen des Seins *(rnam-rtog)*, die »ekstatische Glückseligkeit«, erscheint vor allem im tantrischen Denken. Die Verbindung mit dem Bewußtsein des Seins zeigt, daß der Tantrismus nicht Hedonismus, eine verschleierte Form des zügellosen Lebens und seiner Verachtung der Welt ist.

Indrabhuti erklärt:[49]

»Das All-Buddha-Bewußtsein, in uns selbst erfahren, wird Große Glückseligkeit als höchste Freude aller Freuden genannt.«

Advayavajra bestätigt:[50]

»Ohne Glückseligkeit gibt es keine Erleuchtung, denn Erleuchtung ist Glückseligkeit selbst.«

Anangavajra sagt:[51]

»Man hält es für die höchste Glückseligkeit, da es von Natur aus unendliche Freude ist.

Es ist das Erhabenste, das All-Gute, führt zur Erleuchtung und ist von gleicher Natur wie sie.«

In diesem Zusammenhang kann »führen«, das als fachlicher Ausdruck Gleichzeitigkeit miteinschließt, nur bedeuten, daß immer neue Reichtümer in diesem Zustand entdeckt werden.

Kanha meint:[52]

»Die ganze Welt, zusammen mit ihren Taten, Worten und Gedanken, vergeht in diese Atmosphäre.

Dieses Vergehen ist große Glückseligkeit, das gleiche wie Nirvana.«

Auch hier zeigt die Gleichsetzung von Glückseligkeit und Nirvana den positiven Charakter der Erfahrung. Geschichtlich ist es eine Neubestätigung von Buddhas Worten, daß Nirvana Glückseligkeit ist, weil es nicht ein Urteil (Begriffsbildung) über angenehme Gefühle ist.

Saraha erklärt:[53]

»Wie in der tiefen Dunkelheit der Mondstein sein Licht
ausstrahlt,
so vertreibt diese Große Glückseligkeit in einem Augenblick
alles Elend.«

Wieder sehen wir hier die enge Verbindung zwischen Glückseligkeit als höchster Form freudiger Erregung mit dem Strahlen eines lebendigen Menschen. Das Bild des Mondsteins, der sein Licht ohne Mühen ausstrahlt, stellt einleuchtend dar, daß wir beim »Ankämpfen« gegen die Schmerzhaftigkeit einer beunruhigenden Situation, der wir entkommen wollen, einfach zur Freude »hinströmen«.

gNyis-med Avadhutipa gibt zu Sarahas Versen folgende Erklärung:[54]

»Der Schleier der Emotionen und Begrifflichkeit gleicht fahler Dunkelheit. Sie wird durch die Lehre des wahren Gurus[55] zerstreut. Dieser gleicht dem Mondstein, der in der Welt der Nagas gefunden wird und verständlich macht, was nicht verstanden wurde. Darum heißt es bei Saraha: ›Wie in der tiefen Dunkelheit der Mondstein . . .‹ Ebenso wie der Mondstein die Dunkelheit nicht an einen anderen Ort versetzen muß, so ist es auch nicht nötig, Empfindsamkeit und Begrifflichkeit fortzustoßen (sie schwinden von selbst). So fährt Saraha fort: ›sein Licht ausstrahlt‹.

Nachdem in einem einzigen Augenblick unmittelbar danach

höchste und ungewöhnliche Glückseligkeit, unbefleckt vom Schmutz des *samsara* und Nirvana, hervortritt, wird die Bedeutung der Buddhaschaft offensichtlich. Darum (erklärt Saraha): ›Diese Große Glückseligkeit in einem Augenblick . . .‹ Subjektivität ist das Übel des Denkens. Nicht-Subjektivismus ist das Glück der Konzentration. Die Begriffe, die aus der ›Erinnerung‹[56] abgeleitet werden, erschöpfen das Denken. Durch Erfahrung der ›Nicht-Erinnerung‹ aber wird die Subjektivität überwunden. (Hieraus zieht Saraha den Schluß): ›Vertreibt alles Übel des Denkens!‹ «

Karma Phrin-las-pa[57] erklärt diesen Vers als Hinweis auf den existentiellen Wert des Seins *(sku)*, der als »Glückseligkeit« empfunden und deshalb so genannt wird. Er sagt:

»›Tiefe Dunkelheit‹ ist eine Dunkelheit, in der es kein Licht gibt. Sie hat sich seit Äonen verdichtet. Wenn nun der Mond oder die Sonne, das Juwel des Himmels, ihr Licht ausbreiten, dann wird sogleich mit der Geburt des Lichtes die Dunkelheit aufgehoben. Beim Aufdämmern des Verständnisses dieser höchsten Glückseligkeit *(mahasukha)* ist sogleich und augenblicklich ›alles Übel des Denkens‹, das seit anfangslosem *samsara* angehäuft wurde, ›besiegt‹. Folglich ist das Gesamt der karmischen Tätigkeit und Empfindsamkeit getilgt. ›Das Übel des Denkens‹ bedeutet, daß (begriffliches) Denken von Übel und das Übel (begriffliches) Denken ist. Es bringt einen Schleier hervor. ›Alles‹ bezieht sich auf die Samen und Neigungen dieser verschleiernden Macht. Ebenso wie Freude dem Leid gegenübergestellt ist, wird das ursprüngliche Bewußtsein, von dem alle verschleiernde Macht zusammen mit ihren latenten Möglichkeiten geschwunden ist, im Vajrayana ›der existentielle Wert der Glückseligkeit‹ genannt. Dies ist hier gemeint.«

Sein und Bewußtsein werden gleichbedeutend angewendet.

Sein ist ein Wert von höchster Bedeutung. Es ist auch ein Bewußtsein, nicht ein Versunkensein in etwas anderes als in sich selbst. Wie auch immer: Die Zweiwertigkeit, die – wie wir sahen – das gesamte Denken des Tantrismus durchzieht, wird auch offensichtlich in dem Gegensatz zwischen »Glückseligkeit« und »Empfindsamkeit«. Letztere ist mehr ein Verlust oder eine Zerstörung der Seligkeit als eine unabhängige gegensätzliche Kraft. Dies ist, nach Meinung der Kommentatoren, die Absicht, die in Sarahas Worten liegt:

»Höre, o Sohn! Durch die verschiedenen (Begriffe)
läßt dieser Duft sich nicht erklären.
Es ist eher die Ablehnung eines Verständnisses ständiger
Glückseligkeit.
Sie gleicht dem Wiederhervortreten des unbeständigen (Denkens).«[58]

Daß Sein und Bewußtsein Glückseligkeit genannt werden, bestätigt die Existenz des höchsten Wertes im Menschen selbst, der dort entdeckt werden muß und bei der Entdeckung mithilft. Mit anderen Worten, dies ist schöpferisch in einem besonderen Sinn. Das heißt im Anblick der Welt aus einer neuen Sicht heraus und im Zugang zu dem Leben mit den geöffneten Augen der Bewunderung, nicht mit hemmenden und starren Voraussetzungen, wie bei einem Menschen, der in seinen eigenen Täuschungen gefangen ist. Im Augenblick der Glückseligkeit ist der Mensch stärker er selbst und nimmt mehr wahr. Er kann die Wirklichkeit annehmen und bejahen und wird nicht versuchen, sie seinen Illusionen anzugleichen.

Für die meisten Menschen ist die Erfahrung der Glückseligkeit ein seltenes Ereignis, denn den Großteil ihres Lebens sind sie frustriert. Die buddhistische Behauptung, daß »alles frustrierend ist« *(sarvam duhkham)*, muß von dieser Erfahrung der Glückseligkeit aus verstanden werden, die mit Buddhas Erleuchtung übereinstimmt. Erst nach diesem Ereignis formulierte er die »Vier Edlen Wahrheiten«, die deshalb nicht so sehr Voraussetzungen sein können, aus denen Schlußfolgerungen zu ziehen sind, sondern eher Ergebnisse und Beschreibungen tatsächlicher Situationen. Aus der Tatsache, daß Glückseligkeit, Nirvana und Erleuchtung sinnverwandt sind, wird offensichtlich, daß Glückseligkeit nicht nur die Abwesenheit von Leid und Frustration ist. Es ist wahr, daß Befreiung von Schmerzen und die Lösung eines Problems oft ein Gefühl der Freude hervorbringen, aber das Phänomen hält nicht an. Das Leid oder Problem haben uns eine bestimmte Situation bewußt gemacht, wir werden uns auch einer kurzen Freude nach der Erleichterung oder Lösung bewußt. Sobald aber Leid oder Problem vergessen sind, ist auch die Freude der Erleichterung vergangen. Es erscheint richtiger festzustellen, daß Glückseligkeit die Grundlage eines integrierten, gesunden Menschen ist, während schwankende Gefühle von Freude und Leid Störungen in der Grundstruktur anzeigen und einen Verlust an Glückseligkeit und wahrem Bewußtsein.

Der Frustration, der wir begegnen, liegt der Verlust, der Mangel an wahrem Bewußtsein *(avidya, ma-rig-pa)* zugrunde, der in der Zerstörung des ursprünglichen Bewußtseins und seiner Glückseligkeit als mächtige Gefühlsregung wirkt. Sie hält eine gleichfalls zerstörte und gespannte Aktivität aufrecht, die bewußt als Frustrierung empfunden wird. Diese drei Aspekte von Empfindsamkeit, gespannter Aktivität und Frustration sind die ersten drei Glieder in der Kette der Kausalität *(pratityasamutpada)*, die in der Geschichte des buddhistischen Denkens eine Vielzahl von Erklärungen fand. Nach tantrischer Auslegung liegt Mangel an wahrem Bewußtsein *(avidya)* sowohl den positiven Gefühlen der Anziehung, Bindung, Liebe und den negativen der Abneigung, Feindschaft und des Hasses

68

zugrunde. Bedauerlicherweise kann jeder Ausdruck zweideutig angewendet werden. Sehr häufig wird er irreführend gebraucht. Nimm zum Beispiel das Wort »Liebe«. Es kann sich auf eine Erfahrung unendlicher Fülle beziehen, in der das Subjekt den anderen Menschen oder ein anderes Objekt bewundert, verehrt und sich an ihnen erfreut als an etwas zutiefst Kostbarem und Wertvollem, das unabhängig und um seiner selbst willen besteht. »Liebe« kann sich aber auch auf die quälende Unvernunft von Besitzwillen, Habsucht und Selbstsucht beziehen, die in der perversen Vorstellung von »Liebesopfer« gipfelt, in der Liebe eines Mörders für sein Opfer.[59] Gibt es etwas Erschreckenderes als die Vorstellung, Opfer eines rituellen Mörders zu sein, und etwas Abscheulicheres, als den Tod über ein Lebewesen zu verhängen allein zur Lust-Befriedigung oder daß man das Glück eines anderen zerstört um des eigenen Geltungstriebs willen? Liebe, die bewundert und sich erfreut, gehört zur »Erleuchtung«, die wahres Bewußtsein und Glückseligkeit in einem ist. Die sogenannte Liebe, die das Leben mißachtet und nichts für wert hält, spiegelt unsere verzerrte Sicht der Welt wider, deren Reichtum und Schönheit uns daher beständig entgehen. Im Augenblick der »Erleuchtung« können wir »all-liebend« und »alles-empfindend« sein. Wir werden dann nicht von widerstreitenden Gefühlen beeinflußt, die zu zahllosen Übeln führen. Padma dkar-po sagt:[60]

»Der Verlust des wahren Bewußtseins *(ma-rig-pa, avidya)* stellt sich dar als unzugänglich und im Gegensatz zum wahren Bewußtsein, das sich nicht wandelt und absolutes (Gefühl der) Liebe ist. Dieser Verlust ist der Augenblick, der zur Ursache von Geburt und Tod der Lebewesen wird. Er verbindet sich mit dem Besitzwillen, der herrührt von der durch Erfahrung hervorgerufenen Besitzmöglichkeit, die seit anfangslosen Zeiten besteht, und wird dadurch zur Bindung *('dod-chags, raga)*. Durch Veränderung wird die Bindung zur Abneigung *(zhe-sdang, dvesa)*. Die Natur der Abneigung ist Blindheit (wörtlich Ohnmacht). Dies ist (geistige) Finsternis. Bindung, Abneigung und geistige Finsternis bringen den Verlust des wahren Bewußtseins, das dann zu einer emotionalen Kraft wird.«

Bezeichnenderweise wird Abneigung, nicht Liebe als geistige Finsternis erklärt. Wenn auch Bindung zur Abhängigkeit von anderen führt, verleiht sie doch die Fähigkeit, mehr vom anderen zu sehen, sogar mehr von ihm zu wissen. Gewöhnlich heißt es, »Liebe sei blind«, gerade deshalb, weil wir unserer Tradition nach alles Positive mit dem Teufel verbunden haben. Der Buddhismus aber, der nicht unter der allzu mächtigen Zwangsjacke eines entmenschlichenden Dogmatismus leidet, erkennt die sichtbare Tatsache, daß Liebe wahrnehmungsfähiger sein kann als Nicht-Liebe. Andererseits machen uns Abneigung, Haß, Bosheit, Wut in wörtlichem Sinn blind. Wir sagen »blind vor Wut« und verbinden diese Negation gemäß unserem nihilistischen Transzendentalismus mit Gott – dem »Zorn Gottes«, einem Lieblingsthema der Priester, die auf die »Liebe Gottes« umschalten, wenn es darum geht, unerfreuliche Tatsachen zu bemänteln oder Fehler der Gesellschaft zu verewigen.

Emotionale Gefühle, an sich ambivalent, unterstützen gleichermaßen ambivalente Handlungen, die gut oder böse genannt werden und ihrerseits Handlungen bewirken. Darum fährt Padma dkar-po fort: [61]

»Durch (Emotionen) erwecktes Gutes und Böses ist Handlungsgrund oder karmische Aktivität *(karma)*.«

Solche Tätigkeiten verwickeln uns in Situationen, und dieses Eingewickeltsein gleicht dem Empfangensein im Mutterschoß. Wir sind in einer Situation gefangen und erhalten unsere Wahrnehmungen durch Einordnung, Begriffsbildung und vor allem durch Vergleiche. Dies alles ist Frustration, weil wir nur einen Teil von dem wahrnehmen, was da ist. Padma dkarpo fährt fort:[62]

> »(Durch karmische Tätigkeit) im ›Mutterleib eingeschlossen‹ werden, ist abstrakte, einordnende Wahrnehmung *(vijnana)*, die Frustration bedeutet.«

Emotionalität *(klesa)*, karmische Tätigkeit *(karma)* und Frustration *(dukha)* begleiten unsere verkörperte Existenz, die beschrieben wird durch die verbleibenden neun Glieder der Kette der Kausalität und die klarlegen, daß wir uns von einer Situation zur anderen hinbewegen. Dabei ist jede Situation sozusagen eine neue Existenz von uns. Unter den verbleibenden neun Gliedern sind immer drei stärker miteinander verbunden. So gibt es »Name und Form« *(nama-rupa)*, die sich auf das Gesamt der fünf psychophysischen Bestandteile beziehen mit ihren »sechs sich gegenseitig beeinflussenden Bereichen« *(ayatana)* und der engen Beziehung *(sparsa)* zwischen dem Akt der Wahrnehmung und dem wahrgenommenen Inhalt. In ähnlicher Weise besteht ein enger Zusammenhang zwischen »Gefühl« *(vedana)*, das die erfreuliche oder leidvolle Verbindung einiger Aspekte der Wirklichkeit mit mir selbst abschätzt, »Begierde« *(trsna)* nach erfreulichen und nach Loswerden von unerfreulichen Gefühlen und dem »Besitzergreifen« *(upadana)*, das alles für sich haben will. Schließlich gehören zusammen: »Werden« *(bhava)*, das Eingehen in eine der möglichen Lebensformen, »Geburt« *(jati)* in eine völlig neue Situation und »Alter und Tod« *(jaramarana)*. Die zwölf Glieder der Kette der Kausalität, die in vier Gruppen mit je drei Gliedern geteilt wird, stellen den zerstörten Aspekt des Seins in Gestalt eines Einzelnen und den Weg seines Lebens dar. Der Mensch ist eine Dreiheit, denn er existiert durch Körper *(lus)*,

Rede *(ngag)* und subjektiven Geist *(yid)*[63]. So bezeichnen Emotionalität, karmische Tätigkeit und das Gefühl der Frustration die dynamische Existenz des Einzelnen in verschiedenen Graden der Intensität.

Das folgende Schema zeigt die existentielle Bedeutung:

Unwissenheit *(avidya)*	
Handlungsgrund *(samskarah)*	*jnanavajra*
Wahrnehmung *(vijnana)*	(erkennendes Sein)
Name und Form *(nama-rupa)*	
Bereiche der Wechselwirkung	*kayavajra*
(*sadayatana*)	(verkörpertes Sein)
Beziehung *(sparsa)*	
Gefühl *(vedana)*	
Begierde *(trsna)*	*vagvajra*
Besitzergreifen *(upadana)*	(verbindendes Sein)
Werden *(bhava)*	
Geburt *(jati)*	*cittavajra*
Alter und Tod *(jaramarana)*	(reagierendes Sein)

Die erste Gruppe der drei ist die Voraussetzung für die Verkörperung des Einzelnen in *samsara* und heißt *ye-shes rdo-rje (jnanavajra)*, »die Unzerstörbarkeit *(rdo-rje, vajra)* des ursprünglichen Bewußtseins *(ye-shes, jnana)*«; die zweite Gruppe ist die tatsächliche Verkörperung und heißt *sku rdo-rje (kayavajra)*, »die Unzerstörbarkeit des Seins«. Durch sein verkörpertes Sein steht der Mensch auch in Verbindung mit der Welt. Deshalb wird die dritte Gruppe *gsung rdo-rje (vagvajra)*, »die Unzerstörbarkeit der Kommunikation«, und die letzte Gruppe *thugs rdo-rje (cittavajra)* genannt, »die Unzerstörbarkeit der Reaktion«.

Der Mensch ist nicht nur in der Welt, er steht nicht nur im Austausch mit ihr, sondern antwortet auch auf das Leben und seine Forderungen. Dies kann er entweder tun, indem er sich auf sein Sein ausrichtet oder indem er es vergißt und im Gefolge des Verlustes des wahren Seinsbewußtseins in die Fiktionen eigener Handlungen verstrickt wird. Auf den ersten Blick könnte man die Entsprechung zwischen den vier Gruppen der drei Glieder aus der Kette der kausalbedingten Entstehung und den »vier Unzerstörbarkeiten« für künstlich halten. Doch das Gefühl der Frustration, das allen Handlungen innewohnt, die aus einer unvollkommenen Sicht der Wirklichkeit stammen, zeigt an, daß es Einsicht und ursprüngliches Bewußtsein *(ye-shes)* geben kann. In ähnlicher Weise sind die psychophysischen Bestandteile Abstraktionen der Existenz des Menschen und weisen auf sein wahres Sein *(sku)* hin. Durch unsere Stimmungen und Urteile stehen wir in Verbindung *(gsung)* mit anderen Menschen und mit der uns umgebenden Welt. Obgleich Verbindung vor allem an Worte gebunden ist, muß doch dem Ton meiner Stimme mehr Bedeutung beigemessen werden. Er gibt deutlich meine Stimmung wieder, die die ganze Situation färben kann. Letztendlich antworte ich durch mein Werden auf die Möglichkeiten, die die Situation bietet. Die Antwort zeigt, wie meine Daseinswelt wird, und wieder reagiere ich ganzheitlich darauf. So führt die Möglichkeit der Entwicklung zur Verwirklichung, die in letzter Aufgliederung auf die Möglichkeit hinweist und eine solche bleibt. Dies ist zugleich die Fähigkeit, die Werte zu bejahen, die unser Leben ermöglichen. Solche Werte sind existentiell und nicht Ergebnis intellektueller Denkfähigkeit, durch die sie in einem trüben Licht gesehen werden und die uns vielleicht anspornen, die Werte zu finden, die unser wahres Sein sind. Nach dieser Ansicht gewinnen Gut und Böse eine neue Bedeutung. Sie sind nicht ein für allemal bestimmte Existenzen, zwischen denen wir wählen können, sondern Annäherungen an den höchsten Wert, der Sein und Bewußtsein zugleich ist, oder die Entfremdung von ihm. Dies ist die Deutung, die Mi-pham einem Lebewesen *(sems-can)* zuteilt, das heißt einer Person mit Bewußtsein *(sems)* und die im Licht ihrer begrenzten Sicht plant im Gegensatz zu dem »ursprünglichen Bewußtsein« *(ye-shes),* das Buddhaschaft ist. Diese Erklärung ist deshalb so aufschlußreich, weil sie auch die Fachbezeichnungen *dharmakaya* und *rupakaya* erhellt. *Dharmakaya* ist ein Ausdruck für Sein-an-sich, erfahren als absoluter Wert; *rupakaya* stellt dieses in einer wahrnehmbaren Form dar, das heißt, durch *nirmanakaya* stellt der Mensch den höchsten Wert des Seins dar und durch *sambhogakaya,* das er gleichzeitig ist, ist er eins mit dem höchsten Wert des Seins. Mi-pham sagt:[64]

» ›Das Lebewesen‹ *(sems-can)* ist nur die sich selbst manifestierende Abirrung von der Sphäre des strahlenden Lichts. In dieser Manifestation gibt es unfehlbare Verbesserung durch gute (Taten) und Verschlechterung durch böse (Taten). Auf der Grundlage dieser (Einteilung) gibt es Verdienste und Schulden. Durch Verzicht auf das Böse und Verstärkung des Guten gewinnen wir die sogenannte ›Ansammlung von Verdiensten‹. Sie ermöglichen uns zeitweilig das Erlebnis von Glück und Wohlergehen eines Gottes, eines Menschen oder eines Bodhisattvas, letztendlich *rupakaya.*[65] ›Ursprüngliches Bewußtsein‹ ist eine Bezeichnung für Nicht-abweichen, da man die absolute Wirklichkeit ganz korrekt verstanden hat. Durch dieses Bewußtsein werden die beiden Schleier (Emotion und Begrifflichkeit) zerrissen und das Ziel *(dharmakaya)* verwirklicht. So steht dies im *hetuyana*[66]. Unter *mantrayana*[67] versteht man, daß sich die abweichende Manifestation von selbst auflöst, sobald das uranfängliche strahlende Licht zur eigenen Grundlage gemacht wurde. Dann gibt es keinen Platz mehr für Verbesserung durch Gutes und Verschlechterung durch Böses.«

Nach diesen Worten ist es ein »Abweichen« (*'khrul-pa,
bhranti*), wenn man zu einem Lebewesen wird. Der Original-
ausdruck wurde oft fälschlicherweise mit »Irrtum« übersetzt.
Angemessener wäre »Entfremdung«, ein alter psychiatrischer
Begriff, der den Verlust an persönlicher Identität oder am Gefühl dieser Identität ausdrückt. Da »persönliche Identität« zu
subjektiv klingt, kann der Sinn von Entfremdung neu formuliert werden als ein fortlaufender Verlust des eigenen Seins und
ein Abweichen von ihm. Ohne jeden Antrieb und alle Freude
am Leben ist ein solcher Mensch sich selbst fremd, und alle seine
Tätigkeit scheint ihm nicht selbst zu gehören, sondern einer
fremden und dunklen Macht, die ihn in Bann hält und auf
deren Geheiß er wirkt. Diese Entfremdung von sich selbst ist
ihm stark fühlbar. Er erkennt sie als etwas Unnatürliches und
möchte sich von ihr befreien, um sich selbst wiederzufinden.
Der entfremdete Mensch wird von seinen Emotionen *(klesa)*
beherrscht, von der zwanghaften Tätigkeit *(karma),* die diese
hervorbringen, und von dem begleitenden Gefühl der Frustration *(duhkha),* da alles, was er auch tun mag, hinter dem zu-
rückbleibt, was er sich als Ergebnis erwartet hatte. Wir finden
schon in den ältesten buddhistischen Schriften, dem Pali Ka-
non, genaue Beschreibungen über den entfremdeten Menschen
im Gegensatz zu der höchsten Erfahrung der Befreiung: [68]

»Der Zyklus der Existenz ist von unbekanntem Ursprung.
Die Lebewesen, die hin- und herlaufen und sich bewegen
(von einer Existenz zur anderen), kennen ihren Ursprung
nicht. Denn sie werden gehindert (ihr wirkliches Sein zu erkennen) durch den Mangel an wahrem Bewußtsein und das
Gefesseltsein von dem Verlangen (nach fortwährender Existenz). Aus diesem Grund wurde eine lange Zeit Frustration
empfunden. Leid und Verfall wurden erfahren und der Boden der Leichenverbrennung füllte sich.«

Hier sind zwei Faktoren zusammen erwähnt: Mangel an wahrem Bewußtsein und Verlangen. Man kann letzteren Ausdruck auch mit »Trieb« wiedergeben. Dies ist eine übliche Beschreibung für eine gewisse frühe, vorübergehende Entwicklungsstufe von ausgeglichener Tätigkeit, die zwischen einem Zustand der Unausgeglichenheit und einem des Gleichgewichts stattfindet, der als Ende oder Ziel angesehen werden kann. Das Erlangen des Ziels durch Zurückziehen der Spannung oder die Befriedigung des Verlangens führt im allgemeinen zu einem Zustand des Gleichgewichts, der von einem Gefühl der Freude und Entspannung begleitet wird. Solange aber das Verlangen unbefriedigt und unerfüllt bleibt, hinterläßt es einen, wenn auch noch so kleinen Rest von unerfreulichen Gefühlen, und ein neuer Kreislauf der Tätigkeit folgt. Seine erste Stufe ist ein Sehnen, ein Verlangen oder Drängen, das sich aus dem Mangel an Gleichgewicht ergibt. Die Verbindung von »Verlangen« mit »Mangel an wirklichem Bewußtsein« betont die Unfähigkeit, sich selbst den Forderungen des Lebens anzupassen, und kennzeichnet den Zustand der Unausgeglichenheit und Zweiwertigkeit, zusammen mit dem daraus folgenden Trieb, im wahren Sinn des Wortes. Ebenso folgt die ursprüngliche Suche nach dem Anreiz oder der Situation, die dieses Bedürfnis stillen. Der Versuch, die als negativ empfundene Spannung zu vermeiden und die als positiv vorweggenommene Verminderung der Spannung sich zu verschaffen, schlägt so lange fehl, wie der Mensch von Meinungen beherrscht wird. Diese sind der Kern des fehlenden wahren Bewußtseins und haben einen überwältigenden emotionalen Charakter. Menschen wurden und werden gefoltert und getötet, weil sie nicht die Meinung teilten, die jemand verkündete.

Die überwältigende Kraft des Triebes wird zutreffend in den folgenden Worten ausgedrückt: [69]

»Ich werde dir das verführende Verlangen beschreiben. Wie ein breiter, besitzergreifender Strom überfällt und besiegt es die Welt. Es ist wie ein Knäuel, der umgarnt und mit Nebel bedeckt. Der Trieb wird zu einem Dickicht von *munja* (Saccharum munja Roxb.) und Pabbaja-(Bleusine indica) Gras und übersteigt nicht die niederen Formen des Lebens, sorgenvolle Existenz, Ruin und den Kreislauf der Wiedergeburten.«

Die Weiterbewegung von einer Situation zur anderen wird folgendermaßen ausgedrückt:[70]

»Von Verlangen begleitet, geht der Mensch einen langen Weg, er überschreitet nicht *samsara*, Existenz hier und dort.«

Durch Kontrast wird die höchste Erfahrung *(agga)* charakterisiert als Schwinden dieser drängenden Macht:[71]

»Was immer noch an konkreten oder abstrakten (Dingen) vorhanden sein mag, die Leidenschaftslosigkeit ihnen gegenüber wird höchste Erfahrung genannt. Es ist eine Entgiftung, ein Schwinden des Verlangens, Abbruch der Grundlage, Zerstören des Kreislaufs der Wiedergeburt, Nachlassen des Verlangens, Leidenschaftslosigkeit, Wonne in einer höchsten Erfahrung.«

Leidenschaftslosigkeit *(viraga)* ist nicht ein Verlust von Gefühlen, es ist vielmehr eine erhöhte Wahrnehmung der Liebe und des Erbarmens *(maharaga)*. Vergangen ist das ichbezogene Gefühl des Besitzes mit seinen Ängsten, Besorgnissen und Verboten.

Da die Triebe im gewöhnlichen Leben eines Menschen eine ziemlich bedeutende Rolle spielen, hat sich der Buddhismus ausführlich mit diesem Problem beschäftigt. Manchen triebhaften, auf ein Ziel ausgerichteten Beziehungen liegt, wie wir wissen, das Bemühen zugrunde, sich immer mehr Befriedigung durch den Reiz oder die Situation selbst zu verschaffen, bis die

störenden Spannungen oder der Zustand der Unausgeglichenheit nachgelassen haben. So nimmt der Organismus zum Beispiel, auch wenn er von störenden Spannungen und Trieben
angestachelt wird, mehr und mehr von diesem befriedigenden
Reiz auf wie beim Essen und Trinken. Dies geschieht durch den
Kreis von Handlung und Reflex. Auch die ganze Reihe von
erotischen Reaktionen gehört hierzu, vom Reizgefühl in den
erogenen Zonen des Körpers bis zu den anderen Einzelheiten
im Liebesleben des Erwachsenen. In gleicher Weise führt das
Ausbilden sozialer Kontakte zu einem anhaltenden Verlangen
nach Gesellschaft und nach den anderen Dingen, von denen wir
gewöhnlich sagen: »Je mehr wir bekommen, desto mehr wollen
wir.« Diese Fortdauer zeigt, daß noch immer eine unerfreuliche Emotion besteht. Die Bemühung lag darin, die negativere
Situation zu vermeiden und sich die weniger negative zu
sichern. Die Triebe, die sogar noch nach gegenseitiger Erfüllung
weiter drängen, werden Anziehung genannt, und diese Art von
Wiederholung fällt unter das Thema der Ausdauer. Im buddhistischen Text werden die beiden Ausdrücke »Verlangen
nach fortdauernder Existenz« *(bhavatanha)* und »Verlangen
nach Freude« (einschließlich Sex, *kamatanha*) für unsere Begriffe von Anziehung und Ausdauer gebraucht. Buddhaghosa
spricht von beiden Begriffen in folgender Weise:[72]

> »›Das Verlangen nach den Objekten‹ *(rupatanha)* wird
> ›Verlangen nach Freude‹ *(kamatanha)* genannt, wenn ein
> Objekt in die Reichweite eines optischen Bewußtseins
> kommt, und wenn dieses Verlangen weiter das Objekt auf-
> grund seines lustvollen Reizes (das heißt Anziehung) auf-
> nimmt. Wenn aber dieses Verlangen im Gedanken der Fort-
> dauer verlängert wird (das heißt, wenn das Subjekt verlangt,
> daß) das Objekt andauern und ewig bleiben möge, dann
> nennt man das ›Verlangen nach fortgesetzter Existenz‹ *(bha-*

vatanha, das heißt Ausdauer). Denn ein Wunsch, der von dem Gedanken der Dauerhaftigkeit begleitet wird, heißt ›Verlangen nach fortgesetzter Existenz‹.«

Doch selbst die anziehendsten Reize lassen nach, wenn sie immerfort dargeboten und aufgenommen werden. Man wird mit der Zeit der Liebesbezeugung müde. Wiederholter Kontakt mit Menschen führt zu einem Zustand des Mißbehagens. Man möchte eine Zeitlang allein sein. Mit anderen Worten: Die Befriedigung eines Reizes führt oft zu einem Wechsel von Anziehung zu Abwendung. Es gibt eine genaue Grenze für die Ausdauer. Abwendung wird »Verlangen nach Unterbrechung« *(vibhavatanha)* genannt. Buddhaghosa sagt: [73]

> »Wenn (dieses Verlangen) begleitet wird vom Gedanken der Vernichtung (das heißt, wenn das Subjekt verlangt, daß) das Objekt zusammenbricht und vergeht, dann heißt dies: ›Verlangen nach nicht fortgesetzter Existenz‹ *(vibhavatanha); so* wird dieses Verlangen genannt.«

In gleicher Weise wie eine drängende Anziehung zu einem Verlangen nach Aufhebung werden kann, so können auch die ausweichenden Triebe ihre Bedeutung für den Einzelnen verlieren. Gesellschaft, Kultur, Gedanken und Belehrungen mischen sich unaufhörlich in die Triebe und die Zyklen der Handlungen ein und beurteilen sie. Deshalb ist es gar nicht leicht, einen Trieb mit den Ausdrücken von Anziehung oder Abstoßung zu definieren. Eine andere Schwierigkeit ergibt sich, weil im Lauf der Zeit der Mensch lernt, einige seiner vorweggenommenen Tätigkeiten in die Zukunft zu projizieren, um seine Handlungen danach auszurichten. Diese werden Ideale genannt. Doch wenn wir von ihnen sprechen, bestätigen wir nur in anderer Weise das Prinzip eines inneren zielgerichteten Triebes. Diese Ideale dienen überdies dazu, viele Zyklen langfristiger Handlungen anzuregen, die letztendlich erst nach Ablauf vieler Jahre enden. Doch man darf niemals vergessen, daß die sehr beharrliche Art vieler unserer Triebe recht offensichtlich eine wirksame Anpassung nicht nur an eine bestimmte Situation, sondern auch an das Endziel, welcher Art es sein möge, verhindern. Gleichgültig dabei ist, ob wir die Triebe in Verbindung mit langfristigen Zyklen der Tätigkeit bringen oder an die vielen stellvertretenden Zyklen denken. Die Trägheit unserer gewöhnlichen Verhaltensweise ist zu offensichtlich, und es ist immer Aufgabe des Einzelnen, diese Trägheit in dieser oder anderer Weise zu überwinden. Wir legen Gewohnheiten fest, um dem zeitraubenden und anstrengenden Vorgang zu entgehen, den unsere Denkfähigkeit für die Umstellung auf andere Aufgaben braucht. Die Wirkung der Gewohnheiten besteht in unserem Leben vor allem darin, den schwachen Überrest einer geistigen Entwicklung zu beseitigen. Wie sehr der Mensch zur Erstarrung neigt, wird besonders deutlich, wenn wir Glaubensformen definieren. Der Kern eines jeden Glaubens ist Vorurteil. Von Emotionen beeinflußt, machen wir ungerechtfertigte Verallgemeinerungen. Gewohnheiten, die uns vor der Anwendung neuer Erkenntnisse zurückhalten, beeinträchtigen stark unser geistiges Wachstum. Wir neigen zur Untätigkeit und gewöhnen uns daran, mit den Zuständen des Seins umzugehen. Durch (begriffliche) Spaltung des Seinsbegriffes versuchen wir etwas gegen ein anderes auszuspielen. Entweder dieses oder jenes oder überhaupt nichts. Verneinung aber in jeglicher Form ist keine Lösung. Candrakirti sagt sehr klar, daß Entweder-Oder zum Scheitern führt:[74]

>Diejenigen, die die Probleme des Lebens durch Fortdauer *(bhava)* oder Unterbrechung *(vibhava)* zu lösen suchen, haben kein wahres Wissen. Beide Extreme sind aufzugeben, sowohl der Trieb der Anziehung *(bhava trsna)* wie der Trieb, etwas zu vermeiden *(vibhava trsna)*.«

Die Unterscheidung zwischen einem gewöhnlichen Menschen und einem Buddha weist auf eine wichtige Beobachtung hin. Sie wird beschrieben durch *sems-can,* »geistige Verfassung«, und *mkhyen-pa,* »Bewußtsein in ursprünglicher Weise«, und durch die philosophischen Begriffe *sems,* »Geist«, und *sems-nyid,* »Geist-an-sich«. Der Begriff *sems,* der im allgemeinen mit »Geist« wiedergegeben wird, kann auch durch »Haltung« umschrieben werden. Eine Verhaltungsweise ist im wesentlichen eine innerlich erweckte Gruppe von Anlagen eines Menschen, die, von Gedanken angetrieben, sich auf einen besonderen oder allgemeinen Anreiz richten. Sie ist aus diesem Grund sehr wählerisch und schließt alles aus, was nicht in die vom Einzelnen angenommene besondere Art der Tätigkeit hineinpaßt. Die Entwicklung einer Verhaltensweise ist so stark unbewußt, daß wir häufig nicht wissen, wie sie entsteht. Manchmal genügt ein beiläufiger Eindruck, um die Antwort des Einzelnen festzulegen. Denn dieser nur streifende Anreiz ruft tiefliegende Neigungen hervor und bringt sie ans Licht. Dies tritt besonders in den Krankengeschichten von Neurotikern hervor, ist aber auch bei »normalen« Menschen zu erkennen. Andererseits müssen Verhaltensweisen gelernt werden. Erziehung, Umwelteinflüsse und die vielen im Laufe des Lebens gewonnenen Erfahrungen bauen zusammen eine Verhaltensweise auf. Was auch der Ursprung einer solchen besonderen Haltung sein mag, sie ist im wesentlichen Ergebnis aller im Leben wirkenden Kräfte. Das wichtigste Merkmal einer Verhaltensweise aber ist das Gerichtetsein. Die Verhaltensweise bezeichnet nicht nur den Beginn einer Antwort auf eine gewisse Situation, sondern gibt der folgenden Handlung ihre Richtung. Sie wird deshalb auch durch die emotional betonten Annäherungen und Rückzüge, die Zu- und Abneigungen charakterisiert. Diese gefühlsbetonte Verhaltensweise ist bekannt als »emotional gefärbte, subjektive Disposition« *(nyon-mongs-pa'i yid)*[75] und ist Grundlage der äußeren Tätigkeit des Einzelnen infolge seiner Neigung zu Begriffsbildungen (intellektueller Abstraktion). Diese verursacht nicht so sehr die Spaltung in seinem Wesen, sondern eher ihr Ende, da sie das Auftauchen des Selbst-Bewußtseins kennzeichnet, in dem er dem Sein begegnet. Nachdem eine Verhaltensweise sowohl »intellektuell« wie »emotional« ist, erhält selbst ein »Trieb«, den wir meistens mit dem biologischen Bereich in Verbindung bringen, eine bestimmte »Bedeutung«.

Es gibt keine sinnlosen Triebe im strengen Sinn des Wortes, da die von uns eingeführte Teilung zwischen Trieb und Geist nur ein anderes Beispiel für den Verlust des wahren Bewußtseins ist. Die Schwierigkeit beim Verständnis der buddhistischen, vor allem der tantrischen Psychologie ist darauf zurückzuführen, daß der Buddhismus eher mit dem Erfahrungswissen beginnt als *a priori* von einem System der Begriffe oder abstrakten Kategorien ausgeht. Die Beziehung zum Sein und den Möglichkeiten, die *jetzt* bestehen, umfassen die in den meisten Philosophien und Religionen sogenannte »höhere« Natur des Menschen und stehen in Widerspruch zu seiner »niederen«. Dies heißt nach der besonderen buddhistischen Terminologie, daß die »absolute Wirklichkeit« *(paramarthasatya)* und die »im allgemeinen angenommene Wirklichkeit« *(samvrtisatya)* gleichzeitig die charakteristischen Merkmale der menschlichen Natur bestimmen auf dieselbe Weise, wie der Mensch zugleich handelt und erkennt. Wenn wir vollständig wissend sind, folgt hieraus automatisch und unmittelbar die geeignete Handlung. Bezeichnenderweise sind »Unmittelbarkeit« und »Zusammensein« die möglichen Übersetzungen des indischen Wortes *sahaja*. Wenn aber Handlung von Wissen oder Wissen von Handlung getrennt ist, wirkt jedes der beiden als mächtige Fessel, vielleicht sogar als zerstörerisches Vorhaben. Ihre Identität allein schafft die menschliche Freiheit. Wir lesen in der *Vimalakirtinirdesasutra:* [76]

> »Handlung, getrennt von verständnisvoller Unterscheidung *(prajna)*, ist eine Fessel; verständnisvolle Unterscheidung ohne Handlung *(upaya)* ist eine Fessel. Handlung mit verständnisvoller Unterscheidung ist Freiheit *(moksa)*. Ihre Einheit wird, wie die der Lampe und ihrem Licht, unmittelbar durch die Unterweisung eines fähigen Lehrers verstanden.«

Hier begegnen wir einem anderen vermeintlichen Widerspruch zwischen Gebundenheit und Freiheit. Zum richtigen Verständnis von Freiheit müssen wir von der grundlegenden Vorstellung des Tantrismus ausgehen, dem Sein-an-sich. Da es kein anderes Seiendes geben kann, ohne die Absolutheit des Seins aufzuheben, muß Freiheit identisch sein mit Sein-an-sich. Es ist eine starke Ironie, sollte der westliche Mensch, der so viel von Freiheit redet, diese völlig mißverstanden haben. Tatsache ist, daß er sie entweder in negativem Sinn als Freiheit *von* diesem oder jenem bezeichnet hat oder zwangsläufig als Freiheit, zwischen zwei vorgegebenen Wirklichkeiten *zu wählen,* und dies auf Befehl einer eingebildeten Übermacht. Sind aber Freiheit und Sein-an-sich identisch, und ist es unmöglich, ein anderes Sein als das Sein-an-sich zu besitzen, was ist dann Gebundenheit? Die Antwort ist überraschend einfach. Gebundenheit ist Ergebnis der freien Handlung des Subjekts, die eine Verhaltensweise dem Objekt gegenüber einnimmt, das zu ihm gehört, nicht »früher noch später« besteht. Denn im Annehmen einer »Verhaltensweise gegenüber« beziehen wir im wörtlichen Sinn einen bestimmten Standpunkt, der einen anderen ausschließt. In dieser Weise »binden wir uns selbst«. Sein, Bewußtsein, Glück und Freiheit sind also gleichbedeutende Ausdrücke, die verschiedene Aspekte einer und derselben Wirklichkeit betonen.

»Der urteilsfähige Mensch, der sein Sein als verständnisvolle Unterscheidung und als geeignete Tätigkeit erkannt hat, ist, von innen und außen gereinigt, glücklich *(sukhita)*. Denn er findet keine hemmenden Schranken mehr.«[77]

In gleicher Weise wie das Dasein eines Lebewesens eine Entfremdung von seinem wahren Sein ist, so sind Emotionen eine Unterbrechung und Zersplitterung der ekstatischen Glückseligkeit und des ursprünglichen Bewußtseins, den beiden Aspekten der einheitlichen Natur des Menschen. Sie zeigen an, wie die Qualität des persönlichen Denkens von seinen Gefühlen und diese von seinem Denken bestimmt werden. Gewöhnlich nehmen wir Denken als Gegensatz zum Gefühl, weil wir dazu neigen, das Denken auf kategorische Begriffe zu beschränken. Dabei haben wir die Sicht des »existentiellen« Denkens verloren, das wert-orientierte Wahrnehmung ist und stets als Wissen »empfunden« wird. Dieses empfundene Wissen stellt, sofern es noch nicht intellektuell aufgespalten ist in gegensätzliche Kategorien wie »ekstatische Glückseligkeit« und »ursprüngliches Bewußtsein«, die praktische Identität von Denken und Fühlen dar. Diese gründet in der Existenz oder dem Sein des Menschen, das, wie wir sahen, ein dynamisches Werden ist. Sein als Werden nennt man »Erscheinung« *(snang-ba)*. Es stellt in seiner Erscheinung sich selbst dar, damit es als das verstanden wird, was es ist, oder konkret zu dem gemacht wird, was es nicht ist, doch zu sein scheint. Wir können, anders ausgedrückt, Erscheinung kategorisch mit »gemischten« Gefühlen betrachten oder innerlich in reiner Freude wahrnehmen. Wenn wir die Erscheinung zuinnerst wahrnehmen, werden wir von den Forderungen befreit, die unsere Begriffe auf das Erscheinende ausüben, und können dadurch wahrhaftiger sein. Wir können auch bewußter gegenüber allen Aspekten der Wirklichkeit werden, weil unsere emotionale Intensität den Weg für ein

84

erhöhtes Gefühl des Seins freigibt. Wir können auch natürlicher sein, weil die hemmende und erstarrende Verzweigung
in Subjekt und Objekt aufgelöst wird in ein ursprüngliches
schöpferisches Vermögen. Padma dkar-po sagt:[78]

> »Laß erscheinen, was immer erscheinen will, und wenn es in
> diesem Erscheinen als das erkannt wird, was es ist, versinken
> alle Versuche, es zu konkretisieren (in das, was es nicht ist),
> von selbst. Dabei werden Begriffe in Wert-Sein freigesetzt;
> Emotionen werden in das ursprüngliche Bewußtsein und die
> Subjekt-Objekt-Teilung wird in nicht gewolltes (Schöpfer-
> tum) freigesetzt. Dies gleicht dem Eis, das sich in Wasser auf-
> löst.
> Alle nur möglichen geistigen Ereignisse
> sind von der Natur des Herrn (Geist-an-sich).
> Sind die Wellen vom Wasser unterschieden?
> Dies fragt der große Lehrer Saraha. Daß unsere Begriffe
> unser Wert-Sein sind (das heißt darstellen und bilden),
> gleicht der Tatsache, daß die Wellen nicht vom Wasser unter-
> schieden sind.«

Padma dkar-po zeigt durch seine Bezugnahme auf Eis und
Wasser[79] ein tiefes Verständnis für die Natur des Menschen.
Im Symbol des Wassers erkennen wir das Leben, das durch
unseren Körper pulsiert, und insoweit wir uns lebendig fühlen,
sind wir auch glücklich, und unsere Freude durchdringt die Umwelt und bereichert jeden, der in sie eintritt. Doch wir alle sind
auch Menschen begegnet, die einen Kälteschauer in uns erwecken. Wir nennen sie »eiskalt«, bar jeden Gefühls. Bei nähe-
rer Betrachtung aber sehen wir, daß eine einzige Emotion sich
ihrer Gefühle bemächtigt und sie unempfindlich gegenüber der
Wirklichkeit gemacht hat.

Ebenso wie Eis sich in seine Natur, das Wasser, auflöst,
können die Emotionen, »eingefrorene« Bruchteile des »emp-

fundenen« Wissens, in ursprüngliches Bewußtsein aufgetaut werden. Es besteht folgende Einteilung zwischen Emotionen und Bewußtsein: [80]

Feindseligkeit – Spiegelgleiches Bewußtsein
Hochmut – Selbst-Identitäts-Bewußtsein
Bindung – Bewußtsein der Besonderheit
Neid – Bewußtsein der Leistung
Verblendung – Bewußtsein des Seins.

Feindseligkeit ist eine Emotion, die eine Teilung dort hineinbringt, wo es keine gibt. Ihre Verbindung mit der abstrakten Fähigkeit, Ähnlichkeiten erkenntnismäßig wahrzunehmen, vor allem auch Verschiedenheiten unter sinnlich faßbaren Einzelheiten zu erkennen, zeigt, daß sie in die andauernde Kälte und Trostlosigkeit eines erfrorenen Ödlandes, in die kategorische Begrifflichkeit hineintreibt. Das Auftauen enthüllt den einheitlichen Charakter des Seins, dessen, was wirklich ist, wie ein Spiegel, der im fernöstlichen Denken nicht so sehr ein Rückstrahler ist, sondern ein machtvolles Mittel, um die wirkliche Natur der Dinge aufzuzeigen. Der Spiegel »enthüllt« mein Gesicht, gleichgültig, ob ich es mag oder nicht; er zeigt mir, was ich vielleicht nur widerstrebend zugebe. Er stellt keine flüchtigen Bilder dar, sondern hält sie fest und ermöglicht alle anderen geistigen Vorgänge und Bewußtseinsarten.

»Das Spiegel(gleiche) Bewußtsein ist gefestigt; die drei anderen Bewußtseinsweisen, das Bewußtsein der Selbst-Identität, der Besonderheit und der Leistung, beruhen auf diesem Bewußtsein.

Das Spiegel(gleiche) Bewußtsein ist nicht-subjektiv, ist unbegrenzt und immer-gegenwärtig.

Es täuscht sich nicht über irgendein Erkennbares und ist niemals voreingenommen.« [81]

Der Kommentar zu diesen Versen betont die uneingeschränkte

Beschaffenheit von Wissen und Bewußtsein, das heißt im Sinn der Ortsbestimmung, beide können nicht auf das Selbst-Gefühl beschränkt werden, noch können sie ausschließlich sein, da von der Vergänglichkeit aus gesehen es sich nicht um ein gelegentliches Ereignis handelt, sondern um eine immer gegenwärtige Bereitschaft zu antworten. Überdies muß das Wissen, um seine Aufgabe zu erfüllen, klar und unverhüllt, auch nicht von einem Vorurteil gefärbt sein. Indrabhuti setzt sogar dieses Wissen mit dem absoluten Sein gleich, das sich dann in seinem Bewußtsein »spiegelt«:

»Das All-Gute Weibliche genannt, intuitiv erfaßt als *maha-mudra,*
dies ist bekannt als *dharmakaya* und auch als Spiegel(gleiches) Bewußtsein.
Wie das Gesicht deutlich in einem Spiegel gesehen wird,
so wird absolutes Sein im Spiegel(gleichen) Bewußtsein erblickt.«[82]

Sein-an-sich stellt sich damit durch die Selbstbeurteilung in gleicher Weise sich selbst gegenüber wie sich das Subjekt als Mann oder Frau indirekt im Partner begegnet. Der andere dient dem Subjekt als Spiegel:

»Durch einen Spiegel entscheidet (beurteilt) man, ob das Gesicht schön oder häßlich ist. Ohne Spiegel kann man das eigene Gesicht nicht sehen oder erkennen.«[83]

Durch Selbstbeurteilung aber zerstört der auftauchende Subjektivismus mit seiner Ichbezogenheit das Selbstbildnis und wird zum Gefühl der Feindseligkeit.

Hochmut ist aufgeblähtes Ich. Beim Paranoiden bringt er Größenwahn hervor; beim Schizoiden führt er zu masochistischer Selbstgerechtigkeit. Das Auftauen dieser übersteigerten Selbstsucht und Ichhaftigkeit führt in Verbindung mit Gefühlsurteilen zu einem Bewußtsein der Selbstidentität des »Ist-

Seins«. Der Einzelne existiert, er *ist* einfach dieser. Und im Bewußtsein des »Ist-Seins« kann er die Freude empfinden, die die Auflösung der harten Grenzen zwischen dem Selbst und anderen kennzeichnet.

Anhänglichkeit ist eine bedürfnisorientierte »Liebe«, die nach Befriedigung verlangt. Deshalb ist sie von etwas oder jemandem abhängig, der dieses Bedürfnis befriedigt. Für diesen Zweck ist einer so gut wie der andere. Das Auftauen einer solchen Abhängigkeit von allem und jedem als Mittel zur Befriedigung der eigenen Bedürfnisse führt zum Bewußtsein der Einzigartigkeit des Wahrgenommenen. Wenn man etwas und jemanden zusammen mit allen seinen Eigenschaften und als Notwendigkeit füreinander sieht, dann wird man dieser Wahrnehmung mehr Gewicht beimessen.

Neid ist die Intoleranz jedem Rivalen gegenüber, der das besitzt oder erreicht, was man für sein besonderes Eigentum hält. Er hängt mit der Bemühung zusammen, sein Ich zu stärken und die Identifizierung mit Erfolgen und Mißlingen zu unterstützen. Ich-Identifizierung aber lenkt einen Menschen davon ab, er selbst zu werden. Die Auflösung der Ichbezogenheit verlagert die Aufmerksamkeit von den Bedürfnissen des unersättlichen Ichs zu den lebenserhaltenden Werten des Seins und führt zum Bewußtwerden, daß man erreicht oder verwirklicht hat, was existentiell wertvoll ist, indem man das Menschenmögliche vollbrachte.

Blinde Verliebtheit ist eine Reaktion, die den Bezug zu einer gegebenen Situation verloren hat, weil sie ihre ganze Aufmerksamkeit einseitig auf den einen oder anderen Aspekt richtet und das übrige nicht beachtet oder vergißt. Sie entspricht der Vorstellung, die wir uns von unserer körperlichen Existenz machen, im Gegensatz zur Wirklichkeit der Erfahrung. Wir erfahren die Welt nur durch unseren Körper, und je lebendiger dieser ist, desto lebhafter nehmen wir unsere Welt wahr. Sehr häufig aber »stirbt« unser Körper (oder genauer: Er wird zum Sterben gebracht). Dies bezieht sich auf seine Fähigkeit, auf Situationen zu reagieren. Phantasien und blinde Liebe ersetzen dann den Verlust des Bewußtseins. Das Auftauen der blinden Liebe stellt nicht nur die Lebendigkeit des Körpers wieder her, sondern führt auch zu einem Bewußtsein des Seins-an-sich.

Der Weg und die scheinbare Erotik
im Tantrismus

Der Versuch, die Spannung zu lösen zwischen dem Empfinden der Frustration und dem Gefühl der Erfüllung, zwischen den Fiktionen über das Dasein des Menschen und dem Bewußtsein seines Seins, wird »der Weg« genannt. Er ist keine bewegungslose Meßstange zwischen zwei Punkten, auch nicht die Begünstigung einer Seite im Dilemma der menschlichen Situation, sondern wurzelt im Sein und ist deshalb eine Schulung, das Sein wiederzugewinnen und bei ihm zu bleiben. Es ist, mit anderen Worten, die Verwirklichung des wahren Bewußtseins, Geist-an-sich *(sems-nyid)*, zusammen mit dem Wert-Sein *(chos-kyi-sku)* oder nicht von ihm zu trennen. Da dieses nicht das gleiche ist wie mögliche Vorstellungen über den »Weg«, wird dieser in folgender Erklärung zusammengefaßt:

> »Frei von den Begriffen von Mandala und *(gana)* Chakra, von Karmamudra und Jnanamudra.«[84]

Padma dkap-po deutet Mandala als »Träger« *(rten)* dieser oder jener psychischen Aktivität, *gana*-Chakra *(brten)*, das sich selbst manifestiert als »göttliche« Kräfte *(lha)*; *Karmamudra* als eine Frau *(mo)*, die Freude bringt, in der der Samen der Frustration liegt, und *Jnanamudra*, als eine Frau, die eine reinere, wenn auch unbeständige Freude bringt. Er fährt weiter fort:

> »Wenn wir uns allein dieser Facetten bedienen, können wir das Reich von Akanistha erreichen, den letzten Bereich der Sinnenfreude, der aber nicht der absolute ist, da er noch nicht

frei ist von konkreten Formen. Wir verwandeln (das Wirkliche) in Nicht-Wissen.«[85]

Offensichtlich vermögen unsere Begriffsbildungen und Konkretisierungen einer erfreulichen Erfahrung einen vorübergehenden Ausweg zu verschaffen, der in die Sentimentalität führt. Aber dies ist keine Lösung für das brennende Problem des Menschen, sich selbst zu finden. Ebenso ist eine intellektuell herbeigeführte Einstellung aller Denktätigkeit keine Antwort. Das Problem wird auch nicht durch eine im wesentlichen intellektuelle Verneinung gelöst, wie es die Prasangikas[86] befürworten. Sentimentalität ist Mitleid ohne Verständnis, und die offene Dimension des Seins, die geschieden ist von allen Gefühlen, wird zur Negation. Deshalb sagt Saraha:

»Wer eingehüllt wird in Offenheit ohne Mitleid,
wird sich nie auf den höchst edlen Weg machen.
Auch wenn er Mitleid allein empfindet,
bleibt in *samsara* er, niemals befreit.«

Folgende Behauptung richtet sich gegen solche Bemühungen:

»Verneine nicht, halte nicht an (die Denktätigkeit), kritisiere nicht,
fixiere (die Gedanken nicht auf etwas), bewerte nichts, laß die Dinge in Ruhe.«[87]

Mit anderen Worten: Der Weg wird nicht begangen, indem man die Denkfähigkeit aufhebt, die innere Kontinuität des eigenen Sein zerstört und eine Teilung einführt, wo es keine gibt, sondern durch Bewahren des einzigartigen Charakters des Seins. Wir können wieder Saraha zitieren:

»Wer beides miteinander verbinden kann (Mitleid und Offenheit des Seins),
bleibt weder in *samsara* noch in Nirvana.«

Es gibt überdies außerhalb des Seins kein anderes Seiendes, das als Weg dienen kann:

»Freund, da Worte fälschen, laß ab von dieser Verblendung,
und woran du dich jemals bindest, auch das gib auf.
Verstehst du einmal (das Wirkliche), erweist sich alles als Das.
Niemand weiß anderes als dies.«
Es ist aber das Bestreben unseres Nichtwissens, daß wir unser
Sein dort suchen, wo es nicht sein kann. So heißt es bei Saraha:
»Wo es anwesend ist, sehen wir es nicht.
Dennoch erklären die Doktrinären die Texte
und verstehen doch nicht, daß Buddha in (ihren) Körpern
wohnt.«
Karma Phrin-las-pa behauptet, daß sich dieser Vers auf das
Zusammengehörigkeits-Bewußtsein bezieht, das in und mit
jedem Einzelnen anwesend ist. Aber es wird nicht als solches
von dem erkannt, der betroffen ist. Ein solcher Mensch ist deshalb nicht fähig, das Sein zu sehen, wie es ist, sondern sucht im
Außen das zu verstehen, was in Wirklichkeit in ihm ist. Der
Einzelne muß erkennen, daß Buddhaschaft seinem eigenen
Körper, seiner Rede und seinem Geist innewohnt. Dies aber
nicht in der Art, als wäre sein Körper ein Behälter, sondern als
Darstellung, als Verkörperung der Buddhaschaft. Da unsere
konkrete Existenz ein kompliziertes Modell von sich gegenseitig beeinflussenden Kräften ist, kann er nicht nur von (verschiedenen Winkeln aus betrachtet, sondern mehr noch auf)
verschiedenen Ebenen erfahren werden, und da unser persön-
liches Leben unser »Weg« ist, nimmt er auf jeder Stufe teil an
Ritual und Einbildung. Das zeigt folgender Vers von Saraha
und dessen Erklärung durch Karma Phrin-las-pa:
»Mit Essen, Trinken und in der Freude der Paarung
bewegt man sich im Kreis, für immer und überall.
Dabei wird die jenseitige Welt erreicht,
Und man geht fort, nachdem die Füße den Kopf der Verblendung zermalmt haben.«

Karma Phrin-las-pas Erklärung beruht auf der Bedeutung des Tastsinns für die Beziehung zwischen dem Menschen und der äußeren wie der inneren Umwelt und ebenso auf deren entsprechender Bewertung wie auf der Bedeutung der ästhetischen Wahrnehmung. Wir dürfen niemals vergessen, daß der Mensch in dem Sinn in der Welt ist, daß er die Stofflichkeit der Dinge durch seinen Körper erfährt. Die Wechselwirkung zwischen der Umwelt und ihren Eindrücken auf die Tastorgane und die Oberfläche des Körpers bewirken Empfindungen der Veränderung und Intensivierung unseres Gesundheitszustandes. Zu gleicher Zeit ermöglicht die Erfahrung der Stofflichkeit und damit einer objektiven Wirklichkeit die Schau eines Weltbildes, die viel umfassender ist als die Begrenzungen, die durch die ausschließliche Tasterfahrung auferlegt werden. Dies meint das Wort »jenseits«, das man niemals so verstehen darf, als wäre das Vorhandensein einer anderen Welt als der unsrigen erfahrbar. Doch es gibt weit verzweigte Auswirkungen des Tastsinnes, und die entsprechenden Welterfahrungen verflechten den Menschen einerseits mit der Welt oder der Natur und auf der anderen Seite mit dem physiologischen Teil seines Daseins. Dieses ineinander geflochtene Muster mit verschiedenen Brennpunkten wird *rtsa*[88] genannt. Dies können wir am besten mit »Muster«, »Struktur« und an bestimmten Stellen mit »Brennpunkten der Erfahrung«[89] übersetzen.

Die Bedeutsamkeit des Tastsinnes, die uns in unmittelbaren Kontakt zur umgebenden Welt bringt, und die Tatsache, daß wir verkörperte Wesen sind, mißt dem ästhetischen Erkenntnisvermögen den höchsten Wert bei und nicht einer Erkenntnis, die durch ihre Verbindung mit Begriffen die leidvolle Trennung zwischen Objekt und Subjekt bewertet. Zusammengehörigkeit und Getrenntsein können am besten dargestellt werden durch Hinweis auf den Platz, den ein Kunstwerk, vor allem eine Skulptur, in irgendeinem Rahmen einnimmt. Während das begriffliche Gefüge in unserer westlichen Tradition dafür verantwortlich war, daß man das Kunstwerk aus Raum und Zeit unserer Erfahrung heraus- und in einen idealen Raum hineinstellte, wodurch der Beschauende es nur kühl distanziert betrachten konnte, bleibt das Kunstwerk in ästhetischer Betrachtung lebendig. Es will gefühlt und berührt werden. Man kann jeden Teil so wahrnehmen, als sei er im Augenblick die gesamte Welt, einzigartig, begehrenswert, vollkommen und bedürfe nichts anderes als sich selbst, um er selbst zu sein. In dieser Erfahrung liegt die Wärme der Nähe, nicht distanzierte Kälte. Der tantrische »Weg« will nicht die Einheit des Seins zerstören, indem er die triebhafte, durch die Erfahrung des Tastsinns ausgedrückte Seite von der wahrnehmenden abtrennt und niedriger einstuft, wodurch letztere begrifflich überbewertet wird. Vielmehr versucht der tantrische »Weg« die Einheit von Sinnenfreude und Geistigkeit durch Klärung der verschiedenen Aspekte zu bewahren. Hierbei ist die Geistigkeit der wesentliche Wert der Sinnenfreude. In diesem Licht gibt Karma Phrin-las-pa verschiedene Erläuterungen der oben zitierten Verse von Saraha:[90]

»Objektive Erörterung des Problems:

Nach den (notwendigen) Ermächtigungen[91] nimmt (die Person) das für die Versammlung (zubereitete) Fleisch und trinkt das Bier (oder andere alkoholische Getränke). Dann vereint sie sich mit dem Partner, der über die passenden Eigenschaften verfügt. Drei Vorstellungen werden hierbei entwickelt.[92] Beim Akt des Aneinanderreibens beider Organe fixiert der Mann konkret die Erzeugung der vier Arten Glückseligkeit durch Auf- und Absteigen, so wie es der Guru gelehrt hat, und bewahrt sie. Auf diese Weise füllt er für immer die vier Brennpunkte in seinem (existentiellen) Lebensmodell, indem er *(bodhicitta)* abwärts strömen läßt oder es zum Aufwärtsfluß zwingt.[93] Durch eine solche Erfahrung erreicht er das Erlebnis einer Welt-überschreitenden Buddhaschaft. Über die Köpfe der weltlichen Menschen hinweg, die die Ermächtigungen nicht erhielten und deshalb über den Reifeprozeß getäuscht werden, und die ohne rechte Führung über die Unterweisungen irregeführt werden, zerstört man diese Täuschung durch die (oben angeführte) enttäuschende Art und erreicht die Ebene der Buddhaschaft.

Erörterung des Problems durch subjektive Erfahrung:
Wer dem Mantrayoga folgt, ißt und trinkt die fünf Arten von Nektar (der Mischung von) Reinem und Unreinem. Er vereinigt die Bewegungsfähigkeit in (seinem existentiellen) Lebensmodell mit *bodhicitta* und festigt in seinem Wesen das Bewußtsein der vier Arten von Wonne, die durch den Vorgang der Vereinigung hervorgerufen werden. Indem er ununterbrochen diese Erfahrung pflegt, füllt er die Brennpunkte, das heißt das Reine in seinem Körper, mit dem Bewußtsein absoluter Glückseligkeit. Hierdurch empfängt er ein Nirvana jenseits dieser Welt. Hinweg über die Köpfe jener, die über die Methode des Mantrayana enttäuscht sind, und diese Verblendung zerstörend, erreicht er einen Ort jenseits von ihnen.

Erörterung des Problems durch mystische Erfahrung:
›Essen‹ bedeutet die Erkenntnis der Welt der Erscheinung als Geist. Dies geschieht durch Unterweisung im Sinn von ›Erinnerung‹. ›Trinken‹ bedeutet das Wissen um die Offenheit des Geistes durch Unterweisung im Sinn von ›Nicht-Erinnerung‹. Durch Belehrung im Sinn von ›Nicht-Entstehen‹ begegnen sich Erscheinung und Geist in einem Duft und vereinen sich. Durch Belehrung im Sinn von ›Transzendenz‹[94], erhebt sich das in sich selbst gültige wahre Bewußtsein als

unmittelbare Freude. Durch Erfahrung dieses Unaussprechlichen wird ein für allemal und überall das eigene erken-
nende Sein mit ursprünglichem Bewußtsein erfüllt. Dies
geschieht durch eine Belehrung, die einer ununterbrochen
fortwährenden Bemühung gleicht. Diese Erfahrung führt
ihn in die jenseitige Welt.

Erörterung des Problems vom Gesichtspunkt des höchsten
Seins aus:

Ein Schüler der Mahamudra-Lehre nimmt zur Nahrung die
Welt der Erscheinung, die unablässig im Glanz aufsteigt, und
hat zum Trunk die offene Dimension (des Seienden), die in
die Absolutheit des Seins versinkt. Durch Erfahrung der
Einheit und der Untrennbarkeit von Erscheinung und Offenheit des Seins erlangt er unmittelbar und in unübersteigbarer
Freude Bewußtsein. Durch immer und überall gemachte Erfahrung in der oben angegebenen Stufenfolge erfüllt der
Mensch den Kreislauf, das heißt die Welt des Erkennbaren
oder die Gesamtheit der Erscheinung und Möglichkeit, mit
einem unmittelbaren ursprünglichen Bewußtsein, und durch
dieses (Gefühl) der Einheit geht er ein in die jenseitige
Welt.«

Diese vierfache Erörterung stellt ein wachsendes Bewußtwerden als fortdauernden Prozeß dar, in dem Gedanken
als Funktionen der Vereinigung arbeiten und nicht als tren-
nende Kräfte. Dieses überträgt eine andere Bedeutung auf die
Vorstellungen von Ideen, die in der Hauptsache ein Werkzeug
sind zur Verewigung des Abgrundes zwischen Subjekt und
Objekt und den Menschen bewahren sollen, in sein Wesen ein-
zudringen, was nur durch Erfahrung geschehen kann. Entsprechend der oben angeführten vierfachen Erörterung wird die
Erfahrung »A« durch die Erfahrung »B« verstanden, da »B«
von höherem Rang ist als »A«. In genauester Analyse von einer

Identifizierung von Erkennendem und Erkanntem zu sprechen, ist ein anderes Beispiel für »falsch angebrachte Konkretisierung«. Was sich ereignet, ist das Hervortreten des Gefühls der Einheit. gNyis-med Avadhutipa[95] spricht von dem Fahrzeug der Vereinigung und erklärt in einem Kommentar über den ersten Teil von Sarahas Vers die geheimen »Drei Ideen« von Karma Phrin-las-pa als Vorstellung, daß der Körper Gott, die Rede ein Mantra und der Geist absolutes Sein ist. Den Körper, mit dem der von mir gelebte Körper gemeint ist, als Gott anzusehen, bedeutet, ihn als einen unabhängigen Wert zu würdigen. In gleicher Weise ist Rede als Mantra kein leeres Geschwätz, sondern Kommunikation, die nicht von Worten und ihrem üblichen konventionellen Sinn abhängt. Schließlich ist Geist als absolutes Sein nicht die Verabsolutierung des Subjektivismus, sondern eher die Erkenntnis des Seins-an-sich, das sich in der Tätigkeit unseres Geistes und durch sie ausdrückt.

Im gesamten Tantrismus bezieht man sich auf den Körper, den ich lebe, der wahrnimmt, sich bewegt, handelt und so fort. Nehmen wir diese Beziehung zum Ausgangspunkt, dann können wir sagen, daß Sexualität selbst eine Weise des Seins der betreffenden Person ist und konkrete Darstellung im Strom der lebendigen Erfahrung findet. Ein Mensch, sei es Mann oder Frau, lebt mit seinem oder ihrem Körper in dieser Welt und erweist sich als bedeutungsvoll durch seine Haltungen, Gebärden und Handlungen. Als verkörpertes Wesen hat der Mensch ein bestimmtes Geschlecht, und die Sexualität des Körpers offenbart sich auf verschiedene Weisen. Man kann deshalb mit Recht sagen, daß die Sexualität die Existenz eines menschlichen Wesens in gleicher Weise ausdrückt wie dessen Existenz seine Sexualität zum Ausdruck bringt. Wenn also der Körper Existenz ausdrückt, so geschieht dies, weil der Körper sie verwirklicht und zugleich die Bestätigung dieser Sexualität ist. Mit anderen Worten: Der Körper ist nicht etwas außerhalb meiner Existenz, sondern ihre konkrete Verwirklichung und damit sowohl »Ausdruck« wie das »Ausgedrückte«. Ebenso bemerkenswert ist, daß sich der Körper meiner Erfahrung erschließt als der *meine* und irgendwie mir zugehörig, der ich ihn »lebe«. Zu gleicher Zeit ist er eigenartig zweideutig. Dies kann man in folgender Weise bestätigen: Der Körper dort drüben ist gleichzeitig eine Frau und doch nicht sie selbst. Ihre Sexualität macht sie mit mir bekannt, und in ihrer Verkörperung macht sie mich mit ihrer Geschlechtlichkeit bekannt. In gleicher Weise ist dieser Körper sowohl ein Mann und ist doch wieder nicht er selbst. Seine Sexualität macht sie mit ihm bekannt, und in seiner Verkörperung macht er sie mit seiner Geschlechtlichkeit bekannt. Auf Subjekt und Objekt übertragen, ist jeder Einzelne beides, Subjekt und Objekt. Der Einzelne aber ist in besonderer Weise Objekt, sowohl für sich selbst, wenn ich von *meinem* Körper spreche, wie für andere als bloßer Körper (der manipuliert und beherrscht werden kann). Wenn auch Menschen männlich und weiblich sind und Sexualität sich mit dem Leben zusammen entfaltet, kann diese doch nicht auf das Sein-an-sich und dieses nicht auf die Sexualität beschränkt werden. Folglich ist Sexualität die Dialektik gelebter Erfahrung, in der ich den anderen als Subjekt erfasse oder, vorsichtiger ausgedrückt, in der ich den anderen als ein Subjekt erfassen sollte. Dieses bedeutet, den wahren Wert des anderen erkennen, wie dies im Bereich der lebendigen Erfahrung angezeigt wird durch die Feststellung, daß Männer und Frauen Götter und Göttinnen sind.[96] Das Unvermögen, die Bedeutung von »Sein«, »Körper« und »Sexualität« zu begreifen, hat zu einem völligen Mißverständnis des buddhistischen Tantrismus geführt. Dies ergibt sich vor allem aus der Verschiedenheit der »Atmosphäre«, die zur Entwicklung von Vorstellungen beiträgt. Die westliche Zivilisation stammt von den frühen versklavten Gesellschaften des Mittelmeers ab, die nach einem himmlischen Gesetzgeber verlangten, der sowohl den Menschen wie den nicht-menschlichen Naturerscheinungen Gesetze gibt und der die Menschen als sein Hab und Gut »besitzt« wie ein Hirte seine Herde und sie beherrscht. Auf der einen Seite haben die Befehle des Hirten, auf der anderen der bedingungslose Gehorsam von Seeleuten gegenüber dem, der das Kommando führt, viel beigetragen zur Entwicklung einer Psychologie der »Vorherrschaft«, die das Verlangen nach Macht, Herrschaft und Kontrolle zu rationalisieren sucht. Ziel dieser Psychologie ist nicht nur die Umformung eines anderen zu einem Objekt, das vorsätzlich benutzt oder mißbraucht wird, sondern auch die Erniedrigung des anderen, damit er sich als Objekt in den Augen des Herrn oder einer postulierten Übermacht fühlt. Natürlich ist dies ausgeschlossen, weil ein Objekt, ein Sklave, die von dem Herrn verlangte Anerkennung nicht geben kann. Nur ein Subjekt vermag dies zu tun. Der individuelle Charakter eines Subjekts aber ist gerade das, was der Herr nicht ertragen kann und zu leugnen sucht. Insofern der hinduistische Tantrismus stark beeinflußt war von der Psychologie der Herrschaft der Samkhya-Lehre, bekannte er sich zu einem Dualismus von männlichem *purusha* und weiblicher *prakriti*, die auf Geheiß des Gottes oder des *purusha* tanzt oder den Tanz beendet.

Diese rein hinduistische Mentalität der Macht, die der westlichen Psychologie der Vorherrschaft gleicht, wurde verallgemeinert und auf alle Formen des Tantrismus von Schriftstellern angewendet, die nicht sahen oder durch ihre starke Verhaftung an die Psychologie der Macht nicht verstehen konnten, daß das Verlangen nach Verwirklichung des Seins nicht das gleiche ist wie das Verlangen nach Macht. Aus diesem Grund

II. Ein Paar
(Nagarjunakonda)

wurde Tantrismus mit »Macht« gleichgesetzt. Und da *purusha* und *pakriti* eine sexuelle Symbolik einschließen, die so konkretisiert wurde, daß der Geschlechtsakt Beweis der eigenen Männlichkeit war, entstand die paranoide Vorstellung des Westens über den Tantrismus. Der Paranoiker, der von seiner sexuellen Potenz besessen ist, versucht das Objekt zu zwingen, daß es zu ihm kommt *(prakriti* tanzt auf Geheiß von *purusha).* Er versucht den anderen *(die* Frau) verantwortlich zu machen für die Befriedigung seiner Nöte. Zu gleicher Zeit identifiziert er sich mit seiner Sexualität. Dies wird die Grundlage für seine Vorstellung von Macht, am liebsten von »Allmacht«.

Jede Psychologie der Macht zerstört unvermeidlich das Individuum als Subjekt. Ihre enthumanisierende Kraft wurde von Menschen westlicher Bildung klar erkannt. Deshalb wendeten sie sich dem »geheimnisvollen« Osten zu. Sie nahmen an, daß dieser den Schlüssel zum Erlangen der Kräfte in Händen hatte, die die westliche Gesellschaft ihnen vorenthielt. Austausch aber einer Art von Macht für eine andere führt nicht zur Verwirklichung des Seins. Es bleibt der Traum des Sklaven, Herr zu werden.

In noch einem anderen Bereich wird die Zerstörung des Einzelnen als lebendiges Wesen stark empfunden. Hier versagt die überlieferte Religion des Westens und hat immer versagt. Dies ist der Gefühlsbereich der Sexualität, der stets mit äußerster Strenge aus Rede und Gedanken ausgeschaltet wurde. Die Handlungen in diesem Bereich wurden scheel angesehen. Diese Ablehnung hat eine lange Geschichte und ist unentwirrbar mit der Verachtung des Körpers und der Furcht vor ihm verbunden. Die offizielle Haltung befürwortet seit jeher Mäßigung, Enthaltsamkeit und Askese, deren Wurzeln in der Angst liegen. Die Gefahr, daß Verachtung des Körpers die offizielle Stellungnahme unterstützen könnte, stellte diese häufig in Widerspruch zu ihr, vor allem als Herausforderung. Ausschweifung trat nicht unter den Vorzeichen von Gemeinsamkeit und Freude in Erscheinung, sondern unter denen von Hochmut und Verachtung. Das Leiden unter zwanghafter Angst vor dem Körper ist vielleicht gar nicht so verschieden von dem zwanghaften Hang zur Sexualität, gleichgültig, ob es sich um die Sucht nach Bestätigung der Männlichkeit handelt oder um den Nachweis der Verführbarkeit. Das Wichtige ist, daß in allen diesen Fällen die Sexualität nur auf eine Dimension beschränkt wird, auf sexuelles Vergnügen und Ausbeuten, während die ästhetische Erfahrung der Freude und durch sie die Bereicherung des eigenen Wesens fehlen. Der Gebrauch der Geschlechtlichkeit als Werkzeug der Macht zerstört ihre Funktion. Anstatt dem Partner ein Gefühlserlebnis zu vermitteln, wird Sexualität zu einem Kunstgriff, um die eigene eingebildete Überlegenheit zu beweisen. Ein Mann, der sich als ein sexuelles Objekt wahrnimmt, bildet sich ein, der »große Liebhaber« zu sein, und eine Frau, die sich als Objekt der Sexualität erfährt, glaubt an die Unwiderstehlichkeit ihrer sexuellen Reize. Beide mögen sich von ihrem Körper angeekelt fühlen, aber von seiner Macht sind sie überzeugt.

Sicherlich steht der Tantrismus nicht auf seiten der Askese, aber es wäre falsch, daraus zu schließen, daß er unbedingt die Zügellosigkeit verteidigt und daß sein Reiz auf den abendländischen Menschen, der in einer frauenfeindlichen, der Freude und dem Leben abgeneigten Atmosphäre erzogen ist, auf der Anerkennung der Frau und des Sexus beruht, folglich auch als moralische Rechtfertigung für den Zwang des Sexus dienen kann. Der Tantrismus hält tatsächlich die Freude für wertvoll und lebensbejahend, aber hierin liegt viel mehr als Vergnügungssucht. Es ist auch wahr, daß er in seiner hinduistischen Form Macht mit Freude verbindet. Dies ist im wesentlichen

Bejahung und soll zu ästhetischem Vergnügen führen. Darin liegt ein positiver Gehalt im Gegensatz zum Christentum, das die Impotenz des Mannes befürwortet, Freude brandmarkt und ihre Quelle, die Frau, verdammt.[97] Der buddhistische Tantrismus verzichtet auf die Vorstellung von Macht, in der er einen Überrest von subjektivistischer Philosophie sieht, und überschreitet sogar das bloße Vergnügen zur Freude des Seins und der Erleuchtung hin, die ohne die Frau nicht zu erlangen ist.

> »Wie kann Erleuchtung erlangt werden in dieser körper-
> lichen Existenz
> ohne deine beständige Liebe, du liebliches Mädchen?«[98]

Erleuchtung ist der Name für eine veränderte Sicht, und der Tantrismus ist der praktische Weg, auf dem sich die Wandlung vollzieht. Das bedeutet nicht, daß in der veränderten Sicht etwas erblickt wird, was andere nicht sehen können, sondern daß Dinge, vor allem Menschen, in anderem Licht gesehen werden. Dies bestätigt mit aller Deutlichkeit Padma dkar-po:[99]

> »Indem der Yogi die Sicht (seiner selbst) als Gott *(lha)* betrachtet, versteht er einwandfrei, was sich im allgemeinen vor seinen Augen abspielt. In Gedanken aber ergreift ihn unerschütterlicher Stolz über sein Gottsein *(lha'i sku)*. Dies wird *adhisthanayoga* genannt. In diesem Zusammenhang heißt *adhi* ›höher‹ und *sthana* ›Anordnung‹, ›Vollendung‹, ›Geschmücktsein‹, folglich ›Begnadetsein‹. Eine höhere ›Vollendung‹ wird ›höheres Gefühl der Verehrung‹ genannt und geht auf die Wurzel *adhimunc* zurück.«

Sich als Gott betrachten heißt, seiner Existenz als etwas Wertvolles, Gutes bewußt sein. Es ist keine Vergottung seiner Unzulänglichkeiten, die Ergebnis einer begrenzten und selbstsüchtigen Schau und deshalb negativ und böse sind. Die gefühlsbetonte Eigenschaft dieser Wertempfindung ist das

»Gefühl der Verehrung«, das nicht im Gegensatz zu Erhöhung und Stolz steht. Das negative Gegenstück zu Stolz ist Hochmut und zu Verehrung Verachtung und Selbsterniedrigung. Der Versuch, sich als Gott zu sehen, ist noch nicht Erleuchtung, schwächt aber die negative Sicht, die man von sich selbst hat.[100] Nur wenn man sich selbst positiv betrachtet, kann man wirklich sein. Die Erfahrung wahren Seins wird nicht nur als Glückseligkeit empfunden, sondern ist auch eine Erfahrung der Identität. In ihr hat sich der Mensch selbst gefunden und ist nicht mehr »ein Ding-von-und-in-der-Welt«. Um sich selbst zu finden, bedarf der Mensch des »anderen«, der keine intellektuelle Abstraktion ist, sondern Teil seiner selbst und notwendig, um sich selbst zu finden. Sahajayogini Cinta spricht von dem Zustand, in dem der Mensch unmittelbar er selbst ist, mit folgenden Worten:[101]

> »Hier, in der Unmittelbarkeit, die Nicht-Zweiheit und von reiner Natur ist, enthüllt sich unser Sein *(bdag-nyid)*, damit sich dieses eigene Sein verständlich macht, selbst in der Gestalt von Mann und Frau.«

Die konkrete »andere« Person ist für mich jeder, der in meine Lebenswelt eintritt und den ich annehme als einen, der mich annimmt, damit ich mich oder den anderen annehme als jemanden, der gewillt ist, mich anzunehmen als einen, der sich selbst annimmt. Diese schwierige Situation der Wechselwirkung zwischen Mann und Frau wird Karmamudra und Jnanamudra genannt. Der eine Ausdruck bezieht sich auf »außerhalb«, der andere auf »innerhalb«. Jeder bezeichnet eine »Begegnung«, die beide Partner verwandelt.

A. Karmamudra – eine Begegnung im »Außen«
Naropa, der kurz auf die Reize der Frau verweist, erklärt in der reich ausgeschmückten dichterischen Sprache Indiens:[102]

»Karmamudra bedeutet eine Frau mit festen Brüsten und reicher Haarpracht. Sie ist Antrieb und tragende Kraft der Freude im Bereich des Verlangens *(kamadhatu)*. Karma umfaßt Küssen, Umarmung, Berühren der Geschlechtsteile, Erregung des Penis usw. Ein *mudra*, das durch Einleitung dieser Geschehnisse charakterisiert wird, erweckt, wie es heißt, eine bestimmte Beziehung, die aber nur eine sich selbst täuschende Freude hervorbringt. Der Ausdruck *mudra* wird angewendet, weil (eine solche Frau) Freude *(mudam)* und sexuelle Befriedigung schenkt *(ratim)*.«

Im Bereich des Geschlechtstriebes und im Fieber der Begierde drückt sich offensichtlich die Beziehung zwischen Mann und Frau am stärksten aus. Doch wenn auch alle Triebe von ihrem Objekt Erfüllung fordern und sogar erzwingen, können sie doch nicht ausschließlich in ihrem biologischen Bereich bewertet werden. Dies wäre nur der Fall, wenn Mann und Frau sich ihrer selbst und des gegenseitigen Partners überhaupt nicht bewußt sind. Doch jeder ist sich seiner Geschlechtlichkeit bewußt, während die sexuellen Neigungen und Merkmale des anderen »herausgestellt« erscheinen und ein Verlangen nach dem anderen Geschlecht erwecken. Dies führt zu einer fast unrealen Wahrnehmung der Wirklichkeit. Denn wo immer ein Subjekt eine Beziehung zu einem Objekt eingeht, treten Projektionen und Versachlichungen auf. Eine Projektion ist entweder subjekt- oder objektbezogen. Im ersten Fall werden Eigenschaften eines herausgestellten Objektes, das heißt Darstellungen von ihm, die im Außen auftreten, fälschlich einem äußeren Objekt zugeschrieben. Im zweiten Fall werden Eigenschaften eines Objekts, an das man sich erinnert, fälschlich einem äußeren Objekt zugerechnet. Diese beiden Faktoren bestimmen das, was man im anderen »sieht«. Tatsächlich begegnet man sich selbst in dem anderen, der seinerseits sich selbst

– Mann oder Frau – in mir begegnet. Denn zwischen mir und dem anderen, zwischen dem Subjekt und Objekt besteht die Beziehung der Reaktion. Je weniger ein Mensch sich seines Seins bewußt ist und je mehr er sich mit dem beschäftigt, wofür er sich hält, desto mehr unterliegt er dem Zauber selbstbewirkter Fiktionen, desto mehr verstrickt er sich in die sogenannte »objektive« Welt. In ihr glaubt er zu finden, was er verlangt und braucht, je weiter er von sich selbst fortgeführt wird. Die Abhängigkeit vom Objekt, der Frau, wird ihm nicht als solche erscheinen. Durch Umgang mit der Frau und durch Versinken im Bann der Sexualität mag er das Gefühl haben, daß seine Abgeschlossenheit genommen und er wieder vereint ist mit dem, was ihm fehlte. Dies aber ist eine höchst zerbrechliche Lösung. Von Frustration geplagt, von Angst gejagt, wird er in den Teufelskreis gelockt, noch intensiver in der objektiven Umwelt zu suchen, um den brennenden Durst zu löschen und den nagenden Hunger nach völliger Befriedigung zu stillen.

Was nun geschieht, ist den »Vier Situationen des Augenblicks« und den »Vier Intensitäten der Freude« in Verbindung mit Karmamudra zu entnehmen. Die erste »Verschiedenheit« umfaßt sowohl den Reiz des Objekts wie die Aufmerksamkeit des Subjekts. Seinem Gefühl entspricht die Freude. Die zweite »Reifung« oder »sorgfältig ausgearbeitete Antwort« ist der Vorgang, der die verschiedenen Reize zu einem möglichst zusammenhängenden Ganzen verbindet. Das entsprechende Gefühl ist Vermittlung. Der dritte »Höhepunkt« steht in Beziehung zu dem Gefühl der Unmittelbarkeit, »ganz dabei zu sein«. Im allgemeinen aber führt dieser zum »Zusammenbruch« und dem Gefühl der Erschlaffung. Konkreter ausgedrückt: Zuerst werden Mann und Frau durch Reiz und Interesse zueinander geführt. Nun »erforscht« der Mann die Reize seiner Partnerin. Dies führt schließlich zum Verkehr. Mit dem Orgasmus ist der Höhepunkt erreicht. Jetzt glaubt der Mann, seiner »existentiell bewußt« zu sein, aber sein Wissen zerbricht in seinen Händen, und er muß wieder ganz von vorn anfangen. Der Höhepunkt, der von außen erwartet wurde, kann die Hoffnungen nicht erfüllen, weil er auf einer Voraussetzung beruht. So wird er zum völligen Mißerfolg des Mannes. Dieser wird aufgrund der ihm innewohnenden Unwissenheit verantwortlich für die Übertreibung des sexuellen Verhaltens, für den krankhaft gesteigerten Geschlechtstrieb der Frau und des Mannes und für die eigentümlichen Verhaltensweisen derer, die gelehrt wurden, die Sexualität als niedrigste Betätigung des Menschen anzusehen, und die nun plötzlich entdecken, daß sie allem zugrunde liegt und es nichts anderes gibt.

Die unmißverständliche Sprache der Erotik darf uns nicht irreführen. Als körperliche Wesen benutzen wir Symbole aus der Welt der Erscheinung und aus grundlegender menschlicher Erfahrung. Die Geschlechtlichkeit des Menschen ist nur eine der »Ausdrucksformen« seines Seins und dessen, was im Körper »ausgedrückt« wird und gleicherweise Geist ist. Als Ausdruck für eine tiefe Begegnung ist Karmamudra mehr Symbol als Zeichen und weist nicht ausschließlich auf die Frau der physischen Welt hin, sondern auf Ereignisse, deren Symbol die Frau und die Begegnung mit ihr sind. Es kommt deshalb nicht so sehr darauf an, was man mit ihr treibt, sondern wie man sich bei ihr fühlt.

»Karmamudra gibt das Gefühl für das Bewußtsein der sechzehn Arten von Intensitäten der Freude, wenn nach rechter Vereinigung die eigene Schöpferkraft aus dem ›Kopf‹ entlassen wird und zur Spitze des ›Kleinods‹ herabsteigt«, sagt Padma dkar-po[103], der hier von der Freude als einer rhythmischen und pulsierenden Aktivität des Körpers spricht.

Noch eindeutiger ist der Kommentar von Karma Phrin-las-pa über einen Vers von Saraha, der sich nach gNyis-med Avadhutipa auf Karmamudra an sich bezieht. Saraha sagt folgendes:
»Dort, wo Bewegungsfähigkeit und Zielstrebigkeit nicht
wirksam sind
und weder Sonne noch Mond erscheinen,
dort, Ihr Törichten, laßt den Geist ruhevoll sich entspannen.
Nachdem er alle Anweisungen gegeben hat, ging Saraha von
dannen.«
Karma Phrin-las-pa gibt verschiedene Erklärungen, die sich alle auf die Empfindungen beziehen, die im Körper dargestellt und erfahren werden:[104]
»Wörtliche Erklärung des Verses:
Wenn du die Erfahrung (von Karmamudra) hast, dann laß den Geist entspannen und verweile dort, wo die Begriffe nicht auftreten, und die Zielgerichtetheit von Erinnerung und Wahrnehmung nicht wirksam ist, und wo die Vorstellungen, (durch die) man die Tätigkeit der Gedanken, deren Symbole Sonne und Mond sind[105], wie eine Erscheinung erblickt, nicht eintreten. Mit diesen Worten wendet sich Saraha an jene, die (die Bedeutung) existentieller Gegenwart nicht kennen. Nachdem er ihnen alle Unterweisungen gegeben hat, ging Saraha von dannen.

Erklärung dieses Verses in einem allgemeinen Zusammenhang:
Das Symbol der Bewegungsfähigkeit deutet auf Bewegung und bezieht sich auf die ›siebente‹ (emotional gestimmte, ichbezogene) Wahrnehmung ›des Geistes‹. Das Symbol der Zielstrebigkeit zeigt die Absicht der ›sechsten‹ (oder begrifflichen) Wahrnehmung ›des Geistes‹.[106] Wenn die Be-

griffe von Subjekt und Objekt, die von diesen (zwei Wahr-nehmungen des ›Geistes‹) abgeleitet sind, nicht angewendet werden und die Konkretisierung der ›Erscheinung‹ im Symbol der Sonne und die konkrete Darstellung der ›Offen-heit‹ im Symbol des Mondes wie die von ihnen abgeleiteten Neigungen nicht auftreten, entspannt man sich in einen Zu-stand der Selbst-Gleichheit (das heißt der Selbst-Identität).

Erklärung dieses Verses in seiner geheimen Bedeutung:
Wenn man Verlangen erfährt[107] und wenn die Bewegungs-fähigkeit, der Träger der bewußten Wahrnehmung und die Absicht der Wahrnehmung nicht tätig sind, verblaßt die Vorstellung eines ›Objekts‹, da die Sonnenbewegung nach der rechten Seite der Körperdarstellung nicht aktiviert ist. Ebenso vergeht die Vorstellung eines ›Subjekts‹, da die Mondbewegung nach links (in der Körperdarstellung) nicht in Aktion ist. Darum entspanne dich im Zentrum, wo weder Subjekt noch Objekt die Oberhand hat.

Erklärung dieses Verses vom Gesichtspunkt des höchsten Seins aus:
Wenn ein Mensch mit Hilfe der vier *mudras*[108], der beson-deren Methoden im Mantrayana, sein Ziel verwirklicht, hört die Beweglichkeit der vier elementaren Kräfte (Festig-keit, Kohäsion, Temperatur, Bewegung) auf und wird zur Bewegungsfähigkeit des reinen Bewußtseins. Auch die ziel-gerichtete Bewegung in der Subjekt-Objekt-Teilung beendet ihre Tätigkeit. Das reine Bewußtsein wird von jedem kon-kreten Merkmal und allen konkreten Gefühlen befreit und damit zum Mittelpunkt, in dem Sonne und Mond inner-lich nicht scheinen. Entspanne dich in diesem Zustand, der die drei Unzerstörbaren (authentisches Sein, Kommunika-

tion und Reaktion) hervorbringt. Mit diesen Worten gibt Saraha oder (irgendein anderer befähigter) Guru denen Anweisung, die die geeigneten Methoden nicht kennen.«

Wenn auch die Sprache sehr fachlich ist, so ist ihre Aussage doch klar. Das Symbol von Karmamudra weist nicht durch ihre sinnenhafte und ästhetische Erfahrung auf ihr physisch-chemisches-elektromagnetisches-biologisches körperliches Sein hin, das indirekt durch Postulate bezeugt wird, sondern deutet durch einen Faktor in dieser ästhetischen Wahrnehmung auf einen anderen hin. Abstrakte Begriffe weichen emotional bewegten Bildern. Mit anderen Worten, das ästhetisch Unmittelbare, das gegenwärtig ist in der Beziehung zwischen Mann und Frau, wird nicht als Sprungbrett benutzt, um die als Voraussetzung wahrgenommenen, indirekt bezeugten Annahmen über dreidimensionale äußere Objekte zu erreichen, und was das Subjekt dann mit ihnen oder für sie machen kann, wird unabhängig davon für sich selbst gewertet. Im Fall von Karmamudra als erregender Situation, ist Sexualität wertvoll für die Manifestation des absolut wirklichen und nicht wandelbaren Seins in festgelegter, zeitlich bedingter und begrenzter Form. Aber sie ist wie alle Manifestationen zweideutig. Sie kann den Menschen ebenso zu sich selbst führen wie seine Menschlichkeit verderben. Wenn und insofern die Partner in der Karmamudra-Situation ein starkes Gefühl der Verbundenheit und harmonischen Ergänzung genießen, werden sie zu der tiefstmöglichen Erfahrung des Seins geführt. Wenn aber und insofern die Partner sich entfremden oder fremd fühlen, werden sie nur eine Illusion aufbauen, die ihre Entfremdung verewigt. *Er* wird versuchen, sich selbst zu beweisen, daß er der »vollkommene Liebhaber« ist. In diesem Versuch wird er sich nur mit seinem Ich-Bild beschäftigen. *Sie* wird versuchen, sich selbst zu beweisen, daß sie »die vollkommene Frau« oder »Liebesgöttin« ist, und nicht mehr auf die Gefühle ihres Mannes reagieren. Beide Partner, die dem Anschein nach für nichts anderes leben als für die durch den Geschlechtsakt hervorgerufene Empfindung, sind unfähig, ihre Partnerschaft zu genießen, und sind nur im äußerlichen Sinn zusammen.

B. Jnanamudra – eine »innere« Begegnung
Während Karmamudra im Grunde die Begegnung mit einer körperlichen Frau ist, die im physiologischen Bereich nur eine selbst-enttäuschende Freude bereitet (omne animal post coitum triste), ist Jnanamudra »die eingebildete Personifizierung der ästhetisch würdigenden und unterscheidenden Wahrnehmung und vermittelt den Geschmack einer flüchtigen Glückseligkeit durch ihre strahlende Erscheinung in der Konzentration«.[109] Noch klarer ist die Beschreibung von Naropa:[110]

»Jnanamudra ist Schöpfung des eigenen Geistes. Sie ist von der Natur der Großen Mutter[111] oder anderer Göttinnen und umschließt alles zuvor Erfahrene. Sie ist Antrieb und erhaltende Kraft der Freude im Bereich der ästhetischen Formen (rupadhatu). Das Bewußtsein (von ihr) ist gekennzeichnet durch Erinnerungen früherer Erfahrungen wie Lächeln und Genuß. Diese Verbindung bringt Sattheit.«

Zwei Punkte müssen geklärt werden, sonst führen sie zu einem ernsthaften Mißverständnis über die Bedeutung von Jnanamudra. Einmal ist es die Feststellung, daß »sie« eine Schöpfung des eigenen Geistes ist. Das Wort »Schöpfung« erweckt in uns die Vorstellung eines Ergebnisses. So neigen wir dazu, die tatsächliche schöpferische Kraft zu übersehen, die wir prosaisch Produkt nennen. Erschaffen ist das Merkmal des Geistes und seine besondere Art der Wahrnehmung, mit der er von neuem und erneut sehen kann und deshalb weit mehr in der Welt der Wirklichkeit lebt als in der der Begriffe und anderer Klischees, die von den meisten Menschen mit der Wirklichkeit verwechselt wird. Zum anderen ist es die Behauptung, daß »sie« eine Personifikation der ästhetischen Wahrnehmungsfunktion und von Natur aus eine Göttin sei. Der Ausdruck Personifikation stammt aus der animistischen Theorie, die den Versuch machte, primitiv bewußtes Leben nach den Irrtümern des anglo-französischen Positivismus zu »erklären«. Die Erfahrung von Jnanamudra will nichts »erklären«, sondern berichtet, wie die Erfahrung in sichtbaren und verständlichen Formen dem Menschen begegnet. Die Funktion eine Göttin nennen und, in übertragenem Sinn, die Frau für eine verkörperte Göttin halten, mag dichterisch klingen. Dichtung aber lügt nicht. Sie meint, was sie sagt, sagt aber nicht immer, was sie meint. Wie jede andere Kunst offenbart die Dichtung in besonderer Weise die Wirklichkeit, deren Natur bestimmt wird durch Bewußtsein des Wertes und Würdigung. Die symbolischen Ausdrucksformen eines Dichters sind seine Mittel, um Werte zu erfassen und auszudrücken, die auf eine andere Weise nicht zu beschreiben sind. Ihre Bewertung und Würdigung schließen Gefühle ein, weil Werte, wenn sie nicht willkürlich zugeteilt werden, nicht intellektuell und begrifflich von der Wirklichkeit abzutrennen sind. Durch die Göttin gewinnt der Mann eine lebendige Schau der Wirklichkeit. Es ist nicht nur Sentimentalität, in der Frau eine Göttin zu erblicken, vielmehr Ausdruck der Einzigartigkeit einer solchen Erfahrung, deren Gehalt durch keine andere Kategorie auszudrükken ist. Mann und Göttin sind zwei Formen oder Modelle, in denen sich das Sein selbst bekundet. Die Göttin ist nicht nur ein Flug der Phantasie, und der Mann ist nicht ein verworfenes Ding-in-der-Welt. Die Beziehung zwischen beiden gleicht der Verbindung von Teilnehmern eines Balletts. Im Wechselspiel zwischen Mann und Göttin fühlt man, wie wunderbar der göttliche Teil dargestellt wird und wie wirklich der Mann ist, aber auch wie arglos der eine gegenüber dem anderen ist. Bei der Bewegung des einen entsteht eine ergänzende Bewegung im anderen. Zeigt sich der Mann zu menschlich, dann droht ihm die Göttin. Wenn er sich ohne Anspruch ihr zuneigt, nähert sie sich ihm voller Liebe. Dann ändert sich plötzlich das Bild. Der Mann unterwirft sich der Welt des Göttlichen, und die Göttin entfaltet ihre Schönheit in der Welt des Mannes. Die frühere Partnerschaft, die auf Erwartungen aufgebaut war, gründet nunmehr auf erkennbaren Werten. So wird die Göttin zur Brücke zwischen dem Mann und seinem Sein.

Eine solche Schau ist nicht reine Abstraktion, sondern eine greifbar wahrgenommene und fühlbare Situation, wie Padma dkar-po aufzeigt:[112]

»Der Weg von Jnanamudra bedeutet die feststehende Gewöhnung an (eine Schau von größerer Wirklichkeit) durch Reinigung all dessen, was im Bild eines Gottes unter den psychophysischen Bestandteilen, den elementaren Kräften und den ineinander wirkenden Bereichen zusammengefaßt wird. Hat man dann die Erfahrung gewonnen, die im rechten Fühlen und Sehen des Mandala[113] liegt, vereint man sich mit Vajravarahi oder Nairatmya oder einer anderen Göttin, die Ausdruck ästhetisch angemessener Zuordnung ist. Durch diese Verbindung lodert das Feuer des ursprünglichen Bewußtseins auf, und die schöpferische Kraft des Menschen, die in diesem Feuer schmilzt, strömt zu *vajra* und dem Zentrum von *padma*. Alle Sinne mit ihren Objekten (Wahrnehmungen) lassen sich nieder in den sechzehn Arten der Freude, die den gleichen Duft in der absoluten Glückseligkeit verströmen.«

Es ist bedeutsam, daß man sich in dieser Erfahrung auf die Schöpferkraft bezieht, die frei verströmen darf, ebenso wie bei der Beschreibung von Karmamudra. Der Unterschied besteht darin, daß der Mensch in der Erfahrung von Jnanamudra den biologischen Hintergrund seines Lebens in einem anderen Licht erblickt. »Sie« wird zum Wohlgeruch des Geistes, von sich selbst getrennt durch den Konflikt von Begriffen. »Sie« ist dann eine Erziehung im Lieben und ein Abenteuer in der Erfüllung, eine Suche nach höherer Eingliederung:

»Höchste Herrscherin der Welt,
lasse mich im blauen,
ausgespannten Himmelszelt
dein Geheimnis schauen.
Billige, was des Mannes Brust
ernst und zart beweget
und mit heiliger Liebeslust
dir entgegenträget!«

Dieses Gedicht von Goethe *(Faust)* bringt das Bewußtsein des Buddhisten von Jnanamudra nichtsahnend zum Ausdruck.

Der Mann vermag mit Hilfe der Göttin mehr von sich selbst und von seinem Wesen zu erkennen und auch seinem Sein näherzukommen, wenn er durch Liebe das Wirkliche und Einzigartige findet. Denn die Göttin ist »ästhetisch würdigend – unterscheidendes Wahrnehmungsvermögen« *(shes-rab-ma)*. Dieses hebt das Wirkliche aus dem Fiktiven heraus, ist, kurz gesagt, »Wert-Erkenntnis«. Sie hilft uns, die Hindernisse fortzuräumen, die wir durch Unwissenheit zwischen uns und das Leben stellen. Wenn wir auch häufig behaupten, Liebe sei blind, so wäre es doch richtiger anzuerkennen, daß Liebe scharfsichtiger und eher bereit ist anzunehmen, was aus moralischen oder Verstandesüberlegungen unterdrückt oder verschmäht wurde. Wenn Liebe vorherrschend ist, beschäftigt sich der Mensch nicht länger mit den von Haß und Verachtung eingegebenen Versuchen, Dinge (oder Personen) zu verändern, die in sein Leben eintreten, indem er sie reformiert oder bestraft. Dabei sucht er sich gegen deren vermeintliche Einmischung zu schützen, indem er ihnen zuvorkommt oder sie vernichtet. Das ganze Netz der intrigierenden Begriffe vergeht, das zwischen ihm und dem anderen liegt und die Erkenntnis seines Wesens aus Achtung vor dem anderen, der Teil dieses Wesens ist, unmöglich macht. Liebe heilt die Wunden des Getrenntseins und gibt dem Daseienden Würde. Sie läßt die Welten nicht vergehen, sondern in einem noch herrlicheren Licht aufscheinen. Nach gNyis-med Avadhutipa äußert sich Saraha:

»Erschaffe keine Dualität, schaffe Einheit!
Ohne Unterschiede zu setzen zwischen den Modellen,
färbe die ganze dreifache Welt
mit vollkommener Farbe der Liebe und ...«
beziehe dich auf die Erfahrung von Jnanamudra.[114]

Obwohl Karmamudra durch Manipulieren der Organe – wenn sie nicht nur benutzt werden, um Überlegenheit zu beweisen und Empfindsamkeit zu verbergen – zu Jnanamudra, dem Liebesspiel, führt und dieses ursächlich einleiten kann, und Jnanamudra uns näher zu unserem Sein führt, ist sie doch nicht dasselbe wie Sein und kann auch nicht Anlaß zum Sein sein. Vielmehr wird das Sein von Karmamudra und Jnanamudra vorausgesetzt, durch die wir als verkörperte Wesen einen Funken unseres Seins auffangen. Deshalb gibt uns die Liebe (Jnanamudra) selbst auch nur ein flüchtiges Gefühl der Glückseligkeit, wenn auch dieses von höherem Rang und deshalb positiver ist als Karmamudra, die uns »traurig« stimmt im Gefühl der Freude, das sie bereitet (»es ist so schnell vorüber«).

»Sein-an-sich« kann nicht auf ein Objekt zurückgeführt werden, und jeder Versuch, es zu versachlichen, zerstört seine lebenserhaltende Wirklichkeit. Es kann auch nicht gleichgesetzt werden mit einem Selbst oder Subjekt, das die organisierende Funktion eines Einzelnen ist, durch die ein menschliches Wesen sich mit einem anderen in Verbindung setzt. Und doch empfinden wir uns in der Erfahrung des Seins-an-sich am meisten als wir selbst, ohne daß wir ein »Selbst« erschaffen, das unser Sein durch einen Sprung spaltet. Wir können *sein*, dies aber nicht beschreiben und können sozusagen nur von der Oberfläche aus darauf hinweisen und es darstellen, indem wir uns auf Augenblicke beziehen, in denen wir das Sein ausdrücklich wie eine plötzliche Einsicht nach tagelangen vergeblichen Kämpfen erfahren. Diese Erfahrung ist so überwältigend, daß wir sie ausdrücken möchten, aber die Worte fehlen uns. Das Sein beeindruckt uns in einer solchen Weise, daß wir es als Begegnung in einem absoluten Sinn *(mahamudru)* erfahren. Am Ende aber müssen wir mit Saraha bekennen:

»Es gibt weder Anfang, Mitte noch Ende.

Weder *samsara* noch Nirvana.

Und diese höchste absolute Glückseligkeit

ist weder ein Selbst noch ein anderes.« [115]

Weil wir fähig sind, wenn auch nur selten, ohne Einmischung unserer Vorsätze und Begriffe bewußt zu sein, zu lieben ohne Forderungen und zu sein, ohne Rollen zu spielen, finden wir eine Grundlage der Sinndeutung für unsere körperliche Existenz und unsere Handlungen. Diese Grundlage bezeichnet man mit dem Fachausdruck Samayamudra, die Verpflichtung zu sein.

So haben wir vier Begegnungen mit dem Sein *(mudra)* [116], und diese sind in bestimmter Weise aufeinander bezogen. Wir beginnen mit Karmamudra und gehen, wenn wir Glück haben, das heißt gesund sind, mit ihrer Hilfe zu Jnanamudra, die uns ermöglicht, unser Sein zu verwirklichen, oder zu Mahamudra, das uns durch Samayamudra in unserem körperlichen Sein be-

stätigt. Wir beginnen, mit anderen Worten, beim Geschlechtsakt, der buchstäblich der Anfang unserer selbst ist. Dieser ist
aber nicht nur eine Manipulation von Organen. Er erzeugt ein
Bewußtsein, das sich in eine Liebe verwandeln kann, die nicht
fordert. Durch eine solche Liebe sehen wir die Welt und uns
selbst in einem anderen Licht und entwickeln ein klares Bewußtsein von dem Wert des Seins. Was auf der früheren Ebene
kalte Abstraktion war, wird jetzt zu einem lebendigen Symbol, das auf die Quelle, auf das Sein-an-sich hinweist. Durch
diese Erfahrung kehren wir gewandelt in die Welt zurück. So
sagt Maitripa: [117]

> »Karmamudra ist das Bewußtsein, das von einer Frau mit
> festen Brüsten und einer reichen Haarpracht stammt, die
> ihre Rolle gut gelernt hat. Dharmamudra oder Jnanamudra
> ist eine Wachsamkeit, die alles verschließt, was in der Ver-
> einigung mit einer solchen Karmamudra entsteht, oder eine
> Wachsamkeit, in der man nicht von dem Bewußtsein ge-
> trennt wird, das (erkennt), daß alles Seiende einer Erschei-
> nung gleicht, die durch Vernunftschlüsse des Einen und Vie-
> len erforscht wurde. Mahamudra ist der integrierte Zustand
> des strahlenden Lichts, Samayamudra das ständige Handeln
> im Interesse der Lebewesen durch die beiden Rupakayas
> von der Sphäre des strahlenden Lichtes aus.«

Wieder, wenn auch gewandelt, in der Welt zu sein, verleiht
das Gefühl der Sicherheit. Der Mensch fühlt sich als sein eigener Meister, von Zweifeln frei, nicht länger von Fragen gejagt,
deren Antworten sich ihm entziehen. Er ist nicht mehr ein Ding-
von-der-Welt, sondern ist die Verkörperung von Werten geworden und strahlt diese aus, so daß sie dem Beobachter sichtbar werden. Dies ist die Bedeutung einer Tätigkeit für andere
durch die Rupakayas, die sowohl innerlich gefühlt wie äußer-
lich beobachtet und in beiderlei Weise beschrieben werden kön-

nen. Sie wurzeln im »strahlenden Licht«, das nichts Geheimnisvolles ist, sondern das Ausstrahlen eines lebendigen Menschen.

Wieder ist Saraha unser Führer mit den Worten:
»Vor uns, hinter uns und in den zehn Richtungen
ist alles, was wir sehen, ›Es‹.
Heute, zum Meister geworden[118], habe ich Irrtum zerstreut:
Nun brauche ich niemanden mehr zu fragen.«

Symbole der Einheit und Wandlung

Der Tantrismus sucht den Menschen zu seinem Wesen hinzuführen und gebraucht hierfür viele Methoden, von denen die sexuelle Erfahrung nur eine ist. Deshalb ist der Tantrismus nicht eine Philosophie der Sexualität. Dennoch sind viele Mißverständnisse entstanden, weil der Tantrismus die Sexualität für ein machtvolles Mittel hält, um die Sicht zu verändern. Gewiß sind die Sexualorgane ein natürlicher Brennpunkt sowohl für die Empfindung wie für das Interesse an erotischer Erfahrung. Der Tantrismus aber beschäftigt sich nicht so sehr mit dem physiologischen Aspekt wie mit der Erfahrung-ansich und ihrer Wirkung auf den Einzelnen. Irgendwie wurde der westliche Mensch im Lauf der Geschichte durch sein wirtschaftliches und biologisches Modell in die Irre geführt, so daß er an die Sexualität kaum anders denken kann als an die Befriedigung eines physischen Bedürfnisses. Folglich wird die feinere Unterscheidung, die der Tantrismus zwischen der physiologischen Seite und ihrer symbolischen Bedeutung zieht, übersehen und auf ein »nichts anderes als« beschränkt. Eine andere Quelle des Mißverständnisses liegt in dem naiven Glauben, daß Worte sinnvoll sind und in diesem Fall nur *einen* Sinn haben. Tatsache ist, daß Worte Töne sind, die durch Gewohnheit bedeutsam werden oder denen ein Sinn zugesprochen wird. Bei diesem Vorgang handeln diejenigen, die Worte benutzen, in der einen oder anderen Weise: Sie berichten entweder, was Menschen im allgemeinen in ihrer Sprache ausdrücken wollen, oder sie setzen einen Gebrauch und Sinn der Worte fest. Das heißt, sie erklären, was sie in ihrer Sprache aussagen wollen. Das Setzen einer Bedeutung geschieht häufig aufgrund einer tiefen Erfahrung, und da sehr oft Worte, die schon in einer Sprache vorgegeben sind, als zu setzende Definitionen verwendet werden, weist dem Anschein nach das benutzte Wort eine gewisse Ähnlichkeit oder Analogie zwischen der durch das Wort bezeichneten Erfahrung und dem unaussprechlichen, nicht in Begriffe zu fassenden X auf, für welches das Wort oder Symbol eingesetzt wird. Dieser Unterschied zwischen berichtenden und gesetzten Bezeichnungen wird in den zwei Fällen von Karmamudra und Jnanamudra deutlich erkennbar. Für uns als körperliche Wesen ist es nur natürlich, daß wir zuerst mit unserem Körper und seinen Organen beginnen (man beachte die unpersönliche Formulierung, als sei der Körper etwas uns Fremdes) und mit der Frage, wie diese zu gebrauchen und zu manipulieren seien. Deshalb sagt man mit Recht, daß Karmamudra die Umarmung, Küsse, Berührung der erogenen Zonen und schließlich den Höhepunkt im Akt der Vereinigung einleitet.

»In Verbindung mit Karmamudra und in der Liebesvereinigung mit Jnanamudra

muß *bodhicitta*, Kern und Glückseligkeit, durch jene bewahrt werden, die Gelübde streng halten.

Nachdem der Dorn in den Riß eingesetzt ist, darf *bodhicitta*

nicht mehr entgleiten,

es muß die Buddha-Schau erwarten, die die drei Welten umschließt.« [119]

Wenn auch diese Behauptung auf den ersten Blick sich auf den Augenblick des Eindringens zu beziehen scheint und kaum mehr, weisen die Assoziationen dieser Worte im Originaltext auf etwas weit Bedeutsameres hin. Derselbe Text erklärt:

»Spalte wird Riß genannt, der die tötende Macht der widerstreitenden Emotionen zerreißt;
diese müssen durch Wert-Erkenntnis überwunden werden.
Diese wird Riß genannt.«[120]
Hier zeigt sich, daß selbst Karmamudra niemals allein auf
die Sexualität bezogen ist, nicht ausschließlich auf den Orgasmus, sondern daß die im Ausdruck Karmamudra zusammen-
gefaßte Situation das Bewußtsein von immer neuen Aspekten
der Erfahrung hervorbringt. Eine solche Erfahrung ist eine
»übersinnliche Funktion« *(paramita)*, da sie den Menschen aus
seinem Interessenkreis entläßt und ihm die Anerkennung des
Seins-Wertes vermittelt. Aber er vernichtet ihn nicht in einem
nihilistischen Transzendentalismus. So sagt Anangavajra:[121]
»(Als) transzendente Funktion des unterscheidenden-wür-
digenden Bewußtseins müssen die nach Befreiung Verlan-
genden ihr dienen.
Rein in ihrer Vollkommenheit hat sie nur in dieser empirischen Welt die Gestalt einer Frau.
In dieser angenommenen Gestalt einer Frau ist sie überall
gegenwärtig.
Darum sagt Vajranatha, sie käme von der äußeren Welt.«[122]
In der folgenden Beschreibung von ihr wird er ganz lyrisch:
»Wie ein Schiff, das in seinen friedlichen Hafen einläuft,
rettet sie alle Wesen
aus dem schrecklichen Meer der Geburt, in dem die Wellen
des Alters branden.
Göttlich, schön, reich an Eigenschaften, führt sie schnell zur
Verwirklichung.
Wie der Wünsche erfüllende Edelstein verschafft sie alles
Gewünschte.
Ohne sie, die Vajradhara preist, und die das Wesen aller
Eigenschaften des Buddha ist,

Ist keine Verwirklichung möglich. Deshalb sollten, die Befreiung begehren, ihrem unvergleichlichen Verhalten verständnisvoll folgen.
In der Nachfolge von ihr, deren Lotosfüße Murari, Indra, Shiva, Kubera, Brahma und andere verehren, Und auf ihrem Böses vertreibenden Weg haben die Tathagatas den höchsten Zustand erreicht.«[123]
Durch Entwicklung der würdigenden und unterscheidenden Funktion wird der Mensch aus der Welt der Lebensbegierden, in der er zur Suche nach befriedigender Lösung und genußvoller Entspannung getrieben wird, herausgeführt in eine Welt der Freude und Wertschätzung. Es ist die gleiche Welt, aber sie wird anders erfahren. Ihre Wahrnehmung hat einen größeren Gesichtskreis, mehr Würde und Tiefe empfangen. Sie unterscheidet sich von der gewöhnlichen Wahrnehmung, die nur ein Weg zu einem hinter der Wahrnehmung liegenden Ziel ist und auf eine sehr sparsame Aufzählung von Eigenschaften und Ereignissen beschränkt wird, die für diese Ziele bezeichnend sind. Anders ausgedrückt: In der Karmamudra-Situation mache ich eine Bestandsaufnahme von den vitalen Kräften der Frau und von dem, was diese mir zur Befriedigung bieten können. Aber auch hier treten Funktionen ästhetischer Erfahrungen auf, wenn auch oft nur zufällig. In der Situation von Jnanamudra ist das Gegenteil der Fall. Was immer wahrgenommen wird, soll der Wahrnehmung dienen. Im Umkreis einer solchen Wahrnehmung – so wie sie hier verstanden wird – sind Empfindung, Gefühl, Einbildung, Vorliebe und Interessen ebenso wirksam wie der psychologische Faktor. Die Hauptsache aber ist, daß bei einer solchen Wahrnehmung das ganze Wesen des Wahrnehmenden mitbeteiligt ist. So sagt Anangavajra:[124]
»Bald nach Umarmung seiner *mudra* und dem Hineinführen des Zepters,

um von ihren nektarfeuchten Lippen zu trinken, sie zu
zärtlicher Sprache anzuregen,
reiches Ergötzen zu genießen und ihre Schenkel erzittern zu
lassen,
wird der König Cupidus, *vajrasattva,* mit Sicherheit reali-
siert.«
Die körperliche Beschreibung kann kaum realistischer sein,
und doch hat sich die Situation verändert. Die Originalsprache
drückt dieses aus. Hier zeigen es Zepter *(vajra)* und – als
Folge –' Lotos *(padma)*. Im Unterschied zu den entsprechenden Ausdrücken der Karmamudra-Situation, *linga* und *bhaga,*
bezeichnen diese einen emotional veränderten Wert. Mit
»Zepter« oder wörtlicher: »Diamant« wird das Unzerstörbare
gemeint und der ursprüngliche Faktor in der Natur der Dinge
und das, was als wertvoll und als feste Grundlage für das
eigene Sein empfunden wird. Seine Definition ist folgende: [125]
»Es ist fest, rund, unwandelbar, es kann weder durchstoßen
noch gespalten
und nicht verbrannt werden. Es ist unzerstörbar und wird
(als) Offenheit *(sunyata) vajra* genannt.«
In der Bezeichnung *vajrasattva,* die sich auf die Veränderung bezieht, die sozusagen durch die Fähigkeit zur Liebe anstelle des zeitweiligen »Verliebt- und wieder Entliebtseins«
bewirkt wurde, bedeutet *vajra* die Glückseligkeit, die erfahren
wird, wenn echtes Sein, Kommunikation und Empfänglichkeit
zu einem Ganzen integriert werden, während der Ausdruck
sattva sich auf die Welt bezieht, deren Integration erkannt
wurde. Die Einheit, die das Symbol *vajrasattva* ausdrückt, ist
nicht so sehr ein Einfügen der Erfahrung in ein System von
Begriffen oder sogar von Worten, sondern ein Auskosten von
Eigenschaften der Erfahrung, besonders derjenigen, die nicht
in Worte gefaßt oder auf etwas anderes als auf sich selbst zu-

rückgeführt werden kann. Dies ist *sunyata*, was grob mißverstanden wurde, wie die Übersetzung »Leere«, »Leersein« zeigt. *Sunyata* drückt das absolut Positive aus. Verglichen mit der gewöhnlichen Wahrnehmung ist es nichts, aber als äußerstes Offensein ist es eine unendliche Quelle dessen, was wir nur unzulänglich als ein Gefühl der Vollkommenheit, Ganzheitlichkeit und Freiheit umschreiben können. Um aber diese Offenheit wahrzunehmen, muß die Wahrnehmung selbst offen und unbefleckt sein, innerlich von keinem Vorurteil beeinflußt. Sie muß, mit anderen Worten, wahrnehmend, anerkennend und nicht gewaltsam, fordernd sein. Sie unterwirft sich und liefert sich der Erfahrung aus. Dies geschieht durch *prajna*, eine Funktion der Würdigung und Unterscheidung, die Werte wahrnimmt, die aus der Wirklichkeit des Seins nicht entfernt werden können. Während *vajra* ein Symbol für die höchste und unzerstörbare Qualität des Seins ist – das gleiche wie Bewußtsein –, wird die Geschmeidigkeit dieses anerkennenden Bewußtseins durch das Symbol der Lotosblume *(padma)* gekennzeichnet. Seit alters her war diese Symbol der Schöpferkraft, aus deren fruchtbaren Samen die Welt der Dinge hervorging, und Symbol der Reinheit, da das Wasser nicht an ihren Blättern hängenbleibt. Saraha verwendet dieses Symbol bei der Beschreibung der höchsten Seinserfahrung, die sich *in dieser* Welt vollzieht, aber nicht gerade diese Welt ist:

»Selbst unter den Objekten und hart gedrängt von dem
Verlangen nach ihnen –
solange ihm diese Unmittelbarkeit noch fehlt, hängt er am
Bösen –
wird er nicht von den Objekten beeinflußt, die ihn erfreuen,
ebenso wie Wasser nicht an den Blättern der Lotosblume
haftet.«

gNyis-med Avadhutipa führt dies weiter aus:[126]

»Die äußeren Objekte sind die fünf erfreulichen Sinneswahrnehmungen, die inneren Objekte sind ›Erinnerung‹. Ihnen nachgebend, doch nicht des Wirklichen bewußt, hält ein Mensch sie für die Versammlung von Göttern und Göttinnen, im Inneren wie im Außen. (Dies meint Saraha, wenn er sagt): ›Selbst unter den Objekten und hart gedrängt von dem Verlangen nach ihnen . . .‹ Doch Unmittelbarkeit als Gott ist nicht eine Schöpfung des Geistes. Ein (vom Geist erschaffener) Gott verursacht Schaden. (Darum behauptet Saraha): ›Solange er diese Unmittelbarkeit noch nicht besitzt, hängt er am Bösen.‹ Grund für dies alles ist die Unmittelbarkeit, die nicht eine Schöpfung des Geistes ist. Wenn man dessen bewußt ist, ›wird man nicht von den Objekten beeinflußt, die einen erfreuen‹. Ein Beispiel: Eine blaue oder weiße Lotos- oder Jasminblüte kann einen Menschen mit ihrer lieblichen Farbe, mit ihrer Zartheit und ihrem Duft erfreuen. Dies beruht auf ihrem Wachstum in den unsauberen Weihern der Dörfer und Teiche, aber sie wird von deren Schmutz nicht berührt. Das gleiche gilt für die Haltung des Yogi. Selbst wenn er an die Objekte der Außen- und Innenwelt ›denkt‹, wird er durch das Wissen der Wirklichkeit nicht von dem Schmutz der Objekte berührt, und wenn er die Lotosblume ohne den (umgebenden) Schmutz in die Hand nimmt, versteht er das absolut Wirkliche ohne (abweichende) Gedanken.«

Einbildung und Symbolik weisen deutlich auf die ästhetische Erfahrung hin, die in Verbindung mit *jnanamudra* aus der Enge der spezifisch praktischen Handhabung mit *karmamudra* befreit. Die ästhetische Erfahrung aber erschöpft sich nicht, da sie als eine wertvolle Zugabe zu den anderen Belangen unserer gelebten Existenz auch Werte eines Werkzeuges besitzt. Sie kann zum Wachstum des Selbst verhelfen, indem sie den Horizont der Sinndeutung erweitert und die Neigungen zum Besitzergreifen und Ausbeuten vermindert. Dennoch hat die ästhetische Erfahrung nicht ein Ziel an sich, sie ist vielmehr Ansporn für den, der die Erfahrung hat. Bei dem Gegenstand als Objekt besteht kein Unterschied zwischen gewöhnlicher und ästhetischer Erfahrung. Während aber die gewöhnliche Wahrnehmung hemmend ist und auf einen unmittelbaren Zweck beschränkt wird, befreit die ästhetische Wahrnehmung den Beobachter dadurch, daß sie alles im Objekt Vorhandene in reichster und lebendigster Weise erscheinen läßt. Auf diese Weise ermöglicht sie eine lebhaftere Würdigung der tatsächlichen Gegebenheiten des Objekts und verhindert seine Zerstörung durch Überlagerung subjektiver Phantasie. Dies ist mit der Behauptung gemeint, daß ein Mensch in der innerlichen Wahrnehmung frei wird. Daß ästhetische Wahrnehmung nicht das Ziel ist, auch wenn sie der gewöhnlichen Wahrnehmung überlegen ist, bestätigt Saraha durch die Gegenüberstellung von Karmamudra und Jnanamudra:

»Im Koitus höchste Glückseligkeit finden,

ohne das Wirkliche zu kennen, gleicht

einem Durstigen, der einer Luftspiegelung nachjagt.

Wird er jemals den himmlischen Nektar finden, ehe er stirbt

vor Durst?

Unwirksam ist das Genießen

dieses glückseligen Gefühls,

das zwischen *padma* und *vajra* liegt.

Wie wird er die Hoffnung der drei Welten erfüllen?« [127]

Prosaischer können wir die Worte von Saraha so umschreiben: Karmamudra als Ziel faßt die zur Frustration führenden Bemühungen des Genußsüchtigen, der zwanghaft körperliche Berührung sucht, zusammen. Jnanamudra als Ziel ist eine ästhetische Stimmung, die den Einzelnen aus dem Griff der

Situation zu befreien sucht. Karmamudra ist die Situation, in der sich ein Mensch befindet, der Spaß sucht und voller Übermut ist, während die Freude ihm entgeht. Jnanamudra ist die Situation des Drogensüchtigen, der seine innere Wirklichkeit verändert, aber selber nichts tut und völlig unfähig ist, etwas gegen die Depression und Härte der äußeren Wirklichkeit zu unternehmen.

Etwas anderes muß in diesem Zusammenhang noch erwähnt werden, was für das tantrische Denken bezeichnend ist. Die gewöhnliche Wahrnehmung ist ichbezogen, scharf, aggressiv, aufdringlich. Die ästhetische ist auf das Objekt bezogen, rezeptiv anerkennend. In ihr werden die Objekte zu Führern, und das Subjekt unterwirft sich ihnen. Diese unterwürfige Verbindung von Subjekt und Objekt, die eine ästhetische ist, findet statt, damit der innere Wert des Objekts, der paradoxerweise das eigene Sein des Subjekts ist, besser gewürdigt werden kann. Hier werden Subjekt und Objekt identisch in ihrer Natur. Kanha bemerkt hierzu:[128]

»In gleicher Weise wie Salz sich auflöst im Wasser,
so erwirbt auch der Geist, von seiner Braut umarmt,
die Identität des Gefühls *(samarasa)* im Augenblick, da er
bei ihr bleibt.«

Kanhas Worte enthüllen einen sehr wichtigen Punkt, wenn man sie in Verbindung mit der Behauptung liest, daß in der ästhetischen Erfahrung von Jnanamudra die Frau als Göttin erblickt wird. In der ästhetischen Vereinigung wird das Subjekt in das Objekt verwandelt. Denn nur wenn es selbst ein Gott geworden ist, ist das Subjekt fähig, die Göttin wahrzunehmen. Anders ausgedrückt: Je mehr wir »wir selbst« geworden sind, können wir des anderen als »seiner« oder »ihrer« selbst bewußt werden. Diese Erfahrung bezieht sich auf nichts anderes als auf das, was ist, aber es ist ein sehr intensives existentielles Bewußtwerden. Auf der anderen Seite ist die Vorstellung eines Gottes oder einer Göttin über, jenseits oder außerhalb der Erfahrung und die Annahme, Er oder Sie sei Grundlage des Seins, die Verabsolutierung einer Fiktion und die Negierung der Absolutheit des Seins. Es gibt kein »anderes« Sein als das Sein-an-sich, sonst würde dieses ungültig gemacht. Deshalb kann es auch keinen »anderen« Gott oder eine andere Göttin über und gegen das Sein-an-sich geben. Es ist der Irrtum aller Theismen (Monotheismus, Polytheismus, Pantheismus usw.), daß sie einen Gott erfinden, um ihre existentielle Unzulänglichkeit zu verdecken und der existentiellen Verantwortlichkeit zu entfliehen. Verantwortlichkeit bedeutet *antworten* im *Wissen*, daß die Welt um mich herum strahlend lebendig ist, und nicht an Glaubensformen haften, die ohne Ausnahme auf einer Zerstörung, wenn nicht glatten Leugnung der Wirklichkeit beruhen und überhaupt keinen Wert darstellen. Wenn die Suche nach Wissen Sünde und Unwissenheit eine Tugend ist, dann ist keine Verantwortlichkeit möglich. Ein erfundener Gott ist nach Saraha und gNyis-med Avadhutipa von Übel und als Geisteshaltung ungesund. Die Geschichte sämtlicher theistischer Religionen bietet die notwendigen Beispiele für Sarahas Anklage.

Die ästhetische Erfahrung ist aufgrund ihres wirklich »göttlichen« Charakters von größter Bedeutung für die Vorbereitung auf ein schöpferisches Kunstwerk. Wir brauchen nur an die Anzahl von Skulpturen und Malereien buddhistischer »Gottheiten« zu denken (eigentlich eine falsche Bezeichnung, da es Aspekte der Buddhaschaft sind), die aus der physischen Umwelt die Anregungen für ihre sinnenhaften Darstellungen nahmen. Ihr Ziel ist, Schöpfer und Betrachter zu innerlich befriedigten Organen der Wahrnehmung zu machen, weil sie ihrem Sein nähergekommen sind. Die Beziehung des Tantrismus zur Entwicklung der schönen Künste zeigt, daß er sich nicht nur mit Sexualität beschäftigt, dem Zeitvertreib des modernen »ausgehöhlten« Menschen des Westens.

Karmamudra und Jnanamudra sind auf einer intimen Ebene Kurzbezeichnungen für unsere Selbstbetrachtung in dem Sinn, daß wir nicht isolierte Wesen in einer fremden Umgebung, sondern stets unzertrennlich mit unserer Umwelt als Horizont unserer Sinndeutung sind. In dem Ausmaß, wie ich mich selbst in einem herabwürdigenden Licht sehe, erblicke ich alles und jeden im gleichen Licht wie mich selbst, und insoweit ich meine Existenz für wertvoll halte, erkenne ich auch den Wert des anderen an. Dies bedeutet, daß wir uns auf zwei verschiedene Arten sehen können: manchmal in einer einschränkenden, abträglichen Art, manchmal in einem bereichernden Wertbewußtsein. Die meiste Zeit nehmen wir wohl auf abträgliche Weise wahr und können uns schwer vorstellen, daß es verschiedene Weisen der Betrachtung gibt und daß mehr am Leben dran ist als das, was sozusagen »auf der Hand liegt«.

Diese beiden Arten der Betrachtung und die Weise, die den Übergang von einer eingeschränkten und einschränkenden Wahrnehmung der Welt zu einem bereichernden Bewußtsein des Seins bewirkt, sind Thema der Verse von Saraha: [129]

> » I. Wie ein Baum, von Kletterpflanzen überwuchert,
>   leiden die Wesen vor Durst in der Wüste der Ich-
>   bezogenheit.
>   Wie ein Prinz, der heimatlos und ohne Vater ist,
>   leiden sie geistige Angst ohne irgendeine Aussicht auf
>   Glück.
> II. Das Bewußtsein der Wirklichkeit, das nicht kategori-
>   schem Denken entstammt,
>   ist frei von künstlichen Erzeugnissen und ist nicht auf-
>   gespeichertes Karma.

Das erkläre ich, Saraha, der solches weiß.
Doch das Herz der Kleinlichen ist voller Gift.

a 1 Der Friede vom Geist-an-sich ist schwer zu verstehen:

  2 Nicht gefesselt von engen Begriffen und ohne Schmutz
ist das Herz in seinem Sein niemals konkret zu erforschen.

  3 Wo dies geschieht, verwandelt es sich in eine gereizte
giftige Schlange.

b 1 Dinge, vom Denken gesetzt, sind nichts in sich selbst.
Denn ohne Begründung bestehen sie nicht.

  2 Wenn man das Wirkliche frei in seiner Wirklichkeit
kennt,
dann gibt es kein Sehen noch Hören, auch nichts, was
dieses nicht ist.

III. Alle, die an Konkretes glauben, sind, wie es heißt, den
Tieren gleich.
Wer aber abstrakten Dingen glaubt, ist dennoch dümmer als diese.
Wer den Vergleich mit einer brennenden Lampe gebraucht oder den einer ausgelöschten,
der steht im *mahamudra,* das nichts von der Zweiheit
weiß.

IV. a Was als Ding geboren, wird im Nicht-Ding ruhen:
Weise, wer von diesem Vorurteil frei.
Wenn Törichte ihren Geist mit nach innen gewendetem
Geiste suchen,
wird die Freiheit dieses Augenblicks *dharmakaya* ge-
nannt.

  b Wenn auch die Dummköpfe sagen: Es gibt einen anderen Ort der Glückseligkeit als die Freiheit,
gleicht dies dem Wasser in einer Luftspiegelung.«
Der erste Vers (I) ist eine treffende Beschreibung derer, die

physisch und geistig leiden, wenn sie genötigt sind, immer und immer wieder die Befriedigung ihrer Bedürfnisse zu fordern, die unerfüllt bleiben, weil sie selbst nicht fähig sind, zu geben und zu teilen. Karma Phrin-las-pa führt diesen Vers in folgender Weise aus, wobei man leicht das heutige Problem, das Gefühl der Einsamkeit und Entfremdung, aus seinen Worten herausspüren kann:[130]

»Ein Baum, der von Schlingpflanzen überwuchert ist, läßt sich mit den Lebewesen vergleichen, die durch ihre Handlungen und Emotionen in *samsara* gefesselt sind. In gleicher Weise werden jene, deren Wesen selbst überwuchert ist und die fest gebunden sind von der Subjekt-Objekt-Zweiteilung, von vielfältigen Leiden gepeinigt, die aus ihrem Glauben an ein Selbst entstehen. An Durst in dieser Wüste des Elends leidend, erfahren sie physischen Schmerz, und da sie keine Aussicht auf Glück haben, empfinden sie in Gedanken große Angst. Dieses Leiden an Körper und Geist in *samsara* gleicht dem unerträglichen Elend eines Prinzen, der kein Königreich und keinen Vater hat. Dies ist die Natur von *samsara*. Ein hochstämmiger Baum, der von Schlingpflanzen überwuchert ist, ist den Wesen zu vergleichen, die in der Welt an ihre Handlungen und Emotionen gefesselt sind. In einer Wüste an Durst zu leiden, ist eine Analogie zu dem Gequältsein von einem Glauben an ein Selbst. Die Wüste des Elends bedeutet, daß es kein Gras, keine Bäume, kein Süßwasser gibt, so weit das Meer reicht, und in einer Steinwüste gibt es weder Sand noch Höhlen. Dort, von der Sonne versengt, wird man erschöpft und schlaff wie ein Sproß, der in der Sonne verdorrte.

Der junge Prinz ohne Heimat und Vater ist vergleichbar dem Leiden in *samsara*. Als ›Prinz‹ hat er zuvor niemals leiden müssen, nun aber, da er wie jeder gewöhnliche Mensch leidet, wirkt er heruntergekommen. Da er ›jung‹ ist, erträgt er das Leiden nicht. Denn er hat im Gegensatz zu einem alten Menschen nicht viele Hochs und Tiefs erfahren und weiß nicht, wie er mit diesen umgehen soll. ›Heimatlos‹ wird er von seinen Untertanen nicht beschützt, und als ›Vaterloser‹ wird er nicht einmal von seinen nächsten Verwandten betreut.«

Die folgenden drei Verse (II) beziehen sich auf die wirkliche Wahrnehmung. Zuerst in allgemeiner Art, dann (a 1–b 2) in einer besonderen. Bei der Erklärung dieser Verse spricht Karma Phrin-las-pa über die Identität von Sein und Bewußtsein und von dem Widerstand, den die Menschen gegen die wirkliche Wahrnehmung erheben. Es ist die Angst vor dem Wissen um sich selbst. Sie ist im Grunde eine Schutzmaßnahme, das heißt eine Möglichkeit, um unsere Ichbezogenheit zu bewahren. Wir haben Angst, ›uns zu verlieren‹, Angst vor den Fiktionen, die wir um uns aufgebaut haben, die wir selbst Fiktionen sind, Angst auch vor unserem Sein. Karma Phrin-las-pa schreibt: [131]

»Die Objektbezogenheit, das absolut Wirkliche, und der Objektbezogene, das Bewußtsein, das das absolut Wirkliche versteht, sind unteilbar. Dies wird ›Bewußtsein des Wirklichen‹ genannt. Es ist Wirklichkeit und Bewußtsein. Es hat nach Saraha fünf Merkmale: Man kann sich daran erfreuen, so sehr man mag, und wird niemals übersättigt. Und da man nicht satt davon wird, selbst nicht nach der Erleuchtung, bleibt man bei (seiner) Wirklichkeit. Das absolut Wirkliche wird nicht durch Ursachen und Bedingungen hervorgerufen. Darum ist es ohne künstliche Erzeugnisse und ist kein von Gedanken über Gut und Böse aufgespeichertes Karma. Es kann in uns durch sich selbst erfahren werden und erschreckt jene Ideologen, die es nicht erfahren haben. Warum? Die Behauptung, das absolut Wirkliche sei die Unteilbarkeit der Objektbezogenheit und selbst der Objektbezogene steigert ihr Mißbehagen, würde als Gift in ihr Herz eindringen. Da sie auf ihrer Verschiedenheit beharren, können sie nicht die Auflösung der beiden ertragen.«

Karma Phrin-las-pa sagt weiter, daß a) wirkliche Wahrnehmung begrifflich nicht zu verstehen ist und b) daß sie den Intellekt übersteigt. Da man sie nicht begrifflich erfassen kann, ist sie 1) schwer zu verstehen, 2) nicht durch Begriffe auszuschöpfen und 3) durch Begriffe zu beschädigen.[132]

»1) Der Geist-an-sich, das Ursprüngliche, der Friede, die Gegenwart (des Seins), das Wirkliche ist schwer zu verstehen von all denen, die in Begriffen eingeengt sind. Warum? Weil er nicht ein Objekt für begriffliches Erfassen ist (denn dies definiert eine Wesenheit).

2) Geist-an-sich wird nicht gefesselt von allen begrenzenden Begriffen wie Ewigkeit, Nihilismus, Sein, Nicht-Sein und so fort. Die reine Buddhaschaft in ihrer Kraftmöglichkeit ist wahrhaft rein seit ihrem anfanglosen Anfang, und da sie das Wesen des strahlenden Lichtes ist, kann sie nicht von solchen Begriffen wie ›tief‹ erreicht werden. Der Grund für diese Behauptung wird auf der nächsten Zeile angegeben.

3) Es ist ein künstlicher Vorgang, den Geist erst als grobstofflich, dann als feinstofflich aufzufassen. Dadurch wird die unverfälschte Gegenwart des Seins nicht verstanden, sondern verzerrt. Aus folgendem Grund: Wenn die Wirklichkeit der Seins-Gegenwart durch Begriffe untersucht wird, bleibt sie nicht nur unverständlich, es wird auch keine geistige Ruhe erlangt. Sie wird gleichsam zu einer giftigen Schlange. Solange diese allein gelassen und nicht gestört wird, bleibt sie vergnügt an ihrem Platz. Aufgestört aber beißt sie. In ähnlicher Weise bleibt die Gegenwart des Seins, der Geist,

wenn er in seinem ursprünglichen Zustand gelassen wird, ungestört in der Sphäre des anfänglichen Bewußtseins wie Salz, das im Wasser aufgelöst ist. Wird diese Gegenwart aber von Begriffen untersucht, dann wird sie von ihnen zerstört.« Karma Phrin-las-pa erhellt hier deutlich, daß wirkliche oder ästhetische Wahrnehmung eher »passiv« als aktiv ist wie die gewöhnliche Wahrnehmung, bei der der Betrachtende das Objekt der Wahrnehmung auswählt und seine Auslese den subjektiven Bedürfnissen anpaßt. Hierbei konkretisiert er seine Wahrnehmungen und mißt ihnen eine Wirklichkeit bei, die ihnen niemals zukommt. Solche konkreten Darstellungen sind die Gedanken von Objekt- wie Subjekt-»Wirklichkeiten«. Über das Vorangegangene (b 1) sagt Karma Phrin-las-pa:[133]

»Alles, was unter (den Kategorien) der sichtbaren Welt und ihrer latenten Möglichkeiten, *samsara* und Nirvana, zusammengefaßt wird, ist nur ein erklärendes Postulat des Intellekts. Es liegt darin nicht einmal ein Atom von unabhängiger Wirklichkeit. Deshalb sind alle diese Postulate einer sichtbaren Welt und ihre Möglichkeit nichts an sich, und da sie überhaupt nicht bestehen, wie es im Postulat den Anschein hat, sind *samsara* und Nirvana, befreit von ihrer begrifflichen Unzulänglichkeit, nirgends wahrzunehmen. Sie sind als Selbst-Gleichheit (des Seins) zu verstehen. Ohne diese Unzulänglichkeiten wird der Intellekt und alles, was durch ihn gesetzt ist, frei in sich selbst und ist nichts an sich.«

Von letzterem (b 2) sagt er:[134]

»Wirklichkeit ist das Wirkliche. Befreit von allen konkreten Formen und Merkmalen ist dieses wirkliche Freiheit, wirkliches Freisein und Wirklichkeit; und dieses unabhängig Wirkliche ist ein unmittelbares Bewußtsein. Wenn man das deutlich erkennt, dann gibt es keine konkreten Formen und Merkmale. Denn diese treten durch Sehen, Hören und Prüfen auf. Befreit von Sehen, Hören und so fort ist das Subjekt auch frei an sich.«

Während die vorhergehenden Betrachtungen gezeigt haben, daß Sein-an-sich dasselbe ist wie Bewußtsein – das eine als existentielle Wirklichkeit, das andere als Erkenntnis –, wird hier ein neuer Gedanke eingeführt, der Gedanke der Freiheit als einer existentiellen Wirklichkeit und nicht als rein negativer Abstraktion. Wir müssen uns hier erinnern, daß Sein Bewußtsein ist und daß im bewußten Sein das Sein seine Freiheit ausübt. Freiheit ist demnach sinnverwandt mit Sein und Bewußtsein und ist ein beschreibender Ausdruck der Wirksamkeit des Seins als Bewußtsein. Hieraus folgt, daß »Bindung« das Ergebnis der Wirkung mangelnder Freiheit ist. Dies kann auf folgende Weise beschrieben werden: Ich nehme in der ästhetischen Erfahrung oder wirklichen Wahrnehmung ohne große Anstrengung wahr, während ich bei der gewöhnlichen kategorischen Wahrnehmung in den Fiktionen meiner eigenen Tätigkeit »gefangen« bin. Aber dieses Gefangen- und Gefesseltsein steht nicht im Widerspruch zu der wirklichen Freiheit der erkenntnismäßigen Wirksamkeit. Der Gedanke, daß Freiheit etwas anderes sei als die Wirklichkeit des Seins und Bewußtseins verfängt die Menschen in Fiktionen und läßt sie ihre Freiheit verlieren.

Im folgenden Vers (III) zeigt Saraha, gemäß der Erklärung von Karma Phrin-las-pa, die »Gegenwart« des Weges, der – wie schon erwähnt – nicht ein unbewegliches Verbindungsstück zwischen zwei Punkten ist, sondern die Selbstmanifestation des Seins-an-sich oder, im Ausdruck seiner Erkennbarkeit, die Gegenwart des wahren Bewußtseins, das in seinem Wirken in kategorische Wahrnehmung mit ihren vorausgesetzten Bejahungen und Verneinungen hineingleiten kann.[135]

»Im allgemeinen behaupten einige Menschen, daß die Gegenwart des Seins, das absolut Wirkliche, etwas Konkretes sei ähnlich einer brennenden Lampe, die man klar und konkret wahrnimmt. Auf diese positive Feststellung hin werden solche Menschen für dumm gehalten, da sie nicht verstehen, was Gegenwart bedeutet. Andere behaupten, daß die Gegenwart des Seins, da sie nicht konkret erfaßt werden kann, eine Abstraktion sei ähnlich einer ausgelöschten Lampe, die man nicht (als brennend) wahrnimmt. Diese Madhyamika-Philosophen[136], die eine negative Behauptung aufstellen, sind noch dümmer als die anderen. Trotzdem verstehen die Philosophen, die nach den benutzten Analogien offensichtlich das absolut Wirkliche als ein konkret Bestehendes oder als eine abstrakte Wirklichkeit annehmen, die Bedeutung des Freiseins von Begrenzungen nicht, weil sie sich entweder an Erscheinung oder Nichtvorhandensein klammern. Tatsächlich ist das absolut Wirkliche unmittelbares Bewußtsein (in dem beide, das Wirkliche und das Bewußtsein, von ihm zusammengefaßt sind), und dies ist die unübersteigbare Gegenwart des Seins, *mahamudra,* in der konkrete Dinge und abstrakte Wirklichkeit nicht als zwei (gesonderte Voraussetzungen) bestehen. Dies bedeutet, daß die Vorstellung von *mahamudra*, da das Sein-an-sich frei von konkreten Dingen und Merkmalen ist, ein Zeichen von Dummheit ist. Ein solcher Mensch ist mit einem Ochsen zu vergleichen. Wenn man aber aus diesem Grund annimmt, die Gegenwart sei eine Abstraktion, dann ist dieser Gedanke noch dümmer als der vorhergehende. Denn das Fehlen einer Verneinung kann keine abstrakte Wirklichkeit in sich schließen. Ein Beispiel: Die Behauptung, eine brennende Lampe brenne, ist eine Tautologie. Aber eine nicht brennende Lampe auslöschen, ist noch törichter. Das Wort »beide« in Sarahas Vers bezieht sich auf die beiden, die das Bild von der brennenden Lampe und der ausgelöschten benutzen. *Mahamudra* also, die existentielle Gegenwart, in der konkrete Dinge und abstrakte Wirklichkeiten keine Dualität bilden, ist das unverfälschte, absolute Wirkliche, die Wirklichkeit.«

Es liegt auf dem »Weg«, daß der Mensch sich selbst als »von sich getrennt« erfährt und dadurch unzufrieden ist und zur gleichen Zeit nach Freiheit verlangt. In diesem Sinn ist der Mensch zielgerichtet. »Ziel« muß hierbei als die Möglichkeit oder Fähigkeit des Seins verstanden werden, das Leben sinnvoll zu machen, den Sinn »zu verstehen« und zu sein. Dies ist eine schöpferische Möglichkeit, aber niemals ein Endzustand. Genau das meint der Tantrismus, und er verlangt, in seinen eigenen Worten, »das Ziel zum Weg zu machen«. Das Ziel als a) Möglichkeit und b) nicht als Endzustand ist die Botschaft des letzten Verses von Saraha (IV): [137]

»a) Da das Wirkliche frei ist von dem, was im Begrifflichen als Werden eines Dinges und dann als ein Zurruhekommen im Nicht-Ding, dem Wirklichen erscheint, ebenso auch von dem, was als ›Nicht-Ding‹ im Gegensatz zum ›Ding‹ begriffen wird, verwirklicht dieses Wissen in (seinem) nicht-zweifachen Bewußtsein ohne Aufschub seine Freiheit. Wenn man behauptet, daß es einer (besonderen) Tätigkeit bedarf, um diese Freiheit zu bewirken, dann könnte man folgende Antwort geben: Wenn die Gedanken auf sich selbst gerichtet werden, wie dies unaufhörlich im Bewußtsein derer geschieht, die bisher noch nicht geschult wurden, aber die Gunst eines Lehrers genießen, dann weicht die Unruhe der kategorischen Wahrnehmung der Erscheinungswelt einer in sich selbst gültigen ästhetischen Wahrnehmung und erhält in diesem Augenblick ihre Freiheit. Das Wirkliche nicht als etwas zu erblicken, wird als Schau des *dharmakaya* bezeichnet.

b) Widerspricht aber nicht die besondere Erfahrung der in

den Tantras sogenannten unwandelbaren Glückseligkeit der Buddhaschaft? Die Antwort ist: Obwohl Einfältige, die gar nichts von der Bedeutung der wahren Ebenen (des Verständnisses und der zu gehenden Wege) wissen, sagen könnten, daß es einen Bereich der großen Glückseligkeit gibt, der verschieden ist von der Freiheit in der für sich selbst gültigen ästhetischen Wahrnehmung, existiert dieser nicht an sich, sondern gleicht dem Wasser in einer Luftspiegelung. Deshalb wird in den Tantras in sich gültiges Bewußtsein absolute Glückseligkeit genannt.«

Karma Phrin-las-pas ausführliche Erklärung der Verse von Saraha zeigt die Bedeutung der ästhetischen Wahrnehmung im Tantrismus, da durch diese mehr als das Vorhandene gesehen werden kann. Dennoch hat ästhetische Wahrnehmung kein Ziel in sich, sondern ist eine Möglichkeit, um das eigene Sein bewußt zu erkennen. Hätte sie ein Ziel in sich selbst, dann würde sich die Sentimentalität jener Art von Ästhetik ergeben, die das Leben des Menschen nicht bereichert, sondern es tatsächlich ärmer macht durch die Forderung, die sie an die Objekte stellt. Ästhetische Wahrnehmung als Weg zum Erlangen eines ästhetischen Bewußtseins erkennt die Welt, die unseren Sinnen als Ziel erscheint, als Daseiendes und enthüllt durch eine vergrößerte Schau die Begrenzungen der kategorischen Wahrnehmung und ihrer tötenden Wirkungen. Wird aber die Welt der Erscheinungen als Ziel in sich betrachtet, dann hat sie dieselbe Wirkung wie kategorische Erkenntnis. Hierüber besteht bei Saraha und Karma Phrin-las-pa kein Zweifel:

»Das Bewußtsein, das ohne Unterscheidung allein besteht,
wird umschlossen von dem Geist, der in sich selbst ruht,
im Wissen, daß die Erscheinung deiner selbst und des anderen
                         Wirklichkeit ist,
halte allein daran fest und bewege dich nicht davon fort.

Da aber der gleiche Akt Qual des Bewußtseins sein kann,
verzichte darauf
und betätige alles in höchster Glückseligkeit ohne Gebun-
densein.«
Das einheitliche Bewußtsein, das der eigene Geist ist, kann,
»allein gelassen«, wohl verstanden werden als eine höchste Erfahrung. Doch wenn es für ein Ziel in sich selbst gehalten wird,
ist es nicht länger »allein gelassen«. In diesem Unterschied zwischen Subjekt und Objekt besteht die Qual, die gewöhnlich
den Spalt im Sein begleitet. So kann die höchste Erfahrung
leicht das Gegenteil dessen sein, was sie verspricht. Karma
Phrin-las-pa erklärt hierzu:[138]
»Das Bewußtsein in der für sich selbst gültigen ästhetischen
Erfahrung, in der es keinen Unterschied zwischen Selbst und
anderen, Subjekt und Objekt, *samsara* und Nirvana gibt, ist
die einzige höchste Glückseligkeit. Dies ist so zu verstehen:
Die Erfahrung wird mit höchster Glückseligkeit durchdrun-
gen vom Geist in seinem unverfälschten, ursprünglichen Zustand. Wenn man zuerst erkannt hat, daß die Wirklichkeit
alles in zweifacher Weise Erscheinenden − bedingt durch die
Postulate eines Selbst und eines anderen − nur einen Duft besitzt, dann sollte man, ohne abzuschweifen, in voller Konzentration an der von diesem einen Duft erfüllten Wirklichkeit festhalten. Die gleiche Konzentration aber verkehrt sich
in Qual für die niedriger Denkenden. Deshalb sollte man
nach den Worten ›gib auf, wenn Gebundenheit besteht‹ [139]
sich von dieser Bindung befreien. Nur dann kann man mit
allem umgehen, ohne an dieser höchsten Glückseligkeit zu
haften, die persönlich als in sich selbst gültig erfahren wird.«
Es besteht kein Zweifel, daß ästhetische Wahrnehmung als
Ziel an sich erbärmlich in dem versagt, was sie sich vornimmt,
nämlich in der Bereicherung der Wahrnehmung und folglich

in der weiteren Belehrung des Menschen über das Sein, das er mit jedem anderen und jeglichem Ding teilt. Da alles und jedes das Sein sowohl darstellt wie bildet, wird es zum »Lehrer« in dem Sinn, daß man das Sein durch Annahme dessen, was ist, verwirklicht:

»Wenn man alles und jedes betrachtet, worauf die Aufmerksamkeit gelenkt wird,
dann gibt es nichts, was nicht zum Lehrer werden kann.
Der Himmel, auf den der Finger deutet, kann den Himmel
nicht erblicken.
Das gleiche gilt für den Lehrer, auf den der Lehrer deutet.«
Diese Worte von Saraha kommentiert Karma Phrin-las-pa:[140]

»›Alles und jedes‹ ist eine intensivierende Redewendung und besagt, daß nichts ausgelassen wurde. Wenn man deshalb das Gesamt der Welt der Erscheinung als eine existentielle Gegenwart betrachtet, sobald der Lehrer darauf hindeutet, dann ist im Augenblick des in sich selbst gültigen Bewußt-seins nichts, das nicht zum Lehrer dieser existentiellen Gegenwart wird. In *People Doha*[141] heißt es:

»Sehen, Hören, Tasten, Denken,
Essen, Riechen, Gehen, Sitzen,
Eitles Reden, freche Antwort –
Wisse, daß dies alles Geist ist, und laufe vor diesem Einssein nicht fort. Das Sein sehen, heißt nicht, es als etwas sehen. In gleicher Weise wie der Himmel, der einem Kind mit dem Finger gezeigt wird, den Himmel nicht in Art von Subjekt und Objekt sieht, so wird auch das unmittelbare Bewußtsein, der Lehrer, auf den der Lehrer deutet, in einer nicht zwei-fachen Art gesehen.«

Wenn aber alles und jedes in der Welt der Erscheinung, zu der ich durch meine Verkörperung gehöre, und die auf jeder

Stufe den Horizont meiner Sinndeutung bildet, mich über meine existentiellen Werte belehren kann, wieviel mehr ist dies dann möglich durch zwischenmenschliche Beziehungen und deren gefühlsmäßige Bedingungen, die auf die Erkenntnisweisen Einfluß haben? Ein Mensch, der an einen anderen gebunden ist oder diesen haßt, bleibt nicht nur im Unwissen über ihn, der für ihn keine echte Person, sondern nur ein Teil ist, das durch seine eigenen Gefühle abgesondert und durch Einordnung zerstört wird, er bleibt auch in Unkenntnis über sich selbst. Da er andere als bloße Objekte behandelt, verkehrt er sich selbst in ein Objekt für andere, das man entbehren und so schnell wie möglich forträumen kann. Menschliche Beziehungen verlangen eher existentielle Kenntnis als kategorisches »objektives« Wissen. Hier tritt der Wechsel von der Langeweile mit dem »toten« Objekt zur Würdigung einer lebendigen Person, die Verwandlung von trockenen Tatsachen in Werte, deutlich ein. Diese Veränderung nicht nur der Haltung, sondern auch in der tatsächlichen Handlung ist wieder Inhalt von Sarahas Worten: [142]

»Ein Yogi, der seine Regeln befolgt, tritt, während er an ein Dorf denkt,
in einen Königspalast ein und schäkert mit der Prinzessin.
Wie ein Mann, der bittere Nahrung schmeckte, jedes andere Essen für bitter hält,
nimmt er alles wahr als (Beispiel für) die Gegenwart des Seins.«

Einer der auffallenden Züge in dem verwendeten Bild ist die Ungleichheit der Situation, der Unterschied zwischen dem Yogi und dem König sowie seiner Tochter, zwischen dem bescheidenen Dorf und dem prächtigen Palast. Diese These enthält eine Art von Wissen, das die Ungleichheit so lange erkennt, wie die objektive Untersuchung andauert. Aber es liegt noch eine andere Art des Wissens darin. Diese erkennt die existentielle Eigenschaft, die nicht die beobachteten Dinge negiert, sondern ihre Ungleichheit und Verschiedenheit verblassen und die beiden Kräfte der Wahrnehmung schöpferisch ineinander verschmelzen läßt, um das Bewußtsein zu steigern. Die Bedeutung von Wechsel und Wandlung in ihrem hierarchischen Aufbau wird von Karma Phrin-las-pa eingehend erläutert:[143]

»Die wörtliche Erklärung besagt, daß ein Yogi, der die Bedeutung der existentiellen Gegenwart verstanden hat und nach seinen Gelübden handelt, vielleicht an Dörfer und andere zeitweilige Aufenthaltsorte denkt. Auf seiner Wanderung von einem Ort zum anderen tritt er zufällig in den Palast eines Königs ein. Selbst wenn er mit der Prinzessin schäkert, bleibt er unberührt. Ebenso wie ein Mensch, der zuvor eine bittere Nahrung geschmeckt hat, jede andere für bitter hält, so wird beim Anblick der äußeren Dinge, Farbe, Form und dergleichen, der Yogi dieser in ihrem existentiellen Wert bewußt.

Die exoterische Deutung ist: Ein Yogi, der das Böse überwunden hat und der den Weg zur Befreiung gewissenhaft beschreitet, denkt an die Dorfbehausungen der gewöhnlichen Menschen als vergängliche Wohnstätten. Beim Eintritt in die unübertreffliche Erleuchtung, in den Palast des Königs des *dharma*, Buddha, wird er, auch wenn er sich weise in angemessener Handlung mit der Prinzessin, *prajna-paramita*, belustigt, einem Menschen gleich, der zuvor bittere Nahrung gekostet hat und nun alle Nahrung für bitter hält. Er wird die gesamten Objekte der Sinne wie Farben, Töne usw. als existentielle Werte erfahren.

Die esoterische Erklärung ist: Ein Yogi, der besondere Verhaltensweisen überwunden hat und sich einer nicht-besonderen verpflichtet, denkt an die innere und äußere Welt als

Behausung von ›Helden‹ und ›*dakas*‹. Nach Eintritt in den großen mystischen Kreis, den Palast des Vajradhara, des Königs der Götter, belustigt sich der Yogi, weise in den mystischen Erfahrungen, mit der Prinzessin Nairatmya und erkennt alles als existentiell wirklich.

Das mag als Beispiel für alle möglichen Erklärungen gelten.«

Menschliche Beziehungen sind nach dem Grad der Vertrautheit verschieden. Dies trifft vor allem auf die sexuellen Beziehungen zu, die äußerst unverbindlich oder ein untrennbarer Teil einer tiefen menschlichen Bindung sein können. Der physische Aspekt ist niemals *rein* körperlich, sondern drückt immer eine tiefere Bedeutung aus, auch wenn diese nicht oft verwirklicht wird.

Insofern Sexualität ein Sein ausdrückt, wie dies oben gezeigt wurde, wird sie sofort in ihrer Erscheinungsform zum Kampfplatz zweier sich widersprechender Haltungen, die man als eine zum Sein orientierte oder zum Ich hin bezogene Verhaltensweise bezeichnen kann. Die dem Sein zugewandte Haltung wird mit mehr Wahrscheinlichkeit die Sexualität erkennen und in dieser Erkenntnis Gefahr laufen, das Sein zu irgendeiner Art von Seiendem zu verengen und dieses zu verabsolutieren. Die ichbezogene Haltung verwirft mit größerer Wahrscheinlichkeit die Sexualität, weil diese das Ich bedroht, das sich in der sexuellen Erfahrung verloren oder »erhoben« fühlt. In ihrer Ablehnung wird sich die ichbezogene Haltung selbst zerstören und ebenso die anderen. Jede Gesellschaft besteht aus Einzelnen, die gewisse Haltungen annehmen, und das Leben einer jeden Gesellschaft scheint von der Wechselwirkung extremer Haltungen abzuhängen, die entweder Sexualität verherrlichen oder verleugnen. Dennoch besteht, wenn man der Sache auf den Grund geht, wenig Unterschied zwischen Verherrlichung und Verleugnung der Sexualität. In jedem Fall wird das eine oder andere ausgesondert und, vom Sein abstrahiert, in eine Besessenheit verkehrt. Im einen Fall ist der Mensch davon besessen, mehr und mehr zu bekommen, im anderen schätzt er sie immer geringer ein. Der gemeinsame Nenner für beide Tätigkeiten ist die Orgie, die auf diese oder jene Weise einen Exzeß darstellt. Im engeren Sinn der sexuellen Betätigung entwickelten sich die Orgien aus den Fruchtbarkeitskulten, die eine Art von »sympathetischer« Magie waren, um dem Leben »weiterzuhelfen«. In dieser Hinsicht wurden sie ein Gegenstück zur Askese, die das Leben beenden will.

Orgien waren in Indien seit frühesten Zeiten ein Teil des Lebens und sind nicht ein besonderer Zug des Tantrismus. Da dieser aber noch lange nach Verfall der großen philosophischen Lehren in unfruchtbare Abstraktionen – durch ihre Unkenntnis der historischen Situation – am Leben blieben, entstand der Eindruck, daß Orgien und Tantrismus irgendwie zusammengehörten. Überdies fühlten sich die Inder, da die Sexualität die Quelle des Lebens und eine Orgie eher ein Auswuchs ist und da eine lebensbejahende Haltung, die das Leben in all seinen Launen akzeptiert, wahrscheinlich damit rechnet, daß sich das Leben mit der Zeit selbst normalisiert, fühlten sich die Inder nicht veranlaßt, diesem Auswuchs zu große Aufmerksamkeit zu schenken. Dies im Gegensatz zu der Staatskirche im Westen mit ihren politischen Bindungen und Zielen, die in ihrer Lebensverneinung Orgien der Verfolgung und Ausrottung feierten. Diese galten jenen, die in irgendeiner Weise Achtung vor dem Leben zeigten. Beispiele hierfür sind der Albigenser-Kreuzzug, die Inquisition und andere abstoßende Handlungen. Es besteht ein ungeheurer Gegensatz zwischen Orgien als Auswuchs der Sexualität und sexueller Beziehung als Mittel zur Selbstentwicklung. Das Wesentliche einer Orgie ist, daß man seinen Partner nicht kennt, und wenn der andere keine Identität besitzt, wird nicht nur die eigene Identität vom anderen nicht unterstützt, sondern es fehlt auch die eigene. Jeder ist sozusagen in einem Meer der Anonymität versunken. Sexualität als Mittel zur Selbstentwicklung zerreißt auch die Grenzen der Ichheit, aber es liegt darin ebenso viel Auflösung wie Ausgleich. Die Reaktion, die eine Wechselwirkung zwischen Mann und Frau, zwischen *samsara* und Nirvana in weiterem Sinn ist, wird einheitlich, nicht verschieden, mehr gesammelt als gemischt. Das »Selbst« – in Ermangelung eines besseren Ausdrucks –, das hieraus hervorgeht, ist somit eine Zusammensetzung von zwei Faktoren, von Mann und Frau, von denen keiner getrennt die charakteristischen Eigenschaften eines »Selbst« hat, ebenso wie Salz aus zwei Substanzen zusammengesetzt ist, von denen keine an sich die charakteristischen Eigenschaften des Salzes besitzt. Es wäre aber unklug, die Analogie zu chemischen Verbindungen zu stark auszuspielen. Soweit wir wissen, wird keine bleibende Veränderung in den Eigenschaften irgendeines chemischen Elements hervorgerufen, wenn sie zusammen verbunden werden. Im menschlichen Bereich scheinen Mann und Frau beständig von ihrer Vereinigung berührt zu werden, so daß nach erneuter Trennung und gesondertem Leben ihre »Eigenschaften« typisch verschieden sind von dem, was sie bei ihrer Verbindung waren. Diese Betrachtung mag verständlich machen, was mit Sexualität als Symbol der Vereinigung im Tantrismus gemeint ist. Saraha sagt:[144]

> »An einem Ort, der das Siegel von *ganacakra* trägt, bezeugen die Yogis (und Yoginis) während der Paarung höchste Glückseligkeit und werden, durch Symbole und Verpflichtungen in *mahamudra*, die Selbst-Identität von *samsara* und Nirvana eingestimmt.«

Karma Phrin-las-pa gibt vier Erklärungen, wobei sich jede aus der anderen ergibt:[145]

»Die wörtliche Erklärung ist folgende: An einem ausgewählten Ort, der ›das Siegel von *ganacakra* trägt‹, erblickt die Versammlung von Yogis und Yoginis, die ihre Ermächtigungen empfangen haben und die ihre Verpflichtungen einhalten, die Geburt der höchsten Glückseligkeit in ihrem Akt der Paarung; und durch Austausch von Symbolen und Ausführen ihrer Verpflichtungen werden sie eingestimmt in *mahamudra*, die Schau von *samsara* und Nirvana als die gleichen.

Die exoterische Erklärung ist folgende: Die Ansammlung *(gana)* von angemessener Handlung und anerkennendem Bewußtsein, die eine Einheit bilden, ähnelt einem Chakra, weil sie das Entgegengesetzte überwindet. An einem abgeschiedenen und erfreulichen Ort, der ›das Siegel von *ganacakra* trägt‹, erkennen die Yogis und Yoginis als Zeuge der Geburt höchster Glückseligkeit, wenn sie das Sein, symbolisiert im Akt der Paarung erblicken, in ihrem selbst-gültigen wahren Bewußtsein *samsara* und Nirvana als gleichbedeutend in ihrer Unwirklichkeit. Dies geschieht mit Hilfe ihrer Fachkundigkeit in Symbolen und Handlungen und durch die Ausführung ihrer Verpflichtungen. Da diese Schau der Weg zur Vereinigung mit *mahamudra* ist, werden sie alles Seiende zu einer Einheit abstimmen.

Die esoterische Erklärung ist folgende: Sexuelle Vereinigung findet in der ›Muschel‹ statt, dem unteren Ende des in der Mitte angelegten Pfades, an einer Stelle, die bereichert ist von vier oder sechs Brennpunkten der Erfahrung, umgeben von zahllosen zarten Kanälen.[146] Die Yogis und Yoginis, die Zeugen sind von der ständig wachsenden Intensität der höchsten Glückseligkeit während ihrer Erfahrung der unmittelbaren Freude, verlassen sich auf die Symbole der vier Freuden und auf *samayamudra,* das die ›weißen‹ und die ›roten‹ Energien verbindet, und sie verstehen *samsara* und Nirvana als die gleichen in Glückseligkeit und Offenheit.

Die Erklärung von einem höchsten Gesichtspunkt aus ist folgende: Da die Versammlung *(gana)* von Symbolen und entsprechenden Handlungen die Fesseln der begrifflichen Fiktionen zerstört, ist sie ein Chakra. ›Sein Siegel tragen‹ bedeutet, daß die angemessene Handlung nicht von dem absoluten Mitleid getrennt ist. Koitus ist die Vereinigung mit Karmamudra, das Bewußtwerden in der selbst gültigen wirklichen Wahrnehmung, die symbolisiert wird durch die Schau der Geburt höchster Glückseligkeit. ›Symbol‹ bedeutet Offenheit des Seins, und ›Ausführen der Verpflichtung‹ meint absolutes Mitleid. Darum versteht der Yogi, der sich der Einheit der angemessenen Handlung und des anerkennenden Bewußtseins gewahr ist, die Selbst-Identität des wahren Bewußtseins und der Offenheit. Wirkliches Bewußtsein ist ein Symbol für *samsara* und Offenheit für Nirvana. Nachdem dieses Verständnis *mahamudra* ist, stimmen sie alles in die Selbst-Identität des wahren Bewußtseins mit der Offenheit ein.«

Man wird bemerkt haben, daß bei allen diesen Stellen mehr Nachdruck gelegt wurde auf verständnisvolles als auf angehäuftes Wissen und auf Einheit. Nachdrücklich wird das Wissen durch persönliche Begegnung (Karmamudra und Jnanamudra) betont, ebenso die Notwendigkeit der Umschließung, um zu erkennen *(snyoms-par 'jug-pa)*, wenn auch nicht als Ziel-an-sich. Dies macht das Wissen existentiell, und es muß in persönlicher, zeitfordernder Erfahrung verwirklicht werden. Die Einheit dieses existentiellen Wissens kann überhaupt nicht ausreichend bestätigt werden, da die persönliche Erfahrung in Konflikt steht mit der Verallgemeinerung der begrifflichen Sprache. Herkömmlicherweise nahm man an, daß es möglich sei, Körper, Geist, Leben, Wert, Mann und Frau begrifflich als Objekte zu betrachten und alles, was für die endgültige Darstellung eines Weltbildes notwendig ist, in Gedanken zusammenzuhalten. Man weiß aber jetzt, daß ein Bedürfnis besteht, soweit wie möglich nicht nur diese »Wirklichkeiten« zu erfahren und zu verstehen durch ein Wissen, das in direkter Beziehung durch Verbundensein mit ihnen gewonnen wird, sondern auch in Beziehung zueinander.

»Ohne die konkrete existentielle Gegenwart des Körpers als Träger (des psychischen Lebens) zu verstehen, begreift man nicht die konkrete existentielle Gegenwart des Geistes (des Lebens im Körper).« [147]

So bei Padma dkar-po, und nachdem er einige Stellen aus den buddhistischen heiligen Schriften zitiert hat, fährt er fort:[148]

»Wenn durch Erkenntnis des Körpers als dem Träger (des psychischen Lebens) der Ort des Geistes (der auf ihm ruht) erkannt wird, kann durch eine Umschließung notwendig eine Verwirklichung entspringen. Ein Beispiel: Wenn auch Milch den ganzen Körper einer Kuh durchdringt, kannst du sie nur aus dem Euter, nicht aus den Hörnern gewinnen.«

Es ist also notwendig für das Verständnis von Körper und Geist, Mann und Frau oder *samsara* und Nirvana als verschiedene Teile einer umfassenden einheitlichen Erkenntnis diese im einzelnen existentiell und in ihrer Beziehung zu kennen, ebenso ihre Einheit. Das geschieht nicht in zufälliger Weise, sondern durch Gefühl, Handlung, Denken, durch diesen »Weg« als Prozeß der Vereinigung. Das Ergebnis, die Einheit der Erkenntnis, ist dann nicht ein konstruiertes intellektuelles Schema, sondern ein persönlicher Gewinn, ein lebendiger Geisteszustand, den man erkennen und wissen kann, der aber allen begrifflichen Behauptungen trotzt. Selbst von einem Gewinn zu sprechen, ist schon zuviel.

Wenn wir den Weg als einen Vorgang der Vereinigung bezeichnen und wenn wir verstehen wollen, was dieses existen-

III. Ein Paar
(Nagarjunakonda)

tiell bedeutet, müssen wir uns der Tatsache erinnern, daß Vereinigung die Existenz von Verschiedenheiten, von einer Mehrzahl voraussetzt und daß die *Existenz* von Vielheit der Einheit nicht widerspricht. Vielheit bedeutet, richtig verstanden, niemals (und dies kann auch nicht möglich sein) Vereinzelung. Alles, was *ist,* ist verschieden, aber nicht isoliert in dem Sinn, daß es mit nichts anderem Vorhandenen in Beziehung steht. Jeder Einzelne hat seine besondere Stellung oder Eigenschaft in bezug zu allem anderen Einzelnen in einer fortdauernden tatsächlichen Verbindung. Einheit besteht in der Mehrzahl von Subjekten als Welt, die nicht eine Zweiheit von Subjekt und Objekt ist, sondern diese Mehrheit von Subjekten (Einzelnen). Einheit ist also nicht Totalität in dem Sinn, daß die Welt aus gesonderten (Einzelwesen) besteht oder daß sie in gesonderte Einzelne eingeteilt ist (die nicht in Beziehung untereinander stehen). Einheit ist weder außerhalb noch über oder jenseits der Mehrzahl. Sie ist nicht das »Eine«, von dem die »Vielen« theoretisch abgeleitet werden können.

Die Erfahrung der Einheit wird *mahamudra* genannt, das – wie es heißt – Grund, Weg und Ziel zusammenfaßt. *Mahamudra* führt uns in den Kern des Tantrismus. Wenn wir dieses zentrale Problem nicht erfassen, bleibt alles Reden über den Tantrismus sinnlos. Wir müssen mit dem beginnen, was sicher ist, das heißt mit Sein (-an-sich) und Sein als Bewußtsein. Bewußtsein ist sowohl Wissen wie Wertung. Wenn ich (etwas) weiß, bemerke ich es nicht nur, sondern sage auch eine Meinung darüber aus. Durch eine solche Bewertung bestimmt mein Wissen oder besser meine Meinung mein Leben. Dennoch ist Meinung nicht Wissen im strengen Sinn des Wortes. Sie beschäftigt sich mit dem, was angeblich ist, und ist stets ichbezogen. Meinung ist in einem schlechten Sinn subjektiv. Ihr »Wissen« ist ein Pseudowissen. Einsicht dagegen behandelt nicht das, was dem

Anschein nach (für mich) besteht, sondern beschäftigt sich mit dem wirklich Vorhandenen, dem Sein-an-sich. Es wird nicht dem Sein hinzugefügt, sondern ist schon in ihm enthalten, das heißt, Sein ist Bewußtsein, unabhängig von seinem Inhalt. Bewußtsein ist damit das Wirksam*sein* des Seins. Indem ich bewußt bin, bin ich immer einer Sache bewußt. Das will sagen, daß Sein immer bedeutet, ein Objekt zu haben. Da es aber kein Seiendes geben kann als Sein-an-sich ohne Abwertung dessen, was sicher ist, nämlich die Existenz des Seins, und da ich im Bewußt-Sein bewußt bin des Seins eines Objektes, folgt hieraus, daß ein Objekt, das sein will, auch ein Objekt besitzen muß. Angesichts aber der Tatsache, daß es nur ein Sein-an-sich geben kann, muß das Objekt das ursprüngliche Subjekt zum Objekt haben. Mehr noch: Da die Subjekt-Objekt-Beziehung nicht fragwürdig ist und das Objekt in seiner Funktion (bewußt zu sein) verschiedene Meinungen über das Objekt zum Ausdruck bringt, besteht Vielfalt im Objekt. Aufgrund dieser Erwägungen setzen wir A zum Subjekt für Sein-an-sich und B für sein Objekt. Bc, Bd usw. stehen für die Vielfältigkeit des Objektes in der Wirksamkeit des Subjekts, und wenn wir A_1 für das Objekt einsetzen, das aufgrund seines Seins ein Subjekt sein muß, das B, Bc, Bd usw. zum Objekt hat, das existentiell das ursprüngliche Subjekt A ist, gewinnen wir das folgende Schema von Sein und/oder Bewußtsein:

$$A \rightarrow B \ (Bc, Bd, \ldots)$$
$$\|$$
$$(\ldots Bd_1 \ Bc_1) \quad B \leftarrow A_1$$

Ohne jemals das Objekt zu verlassen (was vom Sein her unmöglich ist) kann das Subjekt »eine Meinung ausdrücken« oder »eine Einsicht gewinnen«, und dies in höchster Freiheit. Freiheit ist Darstellung des Bewußtseins, das freie Wirken des Seins-an-sich als einer verfügbaren Möglichkeit. Verwirklichung der Möglichkeiten des Seins-an-sich ist der »Pfad«, der nicht vom Sein getrennt ist, sondern Sein in Wandlung ist. Umgestaltung ist Tätigkeit, die durch Sein vollzogen wird. Das Subjekt wird nicht verändert, sondern verändert beständig durch Äußerung einer Meinung oder Gewinn einer Einsicht. Mit anderen Worten: Sein ist immer Werden. Es ist nicht etwas, das hinter dem Werden liegt, es *ist Werden*. Im Werden tritt das Subjekt in einen neuen Zustand ein. Es »erreicht ein Ziel«, aber dieser neue Zustand ist immer *sein* Zustand. Dies widerspricht nicht der Behauptung, daß es »keine Wanderung und Veränderung« *(pho-'gyur med-pa)* gibt. Sein tritt nicht aus sich selbst heraus in etwas, das nicht ist. Es verändert sich auch nicht in etwas, das nicht ist. Darum hat *mahamudra* keinen Anfang und kein Ende. »Anfang« und »Ende« gehören zur Spekulation, nicht zum Sein.

»Es gibt keinen Anfang, keine Mitte, kein Ende,
weder *samsara* noch Nirvana.
In dieser höchsten unübertroffenen Glückseligkeit
gibt es kein Selbst noch andere.«
So heißt es bei Saraha.

Wir sahen, daß das »Ziel« nicht als ein »Endzustand«[149] zu verstehen ist. Folglich ist auch *mahamudra* nicht ein Endzustand, der einmal und für immer gegeben ist. Aber nach seiner Etymologie drückt es seinen »Siegel« auf, dessen Ergebnis *samayamudra* ist:

»Vor uns, hinter uns und in den zehn Richtungen
ist alles, was wir sehen, ›Es‹.
Heute, zum Meister geworden, habe ich Irrtum zerstreut.
Nun brauche ich niemanden mehr zu fragen.«
gNyis-med Avadhutipa erklärt diesen Vers durch Symbole der Buddhaschaft, die Sein als Bewußtsein ist und niemals ein Versunkensein in eine leblose Fiktion. Buddhaschaft besteht

in der Welt in dem Sinn, daß die Welt Buddhaschaft darstellt und in ihrer Existenz gründet. So sagt gNyis-med Avadhutipa:[150]

»Da es Erscheinung der Vielheit durch die (Tätigkeit unserer) gegenwärtigen ›Erinnerung‹ gibt, steht Vairocana vor uns. Da auf der anderen Seite ›Nicht-Erinnerung‹ die Erscheinung durchdringt, steht Amitabha hinter uns. Da aus ihrer Unteilbarkeit wie (von) dem Wünsche erfüllenden Kleinod eine Vielzahl (von Werten) entsteht, ist Ratnasambhava vorhanden. Da diese Vielfalt von Werten den Lebewesen hilft, ist Amoghasiddhi zugegen. Da (dieses alles) sich von seinem Sein nicht fortbewegt hat, ist Aksobhya dort. Das Verständnis, daß *samsara* und Nirvana von einer einzigen ›Ursache‹ ausgehen, ebenso wie die Tatsache, daß sie keine ›Ursache‹ haben, ist Freundlichkeit. Das bisher nicht Verstandene verständlich zu machen, bedeutet angemessene Handlung oder Mitleid. Dies zu verstehen und nicht (vom Sein) gesondert zu sein, bedeutet Freude. Daß diese das subjektive Denken übersteigt, bedeutet Ausgeglichenheit. Da dieses alles nicht relativ subjektiv ist, ist es Vajrasattva. Das sind die zehn (Richtungen). Wo immer man hinblickt, man bewegt sich nicht fort vom Sein. Daher sagt Saraha: ›Vor uns, hinter uns und in den zehn Richtungen‹.«

Die hier angewendete Symbolik steht – so könnte man sagen – auf einer kosmischen Stufe. Vairocana bedeutet in wörtlicher Wiedergabe der »Erleuchtende«, in tibetischer wörtlicher Übersetzung »in wahrnehmbaren Eigenschaften erscheinen lassen«. Die Assoziation mit »Erinnerung«, einem symbolischen Ausdruck für unsere gewöhnlichen Denktätigkeiten wie begreifen, erinnern, besichtigen, urteilen, beobachten, zeigt die lebendige Erfahrung, in der man die Bläue des Wassers beobachtet, die reiche Fülle der Felder und Wälder, den Glanz der Berge mit ihren Schneekuppen, die Anmut der Bewegung und Lieblichkeit des Körpers der Lebewesen. Wenn auch dieses alles wahrnehmbar ist, liegt doch ein verborgener Zauber darin, ein ungreifbares Geheimnis, immer gegenwärtig und alles durchdringend. Wollen wir hierüber Aussagen machen, so kann dies nur in negativer Weise geschehen, da alle positiven Bezeichnungen etwas ausschließen und verengen. Die immer gegenwärtige Offenheit des Seins ist demnach »Nicht-Erinnerung« und ist als ein inneres Glühen Amitabha, ein unendliches Licht. Überall, wo wir etwas sehen, ist diese Unteilbarkeit der wahrnehmbaren Eigenschaften und ihre offene Dimension vorhanden, die als Wert, als Schatz empfunden wird, der sowohl gehegt wie zur Bereicherung unserer selbst und der Welt benutzt werden sollte. Dies ist Ratnasambhava, eine Quelle von Kleinodien. Der Reichtum an Empfindsamkeit bringt Lebensfülle, sinnvolles Handeln im Licht des Seins und somit ist Amoghasiddhi »unweigerlich erfolgreich«.

Ein solches existentielles Bewußtsein ist eine unbeirrbare Einsicht, die passend durch Aksobhya, »den Unbeweglichen und Unzerstörbaren«, symbolisiert wird. Wenn aber unsere Wahrnehmung, fasziniert durch den Zauber und die Schönheit dessen, was ist, und unsere Wahrnehmung von den wirklichen Eigenschaften des Seienden immer tiefer dringt, dann können wir all-liebend und all-gütig werden. Die Reaktion auf die Welt ist nicht Tadel oder Verdammung, sondern Hilfeleistung. Das bedeutet Mitleid, dessen Wirksamkeit auf Erkenntnis des Seins und des Wertes der anderen beruht und, da es auf Wissen gründet, nicht billige Sentimentalität ist, mit der sie durch Unwissenheit verwechselt wird. Ein anderer Wert, der im Verständnis des Seins liegt, ist Freude. Diese Freude ist der natürliche Ausdruck des Gefühls der Einheit. Während Güte und

Mitleid mehr nach außen gerichtet sind, wenden sich Freude und Ausgeglichenheit mehr nach innen. Ausgeglichenheit ist die Annahme alles Seienden in seinem Sein. Es heißt, daß sie »den subjektiven Geist übersteigt«, da unsere Subjektivität die Dinge eben nicht so annehmen kann, wie sie sind. Sie müssen immer für den einen oder anderen Zweck da sein. Subjektivität hindert uns an der »Freude« und an der »Anteilnahme«. Freude ist nicht das gleiche wie »sich amüsieren« und Ausgeglichenheit ist nicht »Gleichgültigkeit« unter dem Motto: »Das ist mir völlig egal«, die Verachtung für das Sein ausdrückt, das nach der obigen Analyse niemals ein statischer und einschläfernder Zustand ist. Begriffliche Sprache kann niemals der lebendigen Erfahrung gerecht werden. Sie kann im besten Fall nur Hinweise geben. Sie kann auf die Einheit des Seins hindeuten, indem sie erklärt, daß Sein eins ist, aber viele Aspekte hat – Vajrasattva.

gNyis-med Avadhutipa gibt noch eine andere Erklärung, die sozusagen das Problem schneller löst. Er verbindet Vairocana und die anderen Symbole mit den traditionellen fünf Bestandteilen, aus denen ein Mensch besteht, und mit den fünf »geistigen« Erscheinungen. Hier sind Vairocana und andere Symbole der Einheit. Das folgende Diagramm wird zur Lösung beitragen:

Körperlichkeit	Vairocana	Ethisches Verhalten
Gefühl	Ratnasambhava	Konzentration
Begriffsbildung	Amitabha	Würdigung
Begründete Handlung	Amoghasiddhi	Freiheit
Wahrnehmbare Urteile	Aksobhya	Schau in Freiheit und ursprüngliches Bewußtsein

Die fünf Stichworte auf der linken Reihe sind auch die fünf Arten von ursprünglichem Bewußtsein (ye-shes), die die

Aspekte des Buddha-Bewußtseins bilden. Das erste, Körperlichkeit (*rupa*), bezieht sich auf unseren lebendigen und »wahrnehmbaren« Körper. Wie leicht bestätigt werden kann, nehmen wir unseren Körper nicht so sehr als ein dreidimensionales physisches Objekt wahr, sondern als eine Gestalt, ein Modell von Form und Farbe. Mit Hilfe dieses Modells sind auch noch andere in der Welt festzustellen, die sinnenhaft wahrnehmbar sind und als praktische Werkzeuge dienen. In diesem Sinn ist unser Körper ein »Erleuchtender« (Vairocana). Durch und um ihn als Orientierungs-Punkt ist die raum-zeitliche Umwelt angeordnet. So ist auch der Körper ein Mittel der Wahrnehmung und des Bewußtseins (*ye-shes*). Noch zu bemerken ist, daß »Körper« im tantrischen Denken »Verkörperung« bedeutet und als solche aktiv und zielgerichtet ist. Wenn wir in diesem Sinn den Menschen betrachten, dann stellen wir uns nicht so sehr auf das ein, *was* er ist, sondern *wie* er handelt. Insofern der Körper Bewußtsein im obigen Sinn ist und sich tiefe Einsicht (Wissen, nicht Meinung) und angemessene Handlung (ethisches Verhalten) gegenseitig verstärken, ist Ethik ebenso »erleuchtend«. Je mehr ich mich nur als Ding mißverstehe, desto mehr wird die Handlung herabgesetzt. Denn wenn ich selbst wertlos bin, wird alles andere gleichermaßen wertlos. Bin ich nur Staub, kann ich mich nicht anders davon überzeugen, als daß ich alles (und vor allem jeden anderen) zu Staub herabwürdige. Um so mehr ich aber eine gesündere und positivere Anschauung von mir und dem zu mir in Beziehung Stehenden gewinne, veredeln sich meine Handlungen. So besteht eine Wechselbeziehung zwischen meiner körperlichen Existenz und meinen sittlichen Handlungen.

Auch das Gefühl ist eine Art von Bewußtsein und hat seine eigene Weise, aufzudecken, wie es um mich steht. Nicht nur jede Handlung hat ihren Gefühlston, auch jede Erkenntnis hat ihre Stimmung. Gewöhnlich sprechen wir den Gefühlen jede erkenntnismäßige Bedeutung ab und suchen sie abzulehnen als rein subjektiv, ichbezogen. Sicher werden die meisten Wahrnehmungen und Erfahrungen durch unser System von kategorischen Einordnungen, Schematisierungen, Klassifizierungen und Verallgemeinerungen abgeklärt; und indem wir vergleichen, bejahen, verneinen oder verbinden, gewinnen wir gewöhnlich »starke Gefühle« über unsere Ideen. Mit anderen Worten, das Gefühl ist stark differenziert in Hinsicht auf die äußere Beziehung bei einer wahrnehmbaren oder erkennbaren Situation. Solche Gefühle sind natürlich unbeständig und vorübergehend. Andererseits ist das Gefühl bei einer ästhetischen Erfahrung, in der das Objekt wahrgenommen wird, als wäre es alles in der Welt, und seinen Sach-Charakter verliert, auch frei von der Begrenzung eines speziell praktischen Zusammenhangs. Es wird immer weniger differenziert und nähert sich immer mehr dem reinen Gefühl oder der »höchsten Glückseligkeit«. Etwas ganz wahrnehmen, als gäbe es nichts anderes, ist Konzentration, Aufmerksamkeit auf Sein und Wert von etwas. Dies wird als Bereicherung (Ratnasambhava) empfunden und erklärt auch den reichen Beitrag, den der buddhistische Tantrismus zu den schönen Künsten leistet. Seine Malereien und Skulpturen vermitteln eine Fülle von Gefühlsausdrücken und eine starke Anziehungskraft.

Gewöhnliche Wahrnehmung ist in weitem Maße von Begriffen bestimmt oder untermischt. Dies sind fundamentale Grundlagen der Auslegung, die wir für das anwenden, was wir mit unseren Sinnen wahrnehmen. Begriffe werden in die Erfahrung »hineingelegt«, nicht aus ihr abgeleitet. So wird zum Beispiel der Begriff »physisches Objekt« durch eine Zusammenfassung von Voraussetzungen oder Vorschlägen bestimmt, und ein »physisches Objekt« ist eben das, was hierauf antwortet. Welche Zweifel auch über Begriffe bestehen mögen, so handeln wir doch immer, wenn wir über sie nachdenken, als würden wir fraglos an sie glauben. Begriffe wie »physisches Objekt« werfen Licht (Amitabha) auf unsere »physische Welt«. Wir erfassen aber auch Eigenschaften wie Klangfarbe, Struktur, glanzvolles Aufstrahlen von Farben um uns in ihrer wirklichen Beschaffenheit. Solche kleinsten Beispiele ästhetischer Erfahrung bringen nicht nur Abwechslung in unser mechanisch ablaufendes Leben, sie werfen auch Licht (Amitabha) auf unsere Welt. Würdigung ist einfach Wahrnehmung aus einem weiteren Gesichtskreis, einer größeren Tiefe und Bewertung heraus. Ein Mensch, der zu würdigen versteht, sieht nicht, was andere nicht zu sehen vermögen, sondern mehr von dem, was wir alle üblicherweise sehen.

Insofern Begriffe Grundlagen der Auslegung sind, üben sie einen Einfluß auf unsere Handlungen aus. In dieser Hinsicht werden alle unsere Handlungen motiviert und verstärkt durch die »starken Gefühle«, die wir unseren Ideen beimessen. Wenn ich »denke«, daß alles und jeder mein »Feind« ist, dann werde ich unfehlbar (Amoghasiddhi) zu zerstören suchen, was mein Ich gefährdet. Da dies aber zu egozentrisch und deshalb gesellschaftlich nicht annehmbar ist, »denke« ich in Allgemeinheiten, so zum Beispiel an Völkermord um nationaler Sicherheit willen. Ich kann dabei ganz scheinheilig vorgehen, weil es keinen besseren Weg gibt, um meine Verachtung für den Leib zu zeigen, und keine bessere Erlaubnis, um diesen Glauben zu verstärken, als möglicherweise ganz ohne Zusammenhang zu zitieren: »Ich bin nicht gekommen, den Frieden zu bringen, sondern das Schwert.« Wenn ich andererseits an den anderen in seinem Sein und Wert denke, dann werde ich wahrscheinlich anerkennender, freundlicher und mitleidsvoller zu ihm oder zu ihr sein, weil ich *weiß*, wie dieses Gefühl wirkt. Welche positive oder negative Handlung ich auch begehe, es ist die Ausführung der (existentiellen) Freiheit (Amoghasiddhi).

Unsere bewußte Welt besteht aus Urteilen der Wahrnehmung, die den Charakter von Unanfechtbarkeit und Unerschütterlichkeit annehmen (Aksobhya); bei der Auslegung mit Hilfe unserer Begriffe verfügen wir auch über eine Schau der Wirklichkeit in ihrer Freiheit von der Begrenzung praktischer Belange und in ihrem ursprünglichen Bewußtsein. Es ist eine existentielle Unerschütterlichkeit (Aksobhya), frei von den Begrenzungen, die uns Beurteilungen auferlegen, und deswegen wirklich bewußt.

Diese Symbole der Einheit sind hierarchisch gegliedert und werden durch ein anderes Symbol der Einheit zusammengehalten. Dies mag rein spekulativ klingen, ist aber tatsächlich unvermeidlich im Sprachgebrauch. Wir können nicht das Gesamt des Seins ausdrücken ohne Aufteilung in eine Anzahl von Teilsymbolen. Advayavajra erklärt: [151]

»Die fünf psychophysischen Bestandteile sind fünf Tathagatas. Würden die ersten vier von Aksobhya ›versiegelt‹, um klarzulegen, daß es nur ursprüngliches Bewußtsein gibt? Dieses Siegeln zeigt, daß bei Abwesenheit äußerer Objekte kein Subjekt vorhanden sein kann und deshalb die Wahrnehmung als reine Empfindung in absolutem Sinn, ohne jede äußere und innere Beziehung, besteht. Dies gleicht dem klaren Himmel an einem Mittag im Herbst und wird von den (Yogacara-Philosophen) als grundlegendes Bewußtsein angenommen. Denn diese behaupten, daß alle sichtbaren Eigenschaften nicht vorhanden sind. So wurde festgestellt:
Ohne jeden fiktiven Inhalt, ohne jede täuschende Erscheinung
ist es reine Empfindung in höchstem Sinn. Später wird sie
zerstört durch wahrnehmbare Eigenschaften.

Es wurde auch bestätigt, daß die beiden *rupakayas* aufeinander folgen. Deshalb heißt es:
Unerreichbar von Vorschlägen, ohne wahrnehmbare Eigenschaften ist *dharmakaya* der Großen Weisen.
Wie eine Erscheinung stammen die beiden *rupakayas* von ihm. Wenn dies durch das Siegel von Aksobhya begründet ist, warum empfängt dann Aksobhya das Siegel von Vajrasattva? Ist dies nur eine nochmalige Bestätigung der Tatsache, daß keine fiktiven Inhalte vorhanden sind, wäre dies überflüssig, da es schon durch das vorhergehende Siegel geschah. Dennoch wird auf die gleiche Weise, in der durch das Aksobhya-Siegel bestätigt wurde, daß Bewußtsein grundlegend ist und alles andere daraus folgt, durch das Vajrasattva-Siegel festgestellt, daß Sein *(vajra)* grundlegend ist und daraus die Wahrnehmung folgt. Im *Vajrasekhara* heißt es: ›Es ist fest, rund, unverwandelbar, es kann weder durchstoßen noch gespalten und nicht verbrannt werden. Es ist unzerstörbar und wird (als) Offenheit *(sunyata)* vajra genannt.«
Die Behauptung, daß Bewußtsein grundlegend ist und alles daraus folgt, oder daß Sein grundlegend ist und Bewußtsein folgt, widerspricht nicht der ursprünglichen Tatsache, daß Sein Bewußtsein ist und umgekehrt. Der Unterschied, wenn es einen gibt, liegt in dem Zugang zu dem eingeschlossenen ontologischen Problem. Der Metaphysiker wird wahrscheinlich das Sein erklären, während der spekulative Philosoph sich eher auf die Tätigkeit des Geistes konzentrieren wird.
Dieser Unterschied der Annäherung ist in den Bezeichnungen *samayamudra* und *phalamudra* zu erkennen. Die letztere, die Naropa anwendet, richtet die Aufmerksamkeit auf die Einheit als krönende Vollendung, während die Bezeichnung *samayamudra* mehr die Bindung an das Sein durch die Symbole der Einheit umfaßt. Naropa spiegelt stärker die speku-

lative Seite des tantrischen Gedankens wider, während gNyis-
med Avadhutipa und andere, die den Ausdruck *samayamudra*
benutzen, die existentielle Natur der Einheit und die sich
daraus ableitenden Verpflichtungen betonen. Doch auch in
den Worten von Naropa fehlt die existentielle Bedeutung
nicht: [152]

»*Phalamudra* ist die Glückseligkeit von *mahamudra*. Seine
Charakteristik ist ein ursprüngliches Bewußtsein in (einem
Zustand) höchster und unveränderlicher Glückseligkeit. Die
ganze Zeit ist es von Freude erfüllt, weil der vorhergehende
Zustand (die Erfahrung von *mahamudra*) fest gegründet
wurde. Daher wird es *mudra* (Siegel, Begegnung, unaus-
löschlicher Eindruck) genannt. Seine Größe ist die Größe
der Befreiung und des Besitzes. Größe der Befreiung ist die
Verwirklichung der Leuchtkraft des wirklichen Seins (*svabhavikakaya*), dessen Merkmal das Freiwerden von allen
Neigungen und Schleiern ist. Größe des Besitzes ist die Verwirklichung des verbindenden Seins (*yuganaddha*), die reine
Natur aller Buddhas.«

Verbindendes Sein ist *dharmakaya*, wie Naropa betont: [153]

»Was von Natur aus die Nicht-Zweiheit der zwei Wahrheiten ist, wird einheitliches Sein genannt. Deshalb ist einheitliches Sein *dharmakaya*.«

Und Advayavajra bestätigt: [154]

»Es ist niemals Existenz geworden, weil es nicht etwas ist.
Und es hört niemals auf, weil es unter besonderen Bedingungen anwesend ist.

Deshalb bestehen Existenz und Nicht-Existenz nicht (gesondert).

Die Einheit der Offenheit (des Seins) und Mitleid
sind nicht in Ausdrücken eigener Funktionen zu unter-
suchen.

Es ist Einheit von Natur aus,
Einheit des Offenen und Manifestierten.«
Advayavajra greift diesen Gedanken auf in seiner Diskussion über das Symbol Vajrasattva:[155]
»Mit *vajra* ist Offenheit gemeint, mit *sattva* ursprüngliches
Bewußtsein.
Ihre Identität ist *vajrasattva*.
Der Unterschied zwischen Offenheit (des Seins) und Mitleid
gleicht dem zwischen der Lampe und ihrem Licht.
Offensein der Offenheit (des Seins) und Mitleid gleichen der
Lampe und ihrem Licht.
Offenheit ist nicht verschieden von dem, was ist, und was
da ist, ist niemals ohne Offenheit.
Die Tatsache, daß das eine nicht ohne das andere ist, gleicht
dem Zusammengehen des Künstlichen mit dem Unverfälsch-
ten.
Im Licht der Absolutheit gibt es kein Ende der Relativität.
Ohne Relativität gibt es keine Absolutheit.«
Mit diesen Worten umreißt Advayavajra deutlich den meta-
physischen Standpunkt des buddhistischen Tantrismus. Alles,
was uns begegnet, steht in Beziehung zu etwas anderem. Die
Berge stehen in Relation zu Bäumen, die Tage zu Nächten.
Dies nennen wir »Relativität«. An sich aber ist Relativität
nicht relativ zu irgend etwas. Dies nennen wir »Absolutheit«.
Die Absolutheit des Seins ist die Relativität dessen, was ist.
Aber was wir hier in kalten intellektuellen Ausdrücken erör-
tern, stellt Advayavajra in einem tief bewegenden Bild
dar:[156]
»Die Welt der Erfahrung ist ein liebender Ehemann, doch
nur in Relation.
Gäbe es ihn nicht, wäre seine liebende Frau, die Offenheit
(des Seins), gestorben.

Wäre die herrliche, liebende Offenheit, unübertroffen in
ihrer Schönheit,
zu irgendeiner Zeit allein, läge ihr liebender Mann in Fesseln.
Einst nahten sie sich zögernd dem Guru,
der sie in ihrer gegenseitigen Verliebtheit die unmittelbare
Liebe erfahren ließ.«
Während die Verzückung in der Erfüllung der Einheit, die
Auflösung von inneren und äußeren Konflikten, uns verges-
sen lassen kann, daß wir verkörpert sind in einer Welt unserer
Auslegungen, übergibt uns *samayamudra* unserem Sein, das
niemals eine geheimnisvolle Wesenheit über oder jenseits der
gewöhnlichen Welt ist, in der wir leben, sondern diese gleiche
Welt, insoweit verändert, als wir uns selbst verändert haben,
indem wir uns von der Peripherie zur Mitte hin bewegten.
Durch Körper, Sprache, Gedanken in der Welt leben, aber dem
Sein anvertraut sein, ist Thema von Sarahas Versen nach dem
Kommentar von gNyis-med Avadhutipa:

»1. Wenn die Sinne schwinden,
und wenn das Wesentliche fehlt,
Freunde, das ist (eure) unmittelbare körperliche Existenz.
Frage deutlich den Guru.
2. Wenn die subjektive Ordnung aufgehoben ist und die Beweglichkeit nachläßt,
sind alle Möglichkeiten gegenwärtig.
Der Unwissende hält dies für eine Grenzlinie,
für die Wissenden aber, die das Meer der Unwissenheit
geleert,
3. ist dieses höchste, unübertroffene Glückseligkeit.
Saraha hat es gezeigt und ist dann gegangen.«

Der erste Vers bezieht sich auf die eigene unmittelbare körperliche Existenz, die gNyis-med Avadhutipa in verschiedener

Weise erhellt. Als erstes ist zu beachten, daß der »Körper« ein dynamisches Gebilde ist, schöpferisch in seiner Verkörperung und nicht in erster Linie die verschiedenen Organe. Wenn wir in Analogie unsere Aufmerksamkeit von den kategorischen Voraussetzungen auf eine wesentliche Wahrnehmung umstellen, erleichtert es unser Verständnis von zwei Aspekten, die in der wirklichen Wahrnehmung enthalten sind. gNyis-med Avadhutipa sagt:

»Die indirekte unmittelbare Existenz sind die zwei schöpferischen Polaritäten, in denen die Sinnesorgane nicht vorhanden sind. Die eigene konkrete, unmittelbare körperliche Existenz kann auf zweierlei Weise indirekt und konkret betrachtet werden. Die indirekte Art kann zweckhaft sein oder nicht. Die zweckhafte bedeutet, daß die körperliche Existenz, wenn wir sie als Gestalt wahrnehmen, weder Fleisch noch Blut noch Sinnesorgane hat. Unter nicht zweckhaft versteht man, daß sie an sich keine Sinnesorgane besitzt, weil sie nicht einmal als Gestalt sichtbar wird.

Dieser wirkliche Körper, der in seiner Selbst-Gleichheit die ganze Zeit über gegenwärtig ist, weil nicht den drei Aspekten der Zeit unterworfen, wird von dem wahren Guru der Tradition aufgezeigt. Darum sagt Saraha: ›Wenn die Sinne schwinden.‹ Nachdem hier kein Wesenskern vorhanden ist, der mit einem Selbst und seinen Beifügungen verbunden ist, fährt Saraha fort: ›Und wenn das Wesentliche fehlt.‹

Diejenigen, die nicht verstehen, daß die Absicht der Buddhaschaft während der ganzen Zeit nicht subjektiviert werden kann, sind dem Bösen zugeneigt, da der Subjektivismus keine Befreiung von *samsara* findet. Wer versteht, daß Unmittelbarkeit als höchste Wirklichkeit nicht Subjektivismus sein kann, ist ein hilfreicher Freund. Darum sagt Saraha: ›Freunde, das ist eure unmittelbare körperliche Existenz.‹

Zugleich mit der Unterweisung durch den wahren Guru der Tradition in der Schau seines Angesichts und ohne Frage nach indirekter Unmittelbarkeit, die von dem wahren Guru abhängt, schließt Saraha: ›Frage deutlich den Guru.‹«

Die Unterscheidung zwischen dem »wahren Guru der Tradition« und dem »konkreten Guru« ist von einzigartiger Bedeutung. Der wahre Guru ist Sein-an-sich, das zu uns durch Symbole spricht, die konkreter Inhalt unseres Bewußtseins sind. Es sind Symbole der Einheit, die – wie Vairocana und andere – uns die Notwendigkeit einprägen, unsere Integrität zu allen Zeiten und unter allen Bedingungen zu bewahren. Bildhaft sagen wir auch: »Auge in Auge mit . . .« In solchen Augenblicken sind wir aufgerufen, im Licht des Seins zu handeln und nicht in der Dunkelheit der sich einmischenden Begriffe. In ihnen nehmen wir nicht einmal unsere körperliche Existenz als Gestalt wahr, noch weniger in den Formen eines dreidimensionalen physischen Objekts, das eine Reihe von Forderungen beantwortet.

Die Sprache ist eingestellt auf unsere Begriffe und ist nicht fähig, das Unaussprechliche auszusagen. Denn dieses ist nicht im geringsten spekulativ und kann deshalb nicht besonders geprüft und bestätigt werden. Es ist nur unmittelbar zu erfahren. Hilfreich wird die Unterscheidung zwischen Rede und Kommunikation sein. Rede – »ein unfruchtbarer Überfluß von Worten« – zieht ab von der Frage des Seins, während das Sein in der Kommunikation sich uns selbst mitteilen kann und anderen durch uns. gNyis-med Avadhutipa sagt:[158]

»Rede besteht aus Vokalen und Konsonanten und hängt von der subjektiven Verfassung und motorischen Tätigkeit ab. Sie sucht mit Worten nach dem Wirklichen, aber das ist nicht auszudrücken. Um dies durch indirekte Unmittelbarkeit darzustellen: Wenn zwischen den polarisierenden Strömen des Schöpferischen die Bewegungsfähigkeit der subjektiven Disposition nicht tätig ist, schwindet die (von dieser Tätigkeit abhängige) Erscheinung; dennoch erhebt sich nicht die Offenheit. In ähnlicher Weise ist in wirklicher Kommunikation die Beweglichkeit der subjektiven Disposition, der Gedanken, der Wahrnehmung, ihrer Beurteilung nicht aktiv. Daher sagt Saraha: ›Wenn die subjektive Ordnung aufgehoben ist und die Beweglichkeit nachläßt.‹

Nachdem dieser Punkt zur Grundlage der Existenz geworden ist, der positiven Eigenschaften der Buddhaschaft, fährt Saraha fort: ›Sind alle Möglichkeiten gegenwärtig.‹

Wie kann dieses verstanden werden? Das Unaussprechliche zwischen den Polaritäten des persönlich Schöpferischen, Sonne und Mond, ist bekannt als die Grenzlinie zwischen ›Erinnerung‹ und ›Nicht-Erinnerung‹, als die wirkliche Schöpferkraft. Saraha schreibt weiter (über diese Konkretisierung): ›Der Unwissende hält dies für eine Grenzlinie. Doch wenn man weiß, daß Nicht-Wahrnehmung und wahrgenommener Inhalt tief und unaussprechlich sind, ist das Meer der Unwissenheit geleert.‹«

Als »Äußerung« des psychischen Lebens weist unser Körper im Bestreben, sich selbst durch Wortmodelle auszudrücken, die dazu verhelfen, den »Körper« in Begriffe umzuwandeln, auf den Geist, der den Bildern der Ideen und den Tendenzen der Erfahrung innewohnt. In dieser Hinsicht ist es schon ein »formulierter«, »bedingter« Geist und nicht das Bewußtsein des Seins und das Sein als Bewußtsein. gNyis-med Avadhutipa erklärt: [159]

»Unser gegenwärtiger Geist wird durch Bedingungen und Tendenzen der Erfahrung verändert und ist deshalb nur indirekt bekannt. Der wirkliche Geist bleibt unverändert und ist ohne (verändernde) Begriffe. Seine Begriffslosigkeit wurde niemals vom Schmutz zufälliger ›Erinnerung‹ und ›Nicht-Erinnerung‹ verunreinigt, aber, wie Saraha erklärt: ›Dies ist die höchste unübertroffene Glückseligkeit.‹

Wohin die Yogis gehen, die dieses verstehen, wird in der Unterweisung ausgedrückt, die besagt: ›Dort, wo der (Begriffs-)Körper vergeht, ist *nirmanakaya,* wo Rede verdampft, ist *sambhogakaya,* und wo Subjektivismus sich auflöst, ist *dharmakaya.*‹ Daher sagt Saraha: ›Saraha hat es gezeigt und ist dann gegangen.‹«

Es ist ein sich wiederholendes Thema, daß Begrifflichkeit uns fortführt von der Unmittelbarkeit und Einzigartigkeit des Seins. Wenn wir einen Begriff von etwas haben, dann schreiben wir dem Sein die Merkmale zu von dem, was wir begreifen. Dies begrenzt das Sein. Sagt man zum Beispiel, das Sein besitzt das Merkmal A, so besagt dies, daß ihm das Merkmal von Nicht-A fehlt. Dann aber zu behaupten, es sei grenzenlos, ist keine Spur besser. Selbst die Feststellung, daß es existiert, ist noch immer eine Aussage, auch wenn Existenz nicht eine Eigenschaft ist. Aber wir sprechen von ihr in einem Begriff, und Begriffe versuchen, die Einzigartigkeit auszulöschen. Indessen ist jede direkte und unmittelbare Erfahrung einzigartig und unmittelbar. Dies wird höchst offensichtlich in einer Liebeserfahrung, in einer ästhetischen Erfahrung und in dem Durchbruch der Einsicht. Begrifflichkeit entsteht durch Erwachen egoistischer Erkenntnis, in der die Welt zu dem hingeordnet ist, was unsere selbstsüchtigen Bedürfnisse erfüllt oder frustriert, und wo alles Mittel für andere Zwecke ist, die ihrerseits Zwecke für wieder andere sind, und dies ad infinitum. Die Unmittelbarkeit hingegen ist Teil einer Gesamtsituation und die ganzheitliche Antwort des Einzelnen auf eine besondere Situation in einem bestimmten Augenblick. Dies ist ihre Originalität und Frische. Nur Egozentrik wiederholt sich dauernd, ist abgestanden und neurotisch. Wenn es auch nicht möglich ist, genau das Gefühl einer höchsten Erfahrung oder des »Ich bin« zu beschreiben, so kann uns doch die lebhafte Schilderung derer helfen, die diese Erfahrung hatten, damit sie Menschen zu diesen Erfahrungen hinführen und letztendlich diese in ihnen erwecken. Denn es sind Erfahrungen, die für die wertvollsten gehalten werden nach Berichten derer, die sie kennen. So ruft Saraha aus:

»Dies ist wahrhaft in sich selbst gültiges Bewußtsein.
Entfremde dich nicht von ihm!
Dinge und Nicht-Dinge fesseln die Buddhaschaft.
Ohne einen Unterschied zwischen Welt und Selbst-Gleich-
heit zu machen,
Laß das unverfälschte Subjekt allein bleiben, Yogi!
Wisse, daß dies dem Wasser gleicht, das in Wasser gegossen
wird.«

gNyis-med Avadhutipa erklärt diesen Vers in folgender Weise: [160]

»Im Wirklichen gibt es keine Entfremdung. Wenn dieses nicht verstanden wird, herrscht Entfremdung, die durch die entfremdende Tätigkeit der ›Erinnerung‹ entsteht. Wird dies verstanden, dann wird die ›Erinnerung‹ gereinigt, und es herrscht kein Zweifel über das, was sich nicht in ein Objekt subjektiven Denkens verkehrt. So sagt Saraha: ›Entfremde dich nicht von ihm!‹

Was die Buddhaschaft durch alle Zeiten hindurch beabsichtigt, wird gefesselt durch den Begriff ›Ding‹, ebenso auch durch den Begriff ›Nicht-Ding‹ oder ›Nicht-Sein‹. Darum heißt es bei Saraha: ›Dinge und Nicht-Dinge fesseln die Buddhaschaft.‹ Solange Subjekt und Objekt bestehen, ist die Welt (der subjektiven Auslegung) vorhanden. Die Feststellung, daß es ›weder Subjekt noch Objekt‹ gibt, ist eine Begrifflichkeit und daher ›Erinnerung‹ und Welt (der subjektiven Auslegung). Die nicht begreifbare Wirklichkeit des Seienden ist (deren Selbst-Gleichheit). ›Selbst-Gleichheit, Selbst-Identität‹ ist rein begrifflich. Darum ruft Saraha aus: ›Ohne einen Unterschied zwischen Welt und Selbst-Gleichheit zu machen.‹

Unverfälschte, lautlose Unmittelbarkeit kann nicht in Begriffe gefaßt werden. Begrifflichkeit ist ›Erinnerung‹, weil sie subjektiv berichtendes Bewußtsein ist. Wenn diese ›Erinnerung‹ vergangen ist wie ein Nebel, dann gelten die Worte von Saraha: ›Laß das unverfälschte Subjekt allein bleiben, Yogi!‹

Doch wenn man sich nach dieser Nicht-Erinnerung sehnt, gleicht dies einem Tropfen Öl auf dem Wasser. Denn es werden noch Ansichten aufrechterhalten. Wenn aber alle Eigenschaften in dem absolut Wirklichen versunken sind, dann, wie Saraha sagt: ›Wisse, daß dieses dem Wasser gleicht, das in Wasser gegossen wird.‹ «

Das Bild von Wasser, das in Wasser gegossen wird, bedeutet nicht, daß das Subjekt in etwas versinkt, das größer ist als es selbst. Abgesehen von der Begriffsbildung der höchsten Erfahrung wird sogar das Wissen geleugnet. Das Bild bezweckt, das einende Kennzeichen der Erfahrung zu zeigen. »In gleicher Weise wie Wasser in Wasser gegossen wird, müssen Erscheinung und Offenheit als unteilbar erkannt werden«, sagt Karma Phrin-las-pa.[161] Mit dieser Erklärung bestätigt er noch einmal die metaphysische und ontologische Natur des Tantrismus. Es gibt keine andere Welt als die der Erscheinung, aber dies ist keineswegs »nichts anderes als Erscheinung«, sondern die Sicht der verschiedenartigen, in ihrem Wesen negativen Transzendenz.

Sein ist das Ziel

Im allgemeinen scheint es, als seien wir von einem Drang nach Spaltung belagert, und das erste Hervortreten eines möglichen Ich-Gefühls wird durch Feindseligkeit, Ärger, Verbitterung gekennzeichnet. Folglich wird alles in eine seltsame Zweideutigkeit von Liebe-Haß gestellt, die von der anfänglichen Feindseligkeit stammt. Die integrale Persönlichkeit wird in Geist und Körper getrennt, die schwer zu vereinigen sind. Jenseits vom Menschen ist das ganze Universum in Erscheinung und Wirklichkeit geteilt. Unsere Reaktionen auf die Umwelt sind nicht weniger geteilt. Wir sprechen von *samsara* und Nirvana, von relativer und absoluter Wahrheit, und wenn diese Gedanken vorherrschen, werden unsere Verhaltensweisen immer unbeweglicher. Am Ende sind beide Pole nicht mehr miteinander zu vereinen. Der hieraus entstehende Konflikt wird unerträglich, und wir suchen einen Ausweg. Da aber die Spaltung eine verborgene Bewertung enthält, so daß der Geist wertvoller ist als der Körper und Nirvana dem *samsara* überlegen, ganz abgesehen von dem vermeintlichen Gegensatz zwischen Wirklichkeit und Erscheinung, nehmen wir ahnungslos Partei für das dem Anschein nach Wertvollere und verewigen durch Beachten des höheren Pols in sogenannte »Meditation« noch die Spaltung und den Konflikt. Saraha sagt mit allem Freimut:

»Durch den Schwindel der Meditation wird Freiheit nicht gefunden.«

Und gNyis-med Avadhutipa führt dies weiter aus:[162]
»Einige Menschen behaupten, man würde Freiheit finden durch Festhalten am richtigen Verständnis des erkennenden (Augenblicks), das beim Erwachen einer tieferen Einsicht aufsteigt, nachdem man Ruhe gefunden hat. Nicht wissend, daß (Sein) für immer in einem Zustand der Gelassenheit ruht, finden sie keine Befreiung durch diese eingebildete Gelassenheit.«

Der letzte Satz dieser angeführten Stelle betont die Wichtigkeit, nach der integralen Persönlichkeit zu suchen und fortzureißen, was uns vom Sein zurückhält. Das Ziel des Tantrismus ist, zu *sein*, und der Weg dorthin kann ein Weg der Selbstverwirklichung genannt werden. Es ist dennoch äußerst wichtig, daß man den Ausdruck »Selbst« nicht mißversteht. Denn in einem subjektiven Zusammenhang ist es die Entschuldigung für jede Sonderbarkeit, die einem in den Kopf steigen kann. Das Selbst ist niemals eine charakterliche Eigenheit, nicht einmal eine Wesenheit, sondern eine Übereinkunft, um auf den Subjekt-Charakter eines Menschen als Mensch hinzuweisen, nicht auf einen Mensch als diesen oder jenen Einzelnen mit diesen oder jenen besonderen Zügen. Wenn zu sein das Ziel ist, und wenn wir das »Selbst« als die Art dieses Seins-Gefühls empfinden, dann liegt hierin eine verborgene Voraussetzung: Das bestimmende Selbst (das uns fühlen läßt, daß wir ein Selbst sind) muß die Möglichkeit des Selbstseins haben. Es muß eine Reihe von glaubwürdigen Möglichkeiten des Einzelnen darstellen und ein Selbst sein, dessen Verwirklichung im Bereich echter Möglichkeit liegt. Diese Tatsache wurde im Lauf der Geschichte der Philosophie beständig vergessen, und die Lösung des Problems des menschlichen Seins wurde durch Verkleinerung oder Vergrößerung des Menschen gesucht. Ein früher Versuch ist Kants wohlbekannte Annahme der zwei Naturen im Menschen, eines gottähnlichen intelligiblen Selbst und des rein menschlichen Selbst. Das gottähnliche Selbst ist ein Bild, das der Mensch von sich als »idealisierter Person« formt und das dann mit dem »wirklichen Selbst« des Menschen identifiziert wird. Dadurch wird es zum Blickpunkt, von dem aus der Mensch sich betrachtet und entdeckt, daß sein alltägliches Selbst, sein Selbst in der empirischen Erscheinung beachtlich zurücksteht hinter den eingebildeten und postulierten Eigenschaften des vermeintlichen wirklichen Selbst. Der spätere Versuch beginnt mit der Vergöttlichung einer gesonderten Person, die alle anderen Menschen als minderwertig herabwürdigt und ihren Höhepunkt in der Vergottung des eingebildeten Ichs als höchstem Wesen hat, das die Möglichkeit ausschließt, daß irgendein anderes menschliches Wesen wirklich Sein hat. Wenn das Selbst ein übermenschliches ist wie Kants transzendentales Ich, wie Hegels Weltgeist oder der hinduistische Atman, dann kann der Mensch nicht eine solche Unmöglichkeit werden. Dieses postulierte Selbst, mit welchem Namen es auch bezeichnet wird und wie stark sich der Mensch in seiner Einbildung mit ihm zu identifizieren sucht, ist ein Pseudo-Selbst, das nicht verwirklicht werden kann. Der Hochmut, der jeder Form von Vergöttlichung innewohnt, dient nur dazu, die menschliche Neigung zum Dualismus zu verewigen, und ruft einen zerstörerischen Konflikt hervor, der sich nach innen und außen erstreckt. Der unmögliche Versuch, sich mit einer Unmöglichkeit zu identifizieren, führt nur zu Selbsttäuschung. Dies wird sehr treffend in den Texten durch das Gleichnis des Seidenwurms in seinem Kokon dargestellt.[163]

Der Tantrismus verlangt nicht, daß der Mensch sich in eine Unmöglichkeit verkehrt, sondern daß er seine Möglichkeit verwirklicht. *Ahapramana-samyak-nama-dakini-upadesa* erklärt:[164]

»Wie der Samen, so der Baum –
wie der Baum, so die Frucht.
In dieser Weise die ganze Welt zu betrachten –
ist relatives Bedingtsein.«

Dieser Aphorismus unterstreicht nicht nur die Tatsache, daß das Ziel erreicht werden kann, sondern erkennt auch, daß alles Daseiende relativ ist. So wird nicht nur die Möglichkeit neu betont, sondern auch das spekulative Ausweichen in das Verabsolutieren irgendeiner bestimmten Existenz. Padma dkarpos Kommentar über den obigen Aphorismus ist äußerst bezeichnend und enthüllt, zusammen mit den zitierten Stellen zur Unterstützung seiner Deutung und den Kommentaren über diese Stelle von gNyid-med Avadhutipa und Karma Phrin-las-pa, die Tiefe des tantrischen Denkens. Padma dkarpos Worte lauten:[165]

»In gleicher Weise, wie die existentielle Gegenwart des Geistes in seiner Unteilbarkeit von Tiefe und Glanz der Samen ist, so entfaltet sich der Baum des Geistes als die Einheit von *samsara* und Nirvana zum Weg, und seine Frucht reift entsprechend (der Natur) dieses Baumes. Es ist *mahamudra, dharmakaya*, die Einheit der Zwei Wahrheiten[166], die an sich keine Dualität sind. Im *Dohas* steht:
Der vollkommene Baum des einheitlichen Geistes
hat sich über alle drei Welten entfaltet.
Seine Blüte, das Mitleid, trägt die Frucht des ›Daseins-für-
andere‹.
Sein Name ist ›Hervorragend-für-Anderssein‹.
Und:
Der vollkommene Baum – die offene Dimension des Seins –
steht in voller Blüte,
ihre Blüten sind die vielen Formen des Mitleids.
Die spätere Frucht kommt ganz von selbst.

Und die Glückseligkeit ist nicht eines anderen Geist.
Wenn auch zu Anfang der Geist-an-sich durch seine (Funktion als wahres Bewußtsein oder Unwissenheit) in Nirvana oder *samsara* unterschieden erscheint, so sollte man ihn auf dem Weg doch so behandeln, als wäre er niemals von seiner einheitlichen Gegenwart abgewichen. Auf diese Weise wird die Frucht als nur eine anerkannt:
Ein Samen entfaltet sich zu zwei Stämmen,
die Frucht aber ist identisch mit dem Samen.
Wer der Unteilbarkeit bewußt ist,
ist frei von *samsara* und Nirvana.
In ähnlicher Weise sagt Nagarjuna in seiner *Dharmadhatu-stotra:*
Von allen Samen
wachsen Früchte, ihrer Ursache entsprechend.
Welcher kluge Mensch kann eine Frucht
ohne einen Samen verlangen?
Das ›Feld‹ *(Tathagatagarbha)* als Samen
ist Träger aller Eigenschaften.
Im *Guhyasamajatantra* [167] lesen wir:
Oh, diese Fortdauer von *samsara;* oh, erhabenes Nirvana.
Und in *Hevajra:*
Samsara, gereinigt, ohne jede Verblendung zurückzulassen,
wird zu Nirvana.
Vajrahrdaya erklärt:
Aus dem Samen des reinen Mitleids,
gepflanzt auf dem Felde des Menschen,
wächst der wunscherfüllende Baum
der offenen Dimension des Seins.
Es gibt keinen Zweifel, daß
durch die Vorsätze aller Menschen
auf dem Wünsche erfüllenden Baum

die Frucht reiner Geistigkeit wachsen wird.«

Wenn Padma dkar-po von der Tiefe und dem Glanz des Geistes spricht, zieht er sofort unsere Aufmerksamkeit fort von der Flachheit des begrifflichen Denkens und der Schwerfälligkeit seiner Systematisierungen. Er führt ihn zur Quelle, aus der sowohl Einsicht (Wissen) wie Meinung (Nichtwissen) entstehen können. Denn ihre Entwicklung ist die Art, wie wir mit uns selbst umgehen, wenn wir eine bestimmte problematische Situation aufzeigen. Bezeichnenderweise spricht er über die Einheit von *samsara* und Nirvana, die eher Ausdrücke für Urteile der Wahrnehmung als konkrete Wirklichkeit sind. *Samsara* ist eine problematische Situation, die uns dazu treibt, eine Lösung zu finden, aber die Lösung, die wir finden, ist gerade wieder eine andere problematische Situation. Doch *samsara* durch Nirvana zu ersetzen, ist nackte Flucht, ebenso frustrierend wie das wilde Gehetze von *samsara*. Diese Erkenntnis drückt sich aus in der Behauptung, daß Nirvana eben solches Sumpfland ist wie *samsara*. Man muß hieraus die Folgerung ziehen, daß Probleme nicht gelöst, sondern aufgelöst werden, und die Auflösung eines Problems zieht die eines anderen nach sich. Dies beschreibt Saraha mit den Worten:

»Wie in tiefster Dunkelheit (alles Dunkel vertrieben wird),
wenn der Mondstein sein Licht ausstrahlt,
so sind in einem Augenblick der höchsten, unübertreffbaren
Glückseligkeit
alle Übel des Urteilens besiegt.«

gNyis-med Avadhutipa führt diese Worte weiter aus: [168]
»Die Verdunkelungen, die durch Emotionen und intellektuellen Nebel gebildet werden, gleichen der äußersten Finsternis. Unterweisungen des wahren Lehrers, der – dem Mond gleich – alle Dunkelheit besiegt, macht das bisher nicht Verständliche verstehbar. Deshalb: ›Wie in tiefster Dunkel-

heit . . .‹ Ebenso wie der Mondstein die Dunkelheit nicht von einer Stelle zur anderen tragen muß, brauchen die Emotionen und der intellektuelle Nebel nicht zurückgewiesen zu werden. ›So strahlt er sein Licht aus.‹ Zusammen mit dem Betonen der ungewöhnlichen höchsten Glückseligkeit, die nicht befleckt wird vom Schmutz des *samsara* und dem Schmutz von Nirvana wird die Buddhaschaft erblickt. Darum: ›In einem einzigen Augenblick . . .‹ Begriffe bilden ist das Übel des Urteilens, Nicht-Begrifflichkeit ist das Glück der Konzentration. Nachdem durch das Wissen, daß die Funktionen des ›Gedächtnisses‹ das Denken erschöpfen, und durch die Freude an der ›Nicht-Erinnerung‹ der Begriffe bildende Geist besiegt wird, (sagt Saraha): ›Alle Übel . . .‹ «

Die Tatsache, daß Probleme nicht gelöst, sondern aufgelöst werden, oder mit anderen Worten, daß der Mensch über sie hinauswächst, indem er Einsicht entwickelt anstelle von Fiktionen, wird noch einmal in Verbindung mit Meditation erörtert, da meist das meditierende Subjekt die Gedanken auf ein Objekt fixiert, und dadurch die Subjektivität verstärkt wird, die man als Frustration empfand:

»Befreie dich von den Fesseln, die bestehen
in der Aufteilung zwischen dem Objekt der Meditation und
dem Meditierenden.
Immer ist der Mensch frei gewesen!
Laß dich nicht vom Ich und den anderen narren«,

heißt es bei Saraha, und Karma Phrin-las-pa bemerkt:[169]

»Man könnte darlegen, daß, wenn ich frei bin, der andere immer noch befreit werden muß. Hierauf lautet die Antwort: ›Wenn ich frei werde, ist die Selbst-Erscheinung (meiner selbst) vergangen und nichts ist mehr geblieben von einer anderen Erscheinung.‹ Darum gibt es kein Lebewesen, das als jemand anderes befreit werden muß. Ein Beispiel: Wir können träumen, daß wir mit vielen anderen zusammen leiden. Doch sobald wir aufwachen, sind wir von unserem Leiden im Traum befreit, und es gibt kein anderes Lebewesen mehr, das von seinem Leiden im Traum befreit werden müßte.«

Das »Ich« und »der andere« sind Begriffe und gehören zu der Begriffe bildenden Aktivität des Denkens, die durch ihre Begriffsbildung Freiheit als existentiellen Wert leugnet. Es »bildet« sich Freiheit »ein« und führt diese eingebildete Freiheit zu dem gleichfalls eingebildeten Selbst oder Ego hin, ohne zu wissen, daß das »Ego« oder »Ich« nur ein Hinweis auf den Sprecher ist, nicht eine Wirklichkeit in der oder über die Person, die dieses Wort ausspricht. Nur in dieser fiktiven Welt des Ichs kann die Frage nach dem anderen aufsteigen. Solche Subjektivität aber ist voller Gefahren. Der Einzelne kann in unverfälschter Weise sich um die Befreiung kümmern, doch kann er ebenso von der Freiheit in fehlgeleiteter Weise besessen sein. Dann wird er versuchen, diesen Gedanken anderen aufzudrängen. Sein Fanatismus, den Rest der Menschheit »befreien« zu wollen, kennt keine Grenzen. Was er Befreiung nennt, ist völlige Versklavung.

Der Traum ist besonders gut geeignet, das Trügerische sowohl des Ichgefühls wie der damit verbundenen Subjektivität aufzuzeigen. »Erwachen« ist die wörtliche Übersetzung der Wurzel *budh*, von der das Wort Buddha, »der Erwachte«, abgeleitet ist. Was ist mit unserem Traum-Ich geschehen, wenn wir aufwachen? Genau das gleiche, was mit den *anderen* Bildern geschah: Sie haben sich aufgelöst. Diese Auflösung ist die Erkenntnis, daß die latente Möglichkeit zur offenkundigen Tatsache geworden ist, die *mahamudra* genannt wird. Dies geschieht in Hinsicht auf ihre Beeindruckbarkeit, während *dharmakaya* ihre existentielle Wirklichkeit und ihren Wert oder die Einheit der Zwei Wahrheiten ausdrückt. Hiermit ist gemeint, daß das Bewußtsein als grundlegende existentielle Wirklichkeit niemals etwas anderes ist als die Bilder, durch die es sich manifestiert. Wieder ist es bezeichnend, daß man von zwei Wahrheiten spricht. Wenn man nicht die Wahrheit verabsolutiert und dadurch verfälscht, kann und wird Wahrheit niemals ausschließlich auf der einen oder anderen Seite liegen, auch nicht irgendwo unter und zwischen beiden, sondern nur in einer umfassenderen Sicht, die beide verkörpert und vereint.

In Unterstützung dieser Behauptung zitiert Padma dkar-po zwei Verse von Saraha. Diese enthalten das Wesentliche nicht nur des Buddhismus im allgemeinen, sondern insbesondere des buddhistischen Tantrismus. Ihre zwei Grundgedanken sind »Mitleid« und »offene Dimension des Seins«. Dieses ist ein Ausdruck, der, wie wir sahen, von dem »Inhalt« der Wahrnehmung aus zur Wahrnehmung selbst zurückspiegelt. Nach Karma Phrin-las-pa offenbaren diese beiden Verse ihren besonderen Sinn, wenn sie zusammengenommen werden mit dem einen vorhergehenden in Sarahas Werk:

»Alle (Wesen) sind der ständig gegenwärtige Buddha;
da der Geist wahrhaft rein ist,
ist er tatsächlich die makellose erhabene Feste.«

Dieser Vers betont erneut die grundlegende Tatsache, daß Bewußtsein und Sein gleichbedeutend sind. gNyid-med Avadhutipa führt dies näher aus in seinem Kommentar:[170]

»Die Lebewesen der drei Welten sind ohne Ausnahme ungetrennt von dem (sinnvollen) Gerichtetsein auf die Buddhaschaft. Deshalb heißt es: ›Alle (Lebewesen) . . .‹ Wenn dem Geist-an-sich auch verschiedene Namen gegeben werden wie ›Lebewesen‹, wenn der Geist unrein ist, oder ›Buddha‹, wenn der Geist-an-sich rein geworden ist, hat er doch nichts mit

Entstehen usw. zu tun. Da der Geist in sich strahlt, sagt Saraha: ›Da der Geist . . .‹ Dennoch ist schon das Attribut Geist selbst eine Beschmutzung (das heißt, wir haben einen Begriff und verwechseln ihn mit der Wirklichkeit, für die der Begriff steht). (Geist-an-sich) ist frei von solchen Bezeichnungen wie Geist oder Nicht-Geist und braucht von diesen nicht befreit zu werden. Sarah sagt: ›Er ist tatsächlich . . .‹«

Hier wird die ontologische Wirklichkeit des Geistes-an-sich deutlich hervorgehoben, indem er in Gegensatz gestellt wird zu dem postulierten Geist der subjektiven Spekulation. Karma Phrin-las-pas Erklärung geht noch tiefer. Er deckt sowohl den metaphysischen wie den mystischen Charakter des Buddhismus auf. Mystik ist eine bestimmte Art der Erfahrung, die sowohl ein Weg der Erkenntnis wie ein Bewußtseinszustand ist. Sie hat nichts zu tun mit Mystifikation oder mit einer anderen Wirklichkeit, die einen verschwommenen Ausblick auf die Welt gibt, in der wir leben. Metaphysik versucht uns zu sagen, wie wir die Dinge *dieser* Welt in unser Blickfeld bekommen. Sie vermag nicht, Wahrheiten über eine Welt aufzuzeigen, die jenseits des Wahrnehmungsbereiches eines gewöhnlichen Sterblichen, also nirgendwo, liegt. Doch während der Metaphysiker eine allgemeine Beschreibung seines Blickfeldes zu vermitteln sucht, spricht der Mystiker von einem persönlichen Ereignis. Der Metaphysiker redet also von *dharmadhatu*, der »Dimension des Seins«, der Mystiker von *dharmakaya*, der »existentiellen Erfahrung des Seins«. Beide verstehen unter »Sein« eine Absolutheit, die nicht bezogen ist auf die Relativität alles Seienden. Absolutheit ist nicht »in die Existenz treten«; sie kann deshalb auch nicht »aus der Existenz heraustreten«; bildhaft gesprochen, »geht sie weiter«. Sie ist nicht der Zeit unterworfen, aber schließt nach den Worten von Karma Phrin-las-pa die Zeit ein: [171]

»Alle Lebewesen haben die Buddha-Natur, die unaufhörlich seit ihrem anfangslosen Anfang gegenwärtig ist. Was ist die Buddha-Natur? Es ist die existentielle Wirklichkeit und die Gegenwart des Geistes. Da sie in Wahrheit rein ist, (ist sie) die anfangslose, die Zeit-einschließende Dimension des Seins *(dharmadhatu)*, ungebrochen, ungeteilt, in sich selbst strahlend als ursprüngliche existentielle Erfahrung des Seins *(dharmakaya)*. Ist dies die natürliche Kraftmöglichkeit (des Menschen)? Ja. Seit anfangsloser Zeit war die Wirklichkeit des Geistes in Reinheit gegenwärtig, und wenn er rein ist, ohne geringste Spur von dualistischen Begriffen, die nur zufällige Fehler sind, ist dies, wie es heißt, die Ankunft in der Feste der erhabenen Erleuchtung der zweifachen Reinheit.«

Im Licht des Seins müssen die folgenden Verse von Saraha erläutert werden, vor allem deshalb, weil alle Kommentatoren darin übereinstimmen, daß in ihnen Bezug genommen wird auf *dharmakaya* und *sambhogakaya* in ihrer praktischen Anwendung. Hier stammen sie aus gelebter Erfahrung, die das Benehmen gegenüber der Umwelt und in ihr mit umfaßt.

Nirgends aber wurde die Suche nach Werten, die für die Existenz des Menschen wichtig sind, so sehr verfälscht wie in den Normen, Idealen und Pflichten, die aufgestellt wurden, ohne in den Wirklichkeiten des Lebens begründet zu sein. Der Standpunkt der Nützlichkeit und Gefühlsbetonung, Kompromisse mit Notwendigkeiten, subjektive Bewertungen, Forderungen der »Gesellschaft« oder der »Moral«, Befehle einer transzendenten Gottheit, sie zeigen alle ihre intellektuelle Belanglosigkeit. Was sollen wir machen, wenn uns auf der einen Seite gesagt wird: »Du sollst nicht töten«, auf der anderen Seite aber derjenige, der dieses Gebot ernst nimmt und sich weigert, ein gemeiner Totschläger zu werden, ins Gefängnis kommt?

Das ethische Prinzip im Tantrismus wird »Mitleid« genannt und beruht auf der Erkenntnis, daß alles, was ist, seinen Wert durch sein Sein empfängt. Es gibt nichts Wertloses in der Welt. Der ethische Grundsatz enthält sowohl Werturteil wie Anwendung dieser Beurteilung. Das Werturteil muß zwei Faktoren berücksichtigen: a) den Wert dessen, was durch sein Sein gegeben ist, und b) den Wert von jedem einzelnen Augenblick dessen, was da ist, und bezogen auf andere einzelne Augenblicke des Gegebenen. Während alles Seiende »unveränderlich gut« ist, weil es *ist*, ist es »zeitweilig gut« als Darstellung einer bestimmten Bedingung oder eines Zustands des Seins. »Unveränderlich gut« ist die alles umfassende offene Dimension des Seins; »zeitweilig gut« sind die vorübergehenden Manifestationen von dieser Dimension und in ihr. Daraus folgt, daß Übel entsteht, wenn wir die vergänglichen Manifestationen anders behandeln als so, wie sie tatsächlich sind, wenn wir sie zu einem ewigen Prinzip erheben. Ein Beispiel: Bestimmte Freuden bestehen nur unter besonderen Umständen, nicht aber unter allen. Die Annahme, daß sie sich unter allen Umständen halten, vereitelt ihre eigene Absicht, weil sie Ursache unserer Reizbarkeit wird, wenn die besonderen Freuden fehlen. Dies verstärkt noch die Unstimmigkeit, die wir im Augenblick empfinden. Ebenso ist die sexuelle Leidenschaft so lange gut, wie sie als ein vorübergehendes Erlebnis erkannt wird. Wird sie aber als einziges Ziel der menschlichen Existenz behandelt, vermag sie ihre guten Eigenschaften nicht zu erfüllen. Statt dessen vergrößert sie die Frustration. Es geht demjenigen, der zwanghaft physische Kontakte sammelt, ähnlich wie einem Trinker, der nicht aufhören kann noch will und niemals an etwas anderes denken oder genug haben wird.

Ein anderer Punkt, der im Zusammenhang mit Werturteil beachtet werden muß, ist die Tatsache, daß es kein negatives

Urteil in dem Sinn geben kann, daß etwas seines Wertes beraubt wird. Wertverneinung kann nur als Ablehnung dieses oder jenes besonderen Wertes verstanden werden, weil er diesem oder jenem Objekt nicht angemessen ist. Erscheinung ist in ihrem spielerischen Element etwas Gutes, auch in der Faszination, die ihren Bildern innewohnt, aber sie ist von Übel, da sie nicht die Befriedigung zu geben vermag, die von ihr erwartet wird. Sie kann diese auch nicht geben, weil wir die Erscheinung nicht als das erkennen, was sie ist.

Das ethische Prinzip fordert, daß wir das Seiende als den Träger eines Wertes anerkennen, der seine Existenz ausmacht. Wenn diese Anerkennung fehlt, wird Ethik zu Borniertheit und die darin begründete Moral bloßer Aberglauben, den sie durch Autorität zu verbergen sucht. Dennoch genügt es nicht, den Wert zu erkennen. Es ist wichtig für den Einzelnen, der sich eines sinnvollen Lebens erfreuen will, dieses Werturteil bei allem anzuwenden, was ihm begegnet. Dies schließt ein, daß der Mensch verantwortlich und sinnvoll handelt und nicht absichtlich nach subjektiven Fehlurteilen. Dieses verantwortliche Handeln wird durch den Ausdruck »Sein-für-andere« angedeutet. Dies ist das Reifwerden des »Mitleids«. Wir müssen Mitleid als verantwortliches Handeln – das Wort *karuna* stammt von der Wurzel *kr* (handeln) – unterscheiden von der Sentimentalität mit ihrem Merkantilismus und äußerstem Mangel an Verständnis für die menschliche Situation. In der Sentimentalität, die sich für ein »Sein-für-andere« ausgibt, wird dem anderen überhaupt kein Wert beigemessen. Er ist nur ein Mittel zur Selbstbefriedigung. Die Worte dieses selbstbefriedigenden Merkantilismus mögen sich verändert haben, das Verhalten aber ist das gleiche geblieben. Einst hieß es: »Wenn du ein Almosen gibst, soll deine Linke nicht wissen, was deine Rechte tut, damit dein Almosen im Verborgenen sei; und dein Vater, der ins Verborgene sieht, wird es dir vergelten.« Heute ist es so: »Deine wohltätige Stiftung kann von der Steuer abgesetzt werden.« Daß der andere so wenig bedeutet, rührt daher, daß die »menschenfreundlichen« Verächter der Menschheit selten von Einzelnen sprechen, sondern meist von dem Erfüllen eines Solls. Mitleid dagegen erkennt das Sein des anderen an. Es beraubt ihn nicht seines Wertes (wirft ihn nicht zuerst sozusagen in den Rinnstein, um ihn später herauszuholen mit den selbstgefälligen Worten: »Siehe, was ich für dich getan habe«), sondern geht von seinen Werten aus und fördert seine Entwicklung. Mitleidvoll handeln, heißt nicht, von einer Emotion überwältigt werden, sondern ist immer ein Handeln aus Gefühl und Wissen. Handlung des Mitleids ist, nach Sarahas Worten, das Verströmen des existentiellen Bewußtseins des Seins (*dharmakaya*), das die Frucht des »Seins-für-andere« in sich trägt. Aus diesem Bewußtsein können wir gar nicht anders als mitleidvoll handeln. In seinem existentiellen Zusammenhang ist dieses Verströmen als *sambhogakaya*, »einfühlendes Sein«, bekannt. Ganz einfach ausgedrückt ist Einfühlen die Wahrnehmung eines Objekts in den Ausdrücken seiner Bewegung oder seinem Bestreben, sich zu bewegen, entweder als Tatsache oder als Voraussetzung. Das Objekt wird nicht nur mit dem Verstand aufgenommen, sondern auch im »Gefühl«, daß es ist. Zum Beispiel wird ein Baum nicht nur als ein Glied seiner Gruppe betrachtet, sondern man »fühlt«, wie er sich im Wind bewegt. Dadurch wird das Objekt in einem neuen Licht erfahren. Es wird zum Führer, und das Subjekt unterwirft sich seiner Führung, so daß eine vertrautere und lebendigere Würdigung des Objekts erreicht wird. Dies umfaßt Phantasie und Gefühl, die durch Einfühlung hervorgebracht werden. Durch einfühlende Wahrnehmung ist das Subjekt fähig, in seinem eigensten Wesen das höchstmögliche Verständnis vom wahren Wert und Sein des Objekts zu erlangen. Durch diese Fähigkeit, immer mehr Aspekte der Vielseitigkeit eines Menschen, sogar eines Dinges zu sehen, werden sich Wahrnehmender und Wahrgenommenes immer ähnlicher. Denn beide bewegen sich zur Einheit hin, die einen besonderen Duft der Vollkommenheit, Endgültigkeit und Glückseligkeit hat. Karma Phrin-las-pa[172] deutet auf diese Bewegung hin in seinem Kommentar über den zweiten Vers von Saraha. Dieser steht in der Erklärung von Padma dkar-po über die Stelle aus *Ahapramana-samyak-nama-dakini-upadesa:*

»Auf der Stufe des Pfades entsteht durch die Erfahrung der Einheit des Baums – im Verständnis, daß alles Seiende (teilnimmt an der) offenen Dimension des Seins und seiner vollerblühten Blume des absoluten Mitleids – das Erwachen zu einem in sich selbst gültigen Bewußtsein *(dharmakaya)*, das weder an Weltlichkeit noch an Untätigkeit gebunden ist. (Dieses Bewußtsein) stellt die zwei *rupakayas* in so vielen Modellen heraus, wie zweckdienlich ist für die, welche geführt werden müssen. Und dies aufgrund der Entwicklung des eigenen Seins durch viele Arten von Mitleid. Die drei existentiellen Wertmodelle *(dharmakaya* und die beiden *rupakayas)* waren in ihrer Unmittelbarkeit die ganze Zeit über anwesend. Ihre Frucht ist später *svabhavikakaya* oder *mahasukhakaya.*[173] Die in ihrer Selbstmanifestation erscheinende Buddha-Existenz ist keine andere Erscheinung als die des Geistes, aber nicht eines Geistes, der verschieden ist von dem eigenen Sein.«

Ähnlich heißt es bei gNyis-med Avadhutipa:[174]

»Da dieses ohne Anstrengung entsteht, ist es unmittelbar. Zuerst besteht ›Erinnerung‹ als Ursache, danach ›Nicht-Erinnerung‹ als Wirkung. Dann ist ›Nicht-Entstehen‹ die Ursache und ›was den Intellekt überschreitet‹, die Wirkung.«

Einfühlende Wahrnehmung setzt die Anwesenheit von existentiellen Werten voraus, die man als wesenseigen »fühlen« kann. Diese Anwesenheit ist in metaphysischer Bezeichnung Sein-an-sich und Geist-an-sich im Ausdruck unseres Bewußtseins des Seins-an-sich. In ihrem Gefühl der Existenz ist die *dharmakaya* jenseits des Intellekts, weil sie Intellekt und seine Wirksamkeiten ermöglicht. Sie wird aber nicht in ihren Funktionen gefangen, die in ihr Existenz finden, doch wieder vergehen. In gleicher Weise wie Sein-an-sich nicht zu irgendeiner Art von Sein verengt (noch zu einer anderen Art von Sein verdinglicht oder vergottet werden kann), ist auch der Geist-an-sich nicht reduzierbar. Die Urteile, die wir fällen, sind die Wege, durch die der Geist sich selbst manifestiert und uns in dieser Selbstmanifestation eine Möglichkeit gibt, ›die Dinge in Ruhe zu lassen‹. Als Kommentar zu Sarahas Versen, in denen bestätigt wird, daß ein Samen eine identische Frucht trägt, trotzdem aus ihm zwei Stämme erwachsen, sagt gNyismed Avadhutipa: [175]

»Obgleich aus dem, was jenseits des Intellekts ist und nicht ins Dasein kommt, ›Erinnerung‹ und ›Nicht-Erinnerung‹ entstehen, hat der Geist-an-sich keine Entstehung. Aus ihm treten *samsara* und Nirvana als eine Dualität in Erscheinung, oder wie es Saraha ausdrückt: ›Aus einem Samen wachsen zwei Stämme.‹ *Dharmakaya*, jenseits des Intellekts, ist nicht eine andere Frucht. Darum fährt Saraha fort: ›Aber die Frucht ist identisch mit dem Samen.‹ Überdies benutzt Saraha, nachdem der (Geist-an-sich) die Ursache von *samsara* und auch von Nirvana ist, den Ausdruck: ›Wer der Unteilbarkeit bewußt ist.‹ Ein Yogi auf niederer Stufe beschäftigt sich von der Einseitigkeit des *samsara* aus mit der Freiheit; ein Yogi von mäßigem Niveau allein von Nirvana aus; der hochentwickelte Yogi aber versteht, daß er weder verwirft noch annimmt (das heißt sich identifiziert mit) den Fiktionen, die von einem in *samsara* verstrickten Geist stammen. Er versteht auch, daß er einen Zustand der Ruhe niemals verwirft noch ihm zustimmt, der einem Geist angehört, der in Nirvana eingegangen ist. Da *samsara* keine Wirklichkeit-an-sich ist, fürchtet er sich nicht vor ihr, und da Nirvana nichts als Wirklichkeit-an-sich gefunden wird, hofft er nicht darauf. Dies ist der Weg der Yogis. Deshalb fährt Saraha fort: ›Ist befreit von *samsara* und Nirvana.‹ «

Hier heißt es, daß Hoffnung und Furcht die Fähigkeit der Wahrnehmung und Handlung unterbinden, wenn nicht sogar zerstören. Hoffnung und Furcht nehmen beide an, daß *samsara* und Nirvana wirkliche Objekte sind, die an irgendeinem Ort liegen. Sie trüben das Verständnis, daß *samsara* und Nirvana Darstellungen sind, Wege, auf denen man zum Verständnis und zur Einigung mit der Welt kommt, in der der Mensch lebt und deren Teil er ist. Erklärungen aber im Sinn von *samsara* und Nirvana versagen, weil die verborgene Annahme besteht, daß sie Objekte der Furcht oder Hoffnung sind. Die Erkenntnis, daß Furcht vor *samsara* und Hoffnung auf Nirvana unbegründet sind, heißt nicht, diese beiden zu vertuschen, sondern enthüllt die Dimension, die diesen zwei begrenzenden Urteilen zugrunde liegt. Diese Dimension ist dem »himmlischen Raum« angeglichen, da der Ausdruck *akasa (nam-mkha')* sowohl »Himmel« wie »Raum« bedeutet. Wichtig hierbei ist, daß Raum nicht als »irgend etwas« verstanden werden darf. Er hat keine Eigenschaften an sich, und jedes Attribut, das in Verbindung mit ihm gebracht wird, soll nur seine Eigenschaftslosigkeit betonen. Raum dehnt sich »so weit aus wie diese Welt«, die alles ist, was ist. Raum darf auch nicht als »Leere« verstanden werden. Auf der einen Seite müßte Raum beschrieben werden als »*etwas* Leeres«, auf der anderen Seite gibt es keinen Raum, wenn etwas vorhanden ist. Raum ist nur eine Bezeichnung für die Tatsache, daß die Welt »ausgeweitet« ist in ihre Vielheit, wobei jedes Einzelwesen vom anderen entfernt ist, sie alle aber die Welt als Raum »ausfüllen«. Raum kann nicht vom Sein-an-sich getrennt oder abstrahiert werden, und die Einzelwesen sind nicht *im* Raum, wodurch Raum zu etwas jenseits oder außerhalb von ihnen und sogar außerhalb des Seins würde. Da eine Erfahrung »schöpferischer Offenheit« diese Welt umfaßt und sozusagen in die Existenz führt, ist Raum ein sehr geeignetes Bild für die lebendige Erfahrung des »Ziels«, für das Gefühl des wirklichen Seins und für den Wert des Seins, während »Himmel« sowohl den Glanz und die Offenheit wie die schöpferische Kraft der Erfahrung zeigt, so wie Wolken darin erscheinen und wieder vergehen. Aus diesen Gründen werden die Worte »Himmel« und »Raum« für die Enderfahrung verwendet, von der Saraha sagt:

»A 1) Je länger man auf den Himmel blickt, der klar ist von
Beginn an,
um so weniger sieht man ihn als etwas.
Wenn Nur-so-Sein (vorhanden ist) hört (alles andere)
auf.
2) Der Törichte wird getäuscht durch seinen Irrtum über
den natürlichen Geist.
Und alle Wesen weisen einander zurück, sind aber in
ihrem Hochmut nicht fähig, das Wirkliche aufzuzeigen.
3) Die ganze Welt wird durch Meditation verblendet.
4) Niemand aber kann das Unverfälschte aufzeigen.
B Die Wurzel des Geistes kann nicht gezeigt werden.
Aufgrund der drei Arten der Zusammengehörigkeit
ist nicht klar ersichtlich, wo immer er aufsteigt, wo
immer

er versinkt, wo immer er bleibt.
Wer diese Wurzellosigkeit versteht, dem
genügt die Belehrung des Gurus.

C ›Die Tatsache von *samsara* ist die Wirklichkeit des
              Geistes.‹
Wisse, daß dies die Worte Sarahas an den Getäuschten
                 sind.
Wenn auch das Unverfälschte in Worten nicht aus-
            drückbar ist,
sieht es das Auge des unterweisenden Lehrers.
Wenn Gutes und Böses in gleicher Weise verzehrt sind,
Bleibt nicht die geringste Spaltung zurück.«

Während gNyis-med Avadhutipa diese Verse als Beschreibung des Ziels betrachtet, versteht sie Karma Phrin-las-pa als
Forträumen der falschen Begriffe beim Durchqueren des Pfades. Beide Autoren stimmen überein in der Ablehnung jeder
Konkretisierung der Erfahrung. gNyis-med Avadhutipa
sagt:[176]

»Die Tatsache, daß das Ziel jenseits von Hoffnung und
Furcht (konkret) nicht aufgezeigt werden kann, wird dargestellt durch das Bild von ›Himmel-Raum‹. Raum wird
nicht berührt von irgendeiner solchen vorgeschlagenen Behauptung wie Existenz oder Nicht-Existenz. ›Raum‹ ist ein
gebräuchliches Wort. Da er nicht ›etwas‹ ist, verallgemeinert
er nicht (gesonderte) Gefühle, wie dies der Fall ist, wenn
Formen erscheinen und dadurch ein besonderes Gefühlsurteil
eintritt. Nachdem der Raum nicht berührt wird von Entstehen oder Anhalten, sagt Saraha: ›Der Himmel, der klar
ist von Beginn an.‹ Der Geist-an-sich, betrachtet ohne Bedingungen (die seine Klarheit zerstören), ist ›Nicht-Erinnerung‹. Wenn man ihn wieder betrachtet, ist er ›ursprungslos‹,

und noch einmal betrachtet, ›nicht erreichbar vom Intellekt‹. Deshalb heißt es bei Saraha: ›Je länger man auf ihn blickt, desto weniger sieht man ihn als etwas.‹ Wenn man dieses als das Ziel von *dharmakaya* versteht, dann gibt es (keine Dualität) mehr zwischen dem Wissen und dem Gewußten. So sagt Saraha: ›Wenn Nur-so-Sein (vorhanden ist), hört (alles andere) auf.‹ Wenn man aber dieses Nur-so-Sein nicht versteht, das zusammen ist mit allem nicht Konkretisierbaren, und meint, daß feste Formgebung das Ziel, *dharmakaya*, ist, dann betont Saraha: ›Der Törichte wird getäuscht durch seinen Irrtum über den natürlichen Geist.‹ Wenn die Lebewesen der drei Welten denken und erwägen, daß sie sich von ihren emotionalen Verdunkelungen befreien müssen, dann heißt dies bei Saraha: ›Und alle Wesen weisen einander zurück.‹ Zuerst von Emotionen und dann vom Intellekt besiegt, gleichen sie einem wieder gefangenen Flüchtling aus einem Gefängnis. Ihr Hochmut erkennt nicht, daß Nur-so-Sein bald in dem untergetaucht, was jenseits des Intellekts ist. Sie sind nach Sarahas Worten ›in ihrem Hochmut nicht fähig, das Wirkliche aufzuzeigen‹.

Da alle Wesen in der dreifachen Welt nicht verstehen, daß Meditation Seinlassen heißt, sagt Saraha: ›Die ganze Welt wird durch Meditation verblendet.‹ Das Verständnis (Vereinigung) des Yogi des absolut Wirklichen, das rein an sich ist und frei von allen Absichten, kann nicht aufgezeigt werden durch Gleichnisse oder das Ding selbst. Intellektuelle Fiktion kann es nicht verstehen. Saraha sagt: ›Niemand aber kann das Unverfälschte aufzeigen.‹ Die Wurzel alles Seienden ist Geist, aber Geist kann nicht als etwas an sich entdeckt werden. Da seine Wurzeln nicht gezeigt werden können, bestätigt Saraha: ›Die Wurzel des Geistes kann nicht gezeigt werden.‹

Was dem Anschein nach vom Geist stammt, kommt aus der ›Nicht-Erinnerung‹, bleibt in der ›Nicht-Erinnerung‹ und setzt sich in der ›Nicht-Erinnerung‹ fest. Diese Zusammengehörigkeit mit Erscheinung kann in der ›Nicht-Erinnerung‹ erfahren werden. Solange der Geist nicht durch Umstände zerstört wird, ist er ›Nicht-Erinnerung‹. Dies ist (seine) Offenheit, die aus der ›Ursprungslosigkeit‹ entspringt, dort bleibt und darin sich niederläßt. Diese Zusammengehörigkeit mit der Offenheit wird in der ›Ursprungslosigkeit‹ erfahren. Solange Erinnerung und Nicht-Erinnerung aufsteigen, ist der Geist-an-sich jenseits von Ursprung und Ende, und da er jenseits des Bereiches des Intellekts ist, entsteht das absolut Wirkliche aus dem Wesen der drei Aspekte der Zeit, bleibt in ihnen und setzt sich dort nieder. Wenn man versteht, daß die Zusammengehörigkeit mit dem Ursprungslosen nicht vorstellbar ist, dann gelten die Worte von Saraha: ›Aufgrund der drei Arten der Zusammengehörigkeit.‹

Wenn man den Geist versteht, enden Erscheinung, Offenheit und Ursprungslosigkeit in dem Augenblick, in dem sie erscheinen, wie Saraha bemerkt: ›Wo immer er aufsteigt, wo immer er versinkt.‹

Und da man das absolut Wirkliche nicht findet, wenn man es sucht, sagt Saraha: ›Wo immer er bleibt, ist nicht klar ersichtlich.‹ Es gibt keine Verwurzelung der Lebewesen (in einer Funktion), darum gibt es auch keine Wurzel für das Bewußtsein von Buddha. Diese Wurzellosigkeit ist die Wurzel der Erleuchtung. Sie ist nicht zu objektivieren. Deshalb erklärt Saraha: ›Für den, der diese Wurzellosigkeit versteht.‹

Wenn man die Natur der Erleuchtung versteht, gleichzeitig mit der Unterweisung des Gurus über Zusammengehörigkeit, dann gibt es weder ›Erinnerung‹ noch ›Vergessen‹. Aus diesem Grund bestätigt Saraha: ›Es genügt die Belehrung des Gurus.‹ Bei der Behauptung, es genüge, *samsara* mit *samsara* zu benennen, sollte man nicht vergessen, daß *samsara* vorhanden ist, wenn man die Wirklichkeit des Geistes nicht kennt. Ebenso wie Freuden und Leiden im Traum nichts anderes sind als mentale Ereignisse und (ebenso wie) das Wachbewußtsein, die Bilder eines Traumes und das Traumbewußtsein in ihrer Ursprungslosigkeit nicht verschieden sind (voneinander). *Samsara* und Nirvana sind die verführerischen Darstellungen des ungeborenen Geistes-an-sich. So erklärt Saraha: ›Die Tatsache von *samsara* ist die Wirklichkeit des Geistes.‹

Da die Menschen auf verschiedene Arten das Wissen um die Wirklichkeit des Geistes ablehnen, fährt Saraha fort: ›Wisse, daß dies die Worte Sarahas an die Getäuschten sind.‹

Das Verständnis eines Yogi ist unverfälscht. Dieses Ebenso-Sein ist durch intellektuelle Mittel nicht zu erreichen und kann in Worten nicht ausgedrückt werden. ›Erinnerung‹ stammt von dem, was in Worten Ausdruck findet, dieses einheitliche Bewußtsein aber ist nicht in Worte zu fassen. Daher gibt es keine ›Erinnerung‹. Folglich sagt Saraha: ›Wenn auch das Unverfälschte in Worten nicht ausdrückbar ist.‹

Das absolut Wirkliche kann durch das reine Auge des ursprünglichen Bewußtseins geschaut werden, das der wahre Guru öffnet. Nach den Worten von Saraha: ›Es sieht das Auge des unterweisenden Lehrers.‹

Das in dieser Weise Verstandene verzehrt Wissenden und Gewußtes. Was ist dann noch über positive und negative Aspekte auszusagen? Saraha erklärt: ›Wenn Gutes und Böses in gleicher Weise verzehrt sind.‹

Würde jemand fragen, ob Gutes hilfreich und Böses schäd-

lich sei, dann müßte die Antwort lauten, daß nichts dergleichen besteht. Deshalb faßt Saraha zusammen: ›Bleibt nicht
die geringste Spaltung zurück.‹«

gNyis-med Avadhutipas etwas theoretischer Kommentar erhellt viele Punkte, die wichtig sind für die im Tantrismus ent-
haltenen Möglichkeiten, die Ansicht über uns selbst ebenso zu
verändern wie die über unsere Umwelt, und durch diese ge-
wandelte Schau auch unsere Verhaltensweisen umzubilden.
Zuerst erklärt er den Übergang aus kategorischen Begriffen zu
ästhetischer oder wirklicher Wahrnehmung. Wenn wir etwas
wahrnehmen, werden gewöhnlich gewisse Spuren vergangener
Erfahrungen aus der Erinnerung aufgeweckt, und diese rufen
ihrerseits bestimmte Emotionen wie körperliche Anpassungen
und Gefühle hervor. Diese »Erinnerungsfolgen« (ein Begriff
von C. D. Broad[177]) existieren nicht nur zusammen mit dem
Erfassen des Wahrgenommenen, sondern treten in eine besondere Art von Beziehung zu ihm, indem sie der wahrgenommenen Situation ihre besondere Stellung im Außen zuweisen.
Wenn aber keine Spuren erweckt werden, wird der äußere
Bezug nicht nur sehr unklar sein, sondern vielleicht gar nicht
bestehen. Gewöhnliche Wahrnehmung, die das Wahrgenommene in Verbindung zu unseren Bedürfnissen, Ängsten und
Interessen bringt, ist ermüdend und frustrierend, weil wir
durch Absonderung versäumen, andere Aspekte des wahrgenommenen Objektes zu erkennen. In diesem Sinn ist übliche
Wahrnehmung Fälschung und ein gewohntes Begehen von
Fälschungen. Andererseits verlangt wirkliche Wahrnehmung
sehr viel mehr Bereitschaft, mehr Scharfsinn und Einsicht. Sie
zieht nicht vom Tätigsein ab, sondern paßt die Handlung viel
mehr der Situation an. Nur wenn der Geist auf einen bestimmten Aspekt »fixiert« ist, was gemeinhin Meditation oder
reine Kontemplation genannt wird, wird die Tätigkeit ver-

hindert und alles Gefühl degeneriert. In einer solchen Kontemplation geht alle Unmittelbarkeit und Natürlichkeit verloren. Wirkliche Wahrnehmung ist beides, aktiv und passiv. Passiv darin, daß die Dinge in Ruhe gelassen werden, und man sich ihnen nicht aufdrängt; aktiv durch verstärkte Bereitschaft. Das Feld der Wahrnehmungen wird erweitert, so weit der Himmel oder der Raum, das heißt die ganze Welt, reicht.

Der Geist ist niemals irgendwo anders als in seiner Wirksamkeit, die seine Selbstmanifestation ist als mentale Ereignisse *(sems-las byung-ba)*. Diese stehen in unmittelbarer Verbindung und auf charakteristische Weise in Beziehung zueinander und in einem asymmetrischen Bezug zu etwas. Das heißt, daß jedes dieser Ereignisse ein Bestandteil der *Wirklichkeit* ist, daß sie alle in dieser charakteristischen Weise in Verbindung stehen. Die Wirklichkeit, die in einer gemeinsamen asymmetrischen Beziehung zu allen mentalen Ereignissen steht, wird Geist *(sems)* genannt. Es ist nicht ein *bestehendes* Zentrum, sondern ein *existentielles*. Auch nur von einem existentiellen Zentrum zu sprechen, ist schon ein Konkretisieren der freien Wirksamkeit von etwas, das – selbst auf die Gefahr der Begriffsbildung – nur dem Geist-an-sich *(sems-nyid)* zuzusprechen ist. Analytisch erklärt, ist Erscheinung immer zusammen mit Offenheit und Offenheit immer mit Ursprungslosigkeit, die ihrerseits stets mit dem zusammen ist, was intellektuell nicht erfaßt werden kann. Dies ist »die Wurzellosigkeit« des Buddha-Bewußtseins wie auch der kategorischen Begrifflichkeit der gewöhnlichen Menschen. Denn wenn etwas in etwas verwurzelt ist, dann ist es konkret geworden und wird zurückgeführt auf irgendeine Konstruktion des Geistes. Die Behauptung, daß *samsara* und Nirvana Funktionen des Geistes-an-sich seien, bedeutet, daß der Geist aus seinen Objekten besteht, die miteinander in besonderer Weise in Wechselwirkung *(samsara-*

Nirvana) sind. Der *Samsara*- oder Nirvana-Geist besagt einfach, daß eine gewisse Gruppe von Objekten (*samsara*, Nirvana) in einer bestimmten Weise und in einem bestimmten Augenblick aufeinander einwirken. Deshalb die berühmte Feststellung: »In einem Augenblick ein Lebewesen *(samsarahaft)*, in einem Augenblick ein Buddha.« Ein bestimmtes mentales Ereignis (»Erinnerung«) ist einfach die Tatsache, daß ein bestimmtes Objekt *(samsara)* in einem bestimmten Augenblick in gewisser Beziehung steht zu gewissen anderen in Wechselwirkung stehenden Objekten (Nirvana). Die wichtige Folge dieser Vorstellung ist, daß Buddhaschaft nicht etwas außerhalb dieser Welt oder außerhalb der Reichweite des Geistes ist. Sie kann, da sich der Geist »verkörpert«, »in diesem Körper« verwirklicht werden. Als gewöhnliche Wesen sehen wir uns und die Welt von einem ichbezogenen und selbstsüchtigen Gesichtspunkt aus und beurteilen alles, was uns begegnet, als gut oder schlecht, je nachdem, ob es unsere ichhaften Interessen fördert oder verhindert. Als Buddhas aber sehen wir die Welt ganzheitlich und in Einheit; die Wirklichkeit tritt klarer in Erscheinung. Die Quelle unseres Wachstums oder unserer Stagnation liegt in uns, und im Zustand des Seins wird man weder von Gesetzen der äußeren Wirklichkeit *(samsara)* noch von innerseelischen Gesetzen (Nirvana) regiert. Es bedeutet eher, in *samsara* und Nirvana zugleich zu sein. Nachdem Buddhaschaft in *dieser* Welt und in *diesem* Körper besteht, gibt sie dem Leben Gültigkeit. Sie macht das Leben wertvoll, und soweit wir fähig sind, die Welt ganzheitlich und in Einheit zu erblicken, besteht nichts, das wir zu befürchten haben. Denn Furcht steht in Verbindung mit dem Ich. Es ist auch nichts zu erhoffen, weil alle Hoffnungen erfüllt wurden.

Karma Phrin-las-pa, der Sarahas Verse erklärt, um alle Mißverständnisse aus dem Weg zu räumen, unterteilt sie in folgender Weise: Der erste Teil A bedeutet, den Drang loszuwerden, an der Erfahrung des Glanzes und der Offenheit zu haften, der in 1) mit allgemeinen Ausdrücken umschrieben wird. Dagegen wird in 2) darauf hingewiesen, daß Menschen, die hochmütig an dogmatischen Formulierungen festhalten, nicht fähig sind, die existentielle Gegenwart des Seins zu verstehen. In 3) wird gezeigt, daß Meditation, so wie sie von einem »Getäuschten« ausgeführt wird, der seine Gedanken auf etwas fixiert, deshalb nichts anderes wahrzunehmen vermag, und sich nur abnützt, auch nicht das Sein zu begreifen vermag. In 4) wird eine Zusammenfassung gegeben. Der zweite Teil B behandelt die Ablehnung, an irgendeinem bestimmten Verfahren festzuhalten. Der dritte Teil C zeigt den Gebrauch von Symbolen, die auf das Sein-an-sich hinweisen. Es werden auch Erklärungen von anderen Gelehrten hinzugefügt. Daß verschiedene Auslegungen möglich sind, zeigt die anregende Kraft des Denkens von Saraha und betont auch die Tatsache, daß der Tantrismus nicht ein System mit gebrauchsfertigen Antworten ist. Die Worte von Karma Phrin-las-pa lauten:[178]

»A 1) Wenn der Drang herrscht, sich an die besondere Erfahrung des Glanzes und der Offenheit zu klammern, muß diese Erfahrung selbst in folgender Weise (erfahren) werden: Blickt man mit dem Auge des ursprünglichen Bewußtseins auf den Geist-an-sich, der von Anfang an rein, echt und unmittelbar ist wie der Himmel, wird (sein) Verständnis immer beständiger, während die Erscheinung immer mehr verblaßt. Wenn durch wiederholte Schau (in dieser Weise) (das Verständnis) völlig gefestigt ist, hört die Sicht, die an die konkrete Existenz (des Wahrgenommenen) glaubt, von selbst auf. Fragt jemand, ob solcher Glanz und solches Offensein (klar) wie der Himmel jemals enden, lautet die

IV. Ein Paar
(Nagarjunakonda)

Antwort: ›Wenn das Verständnis gefestigt ist und weder Konzentration noch der Zustand nach der Konzentration bestehen, dann hört alle täuschende Erscheinung auf.‹ In diesem Zusammenhang sagt Lama Bal-po: ›Wenn »Erinnerung« auf »Ursprunglosigkeit« blickt, hört die Vorstellung dessen auf, was jenseits des Intellekts ist‹, und Par-phu-ba schreibt: ›Der Himmel, der von Anbeginn rein ist, ist nicht etwas, was man sehen kann. Blickt man aber auf ihn, hört die Schau (als sei er etwas) auf.‹ Beide (Lamas) beziehen sich nur auf die Offenheit. Rang-byung rdo-rje erklärt: ›Wenn man diese Vorstellung mit der Vorstellung betrachtet, daß der Geist-an-sich von Beginn an rein ist, dann kann man seinen fiktiven Charakter erkennen. Da aber noch der Glaube an seinen fiktiven Charakter besteht, muß auch dieser noch entfernt werden. Ein Beispiel: ›Blickt man auf den Himmel, kann alles andere Sehen aufhören, der Glaube (an das Wahrgenommene) aber ist noch nicht beendet.‹ Rang-byung rdo-rje verbindet seine Erklärung mit (den folgenden Zeilen von Saraha): ›Der Törichte wird getäuscht durch seinen Irrtum über den natürlichen Geist, weil (durch alleiniges Beachten des Geistes) das Mitleid endet.‹ Somit spricht er vom Gesichtspunkt des Glanzes aus. Dennoch widersprechen sich beide Erläuterungen nicht. Der zugrunde liegende Text (von Saraha) zeigt ihre Einheit.

2) Der natürliche Geist ist unverfälschter (Subjekt-)Geist *(yid)*. Die Törichten täuschen sich in ihrer Unwissenheit selbst, da sie nicht wissen, (was) Meditation ist, und über einen künstlich aufgebauten Inhalt nachdenken. Damit schaffen sie ein Hindernis für das Ver-

ständnis der existentiellen Gegenwart des Seins-an-
sich. Deshalb lehnen alle, die einen bestimmten Weg
verfolgen, jeden anderen ab und blicken im Hochmut
über ihre eigenen philosophischen Lehren oder Tätigkeiten auf andere herunter (mit den Worten): ›Dies
kann nicht praktisch ausgeführt werden, dies ist einfach Unsinn.‹ Da hierbei Nur-so-Sein nicht aufgezeigt
werden kann, muß dieser (Hochmut) vertrieben werden.

3) Ohne Verlaß auf die Hilfe des wahren Gurus konzentrieren sich (die Anhänger) einer weltlichen Meditation nur auf Nichts oder auf Ruhe und werden alle
enttäuscht durch die geistige Dunkelheit (solcher) Meditation. Sie sehen nicht das wirkliche ursprüngliche
Bewußtsein.

4) Deshalb kann niemand, der nur zuhört, nachdenkt
und Begriffe bildet, die existentielle Gegenwart des
Seins, die an sich unverfälscht ist, verwirklichen.

B   Die Wurzel des Geistes oder das ursprüngliche Nur-
so-Sein kann nicht (als etwas) gezeigt werden. Wie ist
dies (zu verstehen)? Durch die drei Arten der Zusammengehörigkeit, das heißt den Körper (ist) zusammen
mit Erscheinung und Offenheit, Rede (ist) als Zusammengehörigkeit von Klang und Offenheit, Geist (ist)
als Zusammengehörigkeit von wirklicher Wahrnehmung und Offenheit. Oder (eine andere Erklärung):
Erscheinung und Offenheit sind zusammen, Offenheit
und Ursprungslosigkeit, Ursprungslosigkeit und das,
was jenseits des Intellekts ist. Deshalb kann man die
Wurzel dieser drei Arten von Zusammengehörigkeit
nicht finden durch die Suche nach der Wurzel, aus der
sie erwachsen sind, ebenso wie man nicht die Zusam-

mengehörigkeit von Feuer und Hitze, Wasser und Feuchtigkeit finden kann. Nachdem man (diese Zusammengehörigkeit) nicht konkretisieren noch festgelegte Merkmale (von ihr) erkennen kann, sogar dann nicht, wenn man Ursprung, Ende und Gegenwart (dieser Zusammengehörigkeit) untersucht, muß alles Seiende als ›wurzellos‹ und ›grundlos‹ verstanden werden. Wer über Nur-so-Sein als wurzellos nachdenkt und dies versteht, wird alle Unterstellung von innen her vernichten, wenn er sich auf die Unterweisung des Gurus verläßt. Dieser verhilft ihm zum Verständnis, daß die Wurzellosigkeit des begrifflichen Denkens Geist-an-sich ist. Wenn er dann keine Zweifel mehr hat, sollte ihm dies genügen. Besteht der Drang, an einer besonderen Methode festzuhalten, dann suche man Offenheit als wurzellos zu erfahren.

C   Alles, was unter *samsara* und Nirvana zusammengefaßt wird, das heißt, was auf seiten der Abweichung erscheint, ist ›konkretes‹ *samsara*, und was auf seiten des ursprünglichen Bewußtseins als nicht ›ebenso konkretes‹ Nirvana erscheint, ist die Wirklichkeit des Geistes, ohne irgendwelche Feststellungen über ihn. Wisse, daß Saraha dies wiederholt den getäuschten Menschen gesagt hat. Die unverfälschte Gegenwart des Seins-ansich kann nicht in Worten ausgedrückt oder eingefangen werden. Man kann sie aber mit dem Auge des ursprünglichen Bewußtseins sehen und persönlich erfahren durch Symbole und die Unterweisung eines Lehrers. Nachdem es keinen Ort und keine Möglichkeit gibt, Spuren (einer begrenzenden Erfahrung) in diese Sicht des Seins-an-sich einzupflanzen – denn alles zu *samsara* und Nirvana Gehörende wurde in derselben Weise als gleich schmeckend verzehrt –, gibt es nicht die leiseste Möglichkeit, daß das Übel (einer begrenzenden Erfahrung) reift.«

Bei einer Gegenüberstellung von Lama Bal-po und Par-phu-ba mit Rang-byung rdo-rje weist Karma Phrin-las-pa auf eine sogenannte Gefahr in der Herbeiführung einer veränderten Sicht hin. Obgleich wirkliche Wahrnehmung mehr der Mühe lohnt als kategorische Wahrnehmung, besteht die Absicht der eigentlichen Wahrnehmung nicht darin, daß wir uns in der Schau der Offenheit des Seins verlieren, sondern eher darin, daß wir handeln sollten, um Leben auszustrahlen. Der eine Aspekt aber ist nicht möglich ohne den anderen. Wenn wir versuchen, die Offenheit des Seins zu »fixieren«, indem wir sie zu einem begrifflichen Inhalt der ichbezogenen Gedanken machen, dann geht im wörtlichen Sinn das Licht aus. Wir werden von einer selbsttäuschenden Dunkelheit verschlungen, die wir hochmütig als letztes Wort beurteilen, das über irgend etwas auszusagen ist.

Mit unserem Körper, unserer Rede und unserem Geist sind wir einfach so geartet. Durch den Versuch, das Sein von irgend etwas anderem abzuleiten, indem wir nach einer Grundlage oder Wurzel suchen, verlieren wir unser Sein und dadurch, daß wir uns selbst eine Art des Seins zuschreiben, beginnen wir, an uns selbst zu zweifeln.

Während gNyis-med Avadhutipa uns eine ethische Erklärung zu den letzten Zeilen von Saraha gibt, und Karma Phrin-las-pa sie auf metaphysische und existentielle Weise erklärt, sind *samsara* und Nirvana einander gleich als Funktionen des Geistes-an-sich. Deshalb auch gleich erfreulich in einer solchen Wirksamkeit. Der Einzelne vertieft in Ausführung seiner geistigen Fähigkeiten gleicherweise auf der Ebene von *samsara* und Nirvana sein existentielles Bewußtsein, konkretisiert es aber

nicht. Damit pflanzt er auch nicht den Samen weiterer begren-
zender, traumatischer Erfahrungen, die nur sein Geteiltsein
verewigen. Der Mensch, der beide Ebenen annehmen kann, ist
fähig, nicht nur sein Leben zu genießen, sondern auch auf die
Forderungen des Lebens zu reagieren. Denn er hat die Unmittelbarkeit seiner schöpferischen Kraftmöglichkeit zurückge-
wonnen.

Karmamudra und Jnanamudra in der Kunst

Karmamudra ist, wie in einem früheren Kapitel gezeigt wurde, die Bezeichnung einer Situation, in der sich Menschen – Männer und Frauen – in enger Vertrautheit durch wechselseitigen Austausch von Liebkosungen begegnen. Diese Verbindung zweier Partner umfaßt mehrere Phasen wie Anblicken, Anlächeln, Streicheln, Umarmen, schließlich Paarung. Diese Stufenfolge hat letztendlich eine Klassifizierung der tantrischen Literatur hervorgebracht, die wie jede Klassifizierung eine gewisse Bewertung enthält. Man kann daraus auch deutlich ersehen, wie sich derjenige, der die Klassifizierung vornahm, einem gewissen Thema gegenüber verhielt. Eine solche Einordnung erklärt: »Im Goldenen Zeitalter gab es nur wenige Emotionen, und die Partner begnügten sich mit gegenseitigen Blicken. Damals entstanden die Kriyatantras . . . Im folgenden Zeitalter entsprang das Verlangen nach Befriedigung durch gegenseitiges Anlächeln. Daher kamen die Caryatantras . . . Im nachfolgenden Zeitalter begehrten die Partner eine Befriedigung, indem sie sich gegenseitig berührten und umarmten. So entstanden die Yogatantras . . . In unserer degenerierten Zeit sind die Anuttarayogatantras für jene entstanden, die nach sexuellem Verkehr verlangen . . .«[179] Hier erkennen wir leicht den machtvollen Mythus des Goldenen Zeitalters, der das Gefühl zusammenfaßt, daß irgendwo, zu irgendeiner Zeit die Dinge besser gewesen sein müssen – »die gute alte Zeit« –, im Gegensatz zu dem »Verfall des Niveaus«. Im wesentlichen konzentriert sich dieser Mythus auf die Unzufriedenheit, die uns augenblicklich verärgert und deren Befreiung wir auf vergangene Zeiten übertragen. Aber uns belastet nicht nur Unzufriedenheit, sondern auch das Gefühl der Angst und Selbstverurteilung. Wir wollen ein Stück von uns selbst verwerfen. Am Ende aber zerstört diese Zurückweisung die Würde der Person und macht sie unfähig, irgend etwas zu unternehmen. Ich ärgere mich über mich selbst; ich fürchte mich vor mir selbst und versuche, vor mir selbst fortzulaufen. Ich fühle mich schuldig und beschämt und bin abhängig von Belehrungen aufgrund sozial anerkannter Maßstäbe des Benehmens, die sich von Zeit zu Zeit und von einer Gesellschaftsklasse zu einer anderen hin verändern. »In den guten alten Zeiten taten die Menschen solches nicht, deshalb solltest du es ›jetzt‹ auch nicht tun.« Wenn aber der Mensch, der »solche Dinge« tut, geächtet und mit Schuldgefühlen belastet wird, ist er bald überzeugt, daß er nicht nur schlecht ist, sondern auch in einer »degenerierten« Zeit lebt, weil alle das tun, was man ihm als schlecht vorwirft.

Selbstverurteilung ist selbstzerstörend, nicht aufbauend. Sie verringert Glück und Freude des Lebens und reduziert es zu Langeweile und Stumpfsinn. Es gibt deshalb noch eine andere Klassifizierung, die eine schöpferische Bejahung des Lebens betont:

»Die Kriyatantras sind für die Stumpfsinnigen; die Caryatantras für die Menschen von mittlerer Intelligenz; die Yogatantras für die von höheren und die Anuttarayogatantras für die von höchsten intellektuellen Fähigkeiten.«[180]

Sicher sind die Stumpfsinnigen von ihren traditionellen Lehren und Tabus geblendet, und es besteht für sie wenig Wahrscheinlichkeit, geistig zu wachsen und sich selbst zu entwickeln. Nur diejenigen, die mit traditionellen Vorbildern brechen, haben die Möglichkeit, neue Lebensweisen zu finden. Die Betonung, die man auf die Vertiefung des Verständnisses legt, ist zugleich eine Warnung vor der naiven Annahme, daß die Beliebtheit einer Idee auch ihren Wert bestimmt. Häufiger als das Gegenteil hängt die Beliebtheit von den Massenmedien ab und wird von ihnen durchgesetzt. Sie geben vor, die Menschen aufzuklären, während sie diese in Wirklichkeit dumpf und dumm halten.

Der schöpferische Zugang zum Leben beginnt mit einer schöpferischen Phantasie, deren Anfang die Annahme und Anerkennung der Wirklichkeit ist. Ihr Ziel ist nicht die Anpassung der Wirklichkeit an die eigenen Illusionen, sondern ihr besseres Verständnis, um die persönliche Erfahrung dadurch zu bereichern. Karmamudra ist eine wirkliche Lebenssituation, die durch Jnanamudra sinnvoller und befriedigender erfahren wird. Karmamudra und Jnanamudra bieten sich beide als wirkliche Lebenssituationen dem Dichter, Bildhauer, Maler, sogar dem Tänzer zu fesselnden Themen an.

Tatsächlich ist in indischer Auffassung eine Kenntnis des Tanzes die erste Forderung für die Beschäftigung mit anderen Künsten. Der Tänzer »spielt« das Drama des Lebens. Er stellt eine Reihenfolge von Bildern dar, die in ihrer Verbindung eine Vielfalt von Situationen enthüllen, deren »Verkörperung« er selbst ist. Der Akzent von Rhythmus und Bewegung ist ebenso in der indischen Bildhauerei zu erkennen. Wir brauchen nur auf die biegsamen Kurven der dünnen Taillen wie auf die schwellenden Hüften und Brüste der weiblichen Akte und halbnackten Figuren hinzuweisen. Die indische Bildhauerei lädt uns ein, an dem Leben ihrer Figuren teilzunehmen. Dies ist sowohl eine intuitive wie intellektuelle Erfahrung. Ihre Schönheit bleibt nicht isoliert und unerreichbar. Sie wohnt nicht in einem verzauberten Bereich abstrakter Vollkommenheit, sondern in dem konkreten und gesamten Gehalt. Darum sprechen die Inder nicht von Schönheit oder ästhetischem Wert, sondern von *rasa,* »Lebenssaft«. Dieser Ausdruck faßt zusammen, was wir in Gefühl, Emotion, Bedeutungen, Werte auseinanderlegen. Darum ist die indische Skulptur eher »Darstellung« als »Wiedergabe«, die etwas anderes voraussetzt, das auf irgendeine Weise wiedergegeben werden soll in der Gestalt eines »Kunstgegenstandes«. Darstellung behält die Vitalität, die zu dem Kunstwerk an sich gehört. Da sie eine Darstellung ist, kann allein schon die Gegenwart eines Kunstwerkes unsere Augen zur wirklichen Welt hin in einer solchen Weise öffnen, daß wir meinen, sie zum erstenmal in ihrer Ursprünglichkeit zu sehen. Die Gegenwart-an-sich ist etwas Widersprüchliches, denn sie ist etwas und zugleich nichts. Das »Etwas« *(snang-ba, gzugs)* wird durch die Tatsache bezeugt, daß etwas *anwesend* ist, das »Nichts« *(stong-pa)* durch die Tatsache, daß dieses »Etwas« nicht die Gegenwart *von* irgend etwas ist. sGam-po-pa spricht von dieser Erkenntnis als von dem Öffnen der Augen eines Blinden und gibt als erstes Beispiel: [181]

> »Alles in einer solchen Vielfalt von Erscheinung als Erde, Stein, Felsen, Berge, Gras, Bäume, Wälder, Mann und Frau und so fort Erscheinende ist in seiner Erscheinung nichts an sich. Denn es ist ohne jeden Wesenskern (durch den die Erscheinung zu einer Wirklichkeit-an-sich würde). Es ist die Selbstmanifestation des Seins, das nichts an sich ist, in einer Vielfalt von Erscheinungen. Kurz zusammengefaßt: Erscheinung und die Offenheit des Seins sind keine Dualität. Dies wird auch in *Prajnahrdaya* bestätigt:
> ›Form *(rupa)* ist (eine) offene (Dimension); die offene Dimension (des Seins, *sunyata)* ist Form. Sie ist nicht verschieden von der Form, und Form ist nicht verschieden von der offenen Dimension des Seins.‹

Noch mehr: Obgleich eine Luftspiegelung als Wasser erscheint, hat es niemals in ihr einen Tropfen Wasser gegeben, denn sie hat keinen Wesenskern. In gleicher Weise sind Erscheinung und Offenheit des Seins keine Dualität. Sie sollten auch nicht so betrachtet werden. Dadurch entsteht kein Verlangen nach Erscheinung, und wenn man einen solchen Mangel an Verlangen spürt, wird man frei von Gefühlen der Freude über Erfolg und von Gefühlen der Enttäuschung bei Mißerfolg.«

Das ästhetische Bewußtsein bleibt äußerst gleichgültig gegenüber dem, was man im allgemeinen für die »wirklichen« Belange des Lebens hält. Es läßt den Menschen in den freien Seinsmöglichkeiten leben, wo *nichts* sein *muß*, aber *alles* sein *kann*. Im Bereich der Kunst darf man nicht das Künstlerische mit philosophischen Theorien verwechseln. Das Bewußtsein der offenen Dimension des Seins war beständig und genügend gegenwärtig, um die Phantasie des Künstlers und der buddhistischen Philosophen zu beeinflussen, da das Ästhetische und Unmittelbare früher da sind als das Praktische und Intellektuelle. Die Bedeutung, die die Offenheit des Seins für den menschlichen Körper sowohl in seinem irdischen Leben wie in seiner künstlerischen Darstellung hat, enthüllt sGam-po-pa in einer kurzen Erklärung:

>»Durch Freiheit von den Fehlern der Erscheinung werden die Begrenzungen von *samsara* abgeschafft und diese (Einheit) von Erscheinung und Offenheit des Seins ist *nirmanakaya*.«[182]

Die Grenzen und damit auch die Begrenzungen von *samsara* sind unsere Neigung, das volle Leben zu beschränken und durch fortschreitende Voreingenommenheit und Vorurteile diesen gegenüber blind zu werden. Auf der anderen Seite ist *nirmanakaya* ein »Ausdruck«, nicht eine Beschreibung. Durch ihn wird

Sein manifestiert. Und da alle Kunst sich in erster Linie mit dem Sein beschäftigt und nicht mit endlichen und vorübergehenden Wiedergaben, stellt der Künstler in seinem Kunstwerk nicht nur seine Gefühle und Emotionen heraus, sondern untersucht sie in einem neuen Rahmen, der an die Stelle des anderen treten kann, der sein absolutes Sein bedroht. So kann er auf bessere und befriedigendere Weise leben.

Karmamudra ist der zwanglose Rahmen, in dem sich Mann und Frau begegnen und miteinander vertraut werden. Hier versuchen Menschen, nach Naropas Beschreibung der Karmamudra-Situation, ihre ganze Aufmerksamkeit auf eine besondere Einzelheit auszurichten und von diesem Ausgangspunkt ähnlich abgesteckte Einzelheiten abzuleiten, die für einen bestimmten Zweck erwünscht und förderlich sind. Der Künstler aber beginnt nicht mit solchen scharf abgegrenzten Einzelheiten, sondern macht sichtbar gegenwärtig und konkret lebendig eine erfaßte Erwartung, die Werte enthüllt, die im Leben zu verwirklichen sind – die erste Begegnung der (zukünftigen) Liebenden, die Erfüllung ihrer Liebe und alles, was dazwischen liegt und nachher kommt. In dieser Hinsicht projiziert alle Kunst eine unausgesprochene Ansicht von Leben und Sein, die auch eine zentrale Rolle bei der Bestimmung der Kunstform spielt, auf die wir reagieren. Denn in den Kunstwerken werden die grundlegenden menschlichen Seinswerte ausgedrückt. Dies sind nicht unbedingt die ausgesprochenen, sondern die wirklichen Werte des Seins.[183] So strömt das Seinsgefühl der Freude eines Menschen, der das Leben als einen Wert erblickt und sich selbst als Wert empfindet, ebenso wie seine Freude über einen anderen, dessen oder deren Existenz er als Wert bewundert, in das Gefühl der Liebe ein, deren feierlicher Vollzug im Reich von Karmamudra die Sexualität als konkrete Erfahrung von Lebensfreude und Wert des Lebens ist. Die reiche Anregung und die folgende Wechselwirkung von Wert und Tätigkeit treten deutlich in Erscheinung in den Skulpturen von Nagarjunakonda [184] (siehe Bildtafeln). Es liegt in der Natur eines Wertes, daß er Handlung zur Verwirklichung und Erhaltung braucht, und in der Natur der Handlung liegt es, daß sie nach Werten verlangt und diese darstellen will. Alle Skulpturen von Nagarjunakonda enthüllen eine sinnenhafte und unvermittelte Freude, die Ausdruck einer intensiven Liebe zum Leben ist. Die weiblichen Gestalten wurden mit sorgfältiger Hingabe geformt, und ihre geschmeidige Anmut lädt den Betrachter ein, bei ihren Konturen zu verweilen. Sie entfalten zugleich Eleganz und Verführung, während die männlichen Gestalten Kraft und Selbstbewußtsein ausdrücken. Jede Gestalt ist eine wortlose Darstellung des Lebensgefühls, des Gefühls freudiger Erregung. Es ist besonders günstig, daß solche erotischen Skulpturen an Tempeln zu finden sind, weil dadurch eine Lebensschau des Jubels und der Festlichkeit offensichtlich wird. Sie haben natürlich dort keinen Platz, wo man das Leben als tragisches Verhängnis erblickt, wo Selbstvertrauen durch Selbstekel ersetzt wird und das bleibende und zentrale Thema der Tod ist.

Während Karmamudra Vitalität betont, verbindet sie sich unmerklich durch ihre künstlerische Deutung – Kunst ist immer Darstellung und vorausgenommene Sinndeutung, niemals eine Nachbildung – mit Jnanamudra als dem tatsächlichen Instrument der Lebenserfahrung. Durch Jnanamudra werden lebendige Gestalten unserer Phantasie dargeboten, die im Gegensatz zum diskursiven Denken schöpferisch ist. Sie erhebt nicht nur unsere Empfindsamkeit aus der Spannung des gewöhnlichen Lebens in einen Zustand der Heiterkeit, sondern macht uns zunehmend vertraut mit neuen Erklärungen der Wirklichkeit. Wo immer die Kunst ein Motiv aus der *Wirklichkeit* nimmt, sei es eine menschliche Gestalt, eine Blume, irgendein Lebensthema, verwandelt sie dies in ein Bild der Phantasie und erfüllt es mit lebendiger Sinndeutung. Unsere gewöhnliche Wirklichkeit wird durch schöpferische Phantasie »bedeutsam«, aber diese Bedeutung kann nicht ausgedrückt werden, da dieser oder jener Bestandteil, der in eine Skulptur, eine Malerei, ein Gedicht eingegangen ist, nicht herausgestellt werden kann. Wir nehmen ihn innerlich wahr und werden ihm gegenübergestellt. Solche Konfrontation meint, von Angesicht zu Angesicht mit der Wirklichkeit stehen. Deshalb wird in einer künstlerischen Darstellung meistens die Vorderansicht abgebildet. Die Bilder sind allein von der Vorderseite zu betrachten und halten den Blick des Beobachters unentwegt gefangen, damit dieser immer tiefere Bedeutungen herausfinden kann und nicht in die Welt der tödlichen Meinungen zurückfällt. Als Ergebnis sind Gefühl und Bild so vollkommen und vollendet ineinander aufgelöst, daß absolute Klarheit des Sinngehaltes hervortritt.

Kunstwerke erzählen uns von der Bedeutung des Seins für den Menschen, indem sie tief verwurzelte Emotionen zum Ausdruck bringen und zur Klärung führen. Als Folge wird der Platz des Menschen in der Welt ein wenig durchsichtiger als zuvor. Was der Bildhauer oder Maler ohne Worte vollbringt, erreicht der Dichter mit der Sprache. Jeder stellt das Sein, das er durch die vertrauten Ereignisse des täglichen, ihm zugehörenden Lebens wahrnimmt, in seiner eigenen Weise dar. Denn die allgemeinen Geschehnisse des täglichen Lebens sind selbst Wege, auf denen das Sein offenbar wird, und sind als solche allen geöffnet. So nur können wir die verschiedenen Künste in Verbindung zueinander bringen. Eine Darstellung von Nagarjunakonda scheint in diesem Sinn Bharavis Worte sichtbar zu machen:

»Im Wissen, daß der blaue Lotos am Ohr der jungen Frau,

in gleicher Farbe wie ihre Augen, allein ohne Nutzen ist, fügte Begeisterung wie ein Freund hellen Glanz durch liebende Blicke hinzu.«[185]

Maghas Verse besingen eine andere Darstellung:
»Als sei er genügend besänftigt, schenkte ihnen plötzlich der Wein eine Wohltat. Er vertrieb die Starre der Scheu und führte die Liebenden zur Glückseligkeit der Liebeserfüllung.«[186]
»Verwirrt durch Entkleidung ihrer Bluse und gleichsam um seinem Blick die Sicht zu versperren, verdeckt eine Frau ihre Brüste mit der breiten Brust ihres Mannes.«[187]

Zwei Darstellungen werden durch Bharavis Verse illustriert:
»›Lege ab deinen Ärger, gehe zu deinem Geliebten, oder dein wankelmütiges Herz wird bald traurig sein.‹ Mit diesen Worten beschwor ein kluger Freund ein Mädchen, das nach seinem Geliebten verlangte.«[188]
»O liebliches Mädchen, die du einer jungen Kletterpflanze gleichst, ermüde dich nicht mit dem Winken der Hände! Warum soll der Bienenschwarm den Eindruck gewinnen, du seist die Wünsche erfüllende Kletterpflanze? Fliehe von hier.«[189]

Andere erinnern an die Worte von Amaru:
»›Ich habe ein Wort für dich‹, sagte er und zog mich an einen einsamen Ort. Da mein Herz ungeduldig war, saß ich nah bei ihm. Er flüsterte in mein Ohr und schnupperte an meinem Gesicht. Dann erfaßte er meine Haarflechten und trank den Nektar von meinen Lippen.«[190]
»Als der Hauspapagei, der die Worte des Ehepaars in der Nacht gehört hatte, diese zu offen in Gegenwart älterer

Leute wiederholte, steckte die junge Frau, von Scham erfaßt, einen kleinen Rubin aus ihrem Ohrgeschmeide in den Schnabel des Papageis, als wollte sie ihm den Samen eines Granatapfels geben, um sein Reden anzuhalten.« [191]

Ein Bildwerk gibt wieder, was Radha ihrem Geliebten Krishna nach ihrem Liebesspiel zuflüsterte:

»Ordne meine Haarflechten, die dein Liebesspiel geöffnet hat, rund um seine Schläfen, die reiner sind als die Lotosblüte.« [192]

Zuletzt springt Einsicht in Leben und Sein aus schöpferischer und damit künstlerischer Phantasie. So geben uns die schönen Künste nicht nur Wissen, sondern auch durch ihren Einfluß auf unser Leben unseren emotionalen Erfahrungen Gestalt. Die enge Beziehung zwischen Tantrismus und den schönen Künsten unterstreicht die Bedeutung, daß man die Wirklichkeit zu sehen lernt als Symbol von Leben und Gefühl, nicht als Zeichen, das auf etwas anderes hinweist als auf sich selbst. Der Sinn des Lebens liegt darin, daß man es lebt.

Anmerkungen

Reproduktion der Bildtafeln mit freundlicher Genehmigung von *Archeological Survey of India.*

[1] S. 153.

[2] *Naro,* fol. 5 b. Dieses Werk ist ein Kommentar über *Ahaprama-na-samyak-nama-dakini-upadesa,* ein Überblick über tantrische Gedanken und Praxis.

[3] ibid., folls. 6 b–7 a. Die hier erwähnten Ebenen umfassen die Stufen der Vorbereitung, das Ansammeln von Wissen und Verdiensten, die zu den zehn geistigen Ebenen führen, von denen in den Sutras gesprochen wird. Noch drei höhere Ebenen werden im Tantrismus erörtert, deren höchste die des Zepter-Haltenden ist. Weitere Einzelheiten stehen bei *bSre-'pho,* fol. 59b f.

[4] ibid., fol. 7 a.

[5] ibid.

[6] ibid.

[7] II 2, 35 f.

[8] *Naro,* fol. 7 b.

[9] »Drei Manifestationen« *(snang-ba gsum)* ist ein symbolischer Ausdruck für inner-seelische Vorgänge. Das »Aufdämmern des strahlenden Lichtes« *(snang)* bezieht sich auf die erste Bewegung zu der auftretenden Spaltung in Subjekt und Objekt hin, der »zerstreute Glanz« *(mched)* zeigt auf die zunehmende Abhängigkeit vom Objekt hin; die »beständige Dunkelheit« *(thob)* bezeichnet den Zustand des endgültigen Verlustes des wahren Bewußtseins. Diese Symbolik nimmt in verschiedenen Zusammenhängen verschiedene Bedeutung an. Siehe H. V. Guenther, *The Life and Teaching of Naropa,* S. 274 f., sGam-po-pa, Ki 10 b.

[10] *Naro,* fol. 10 b.

[11] sGam-po-pa, Tsa 3 b.

[12] Nya 53 b.

[13] *Dharmakaya (chos-sku)* bezeichnet die Erfahrung des Seins in

der eigenen Existenz *(sku)* in dem Sinn, daß Sein eine absolute Wirklichkeit und Wertgültigkeit ist *(chos)*. Die Erfahrung ist »unauslöschlich«, das heißt, daß jeder Versuch einer Begriffsbildung von der Gültigkeit ihrer Absolutheit abziehen würde, indem sie in gewissem Umfang auf einen Inhalt des Geistes beschränkt wird, der in Relation steht zu anderen Inhalten. »Unauslöschlich« bedeutet deshalb nicht, daß »Unauslöschlichkeit« eine Eigenschaft des *dharmakaya* ist. Die Seinserfahrung wirkt durch *sambhogakaya (long-sku)* und *nirmanakaya (sprul-sku)*. Auf diese beiden bezieht sich der Ausdruck *rupakaya (gzugs-sku)*. *Sambhogakaya* und *nirmanakaya* sind demnach Bilder, durch die wir unseren existentiellen Seins-Wert verstehen. Besonders *sambhogakaya* ist eine nachdrückliche Erfahrung, die uns eine nachhaltende Wonne im *dharmakaya* oder Sein gewährt. *Nirmanakaya* ist »Ausdruck« dieser Erfahrung als Mitteilung für andere, die sie auf diese Weise anderen mitteilen läßt. *Dharmakaya* wird auch als Bezeichnung für Sein-an-sich gebraucht, an dem alles Seiende Anteil hat und kraft dessen es *ist*. sGampo-pa, Ca 20 b f. sagt: »Die Gesamtheit des (außergewöhnlich erscheinenden) Weltalls, der Erscheinung-an-sich, ist niemals ins Dasein getreten (als etwas anderes als Sein-an-sich und von ihm gesondert) und ist von Natur *dharmakaya.* Von Anbeginn rein und jenseits der Begrenzungen von vorschlagenen Behauptungen ist es das, was mit »unauslöschlich« gemeint ist. Einfältige Adepten, ohne Wissen und Verständnis, suchen *dharmakaya* oder das Unauslöschliche jenseits oder hinter der Welt der Erscheinungen, die sie negieren und ablehnen. Trotz ihrer Bemühungen werden sie *dharmakaya* niemals finden. Ihr Tun gleicht dem Versuch, Wasser jenseits und hinter Eis zu finden. Der Fehler solcher Unwissenheit liegt darin, daß man durch Unkenntnis dessen, was die Welt der Erscheinungen ist *(yin-lugs),* die Gegenwart des Seins *(gnas-lugs)* nicht zu verstehen vermag.

¹⁴ Die »Stufe der Formlosigkeit« *(arupyadhatu)* ist eine fortlaufende Unterschiedslosigkeit, aus der »ästhetische Formen« *(rupa)* hervorgehen.

¹⁵ *Naro,* fol. 12 b f.

¹⁶ Der Gedanke, daß der Geist eine *tabula rasa* (eine leere Schreib-

218

tafel, eine Übersetzung des griechischen *pinax agraphos)* ist, hat eine beträchtliche Rolle im westlichen Denken gespielt. Dieser Gedanke tritt zuerst bei Äschylus auf und wird fortgeführt durch Plato, Aristoteles, die Stoiker, und durch Thomas von Aquin bis zu John Locke, der ihn berühmt machte in seinen *Essays Concerning Human Understanding* (II 1,2) und der den Begriff »weißes Papier« (von der griechischen Redensart *charten euergon eis apographein*) benutzt. Der griechische Ausdruck ist zuerst gebraucht worden von Alexander von Aphrodisias (um 200 v. Chr.) und seine lateinische Übersetzung durch Ägidius Romanus (gest. 1316). Leibniz kritisierte Lockes Gedanken (*Nouveaux essais* I 1, 3; II 1 etc.) und erkannte klar seinen Trugschluß, der selbstzerstörerisch und selbstverneinend ist.

[17] Man nimmt auf die Struktur und Energiekräfte des menschlichen Organismus Bezug mit dem Fachausdruck *rtsa*, »Pfade«, auf denen sich die Lebenskräfte bewegen. Die Urtexte unterscheiden deutlich zwischen den »Pfaden« *(rtsa)*, der »Bewegung der Lebenskraft« *(rlung)* und der »Lebenskraft« selbst *(thig-le)*. In diesem Zusammenhang von »tantrischer Physiologie« zu sprechen, ist ein ausgezeichnetes Beispiel für das, was A. N. Whitehead »Konkretheit am falschen Platz« genannt hat.

[18] Diese körperliche Aktivität ist fachlich als *rlung* »Bewegungsfähigkeit« bekannt. Diese ist unmittelbare Bewegung, schließt aber nicht das Verrücken von etwas im Raum ein. Bewegungsfähigkeit ist Ausdruck für den gesamten Lebensvorgang. Über Dynamik von Struktur und Bewegungsfähigkeit siehe sGam-po-pa, Khi 21 b f.

[19] *Naro,* fol. 51 b.

[20] ibid., 58 b.

[21] ibid., 60 b.

[22] sGam-po-pa, Nga 11 a und in allen seinen Werken.

[23] *Towards a Psychology of Being, passim.*

[24] *Zab-mo nang-don,* fol. 7 b.

[25] *Zab-mo nang-don rnam-'grel,* fol. 72 a.

[26] *bSre-'pho,* fol. 57 a ff.

[27] ibid.

[28] sGam-po-pa, Tha 46 b.

[29] sGam-po-pa, Ca 20 a.

[30] sGam-po-pa, Nga 8 a.

[31] sGam-po-pa, Nga 11 ab.

[32] Siehe oben, S. 43.

[33] »Ungeboren« bezieht sich auf einen zentralen Gedanken im Buddhismus. Grundlegend ist ein absolut realer Grundsatz. Er besagt, daß Wirklichkeit oder Sein eins sind und es kein anderes Sein oder keine andere Wirklichkeit geben kann, ohne daß sie der Anfangsvoraussetzung widersprechen. Da die Fiktionen des Geistes nur Auswirkungen der absoluten Wirklichkeit oder des »Geistes-an-sich« sind, sind sie nicht von ihm getrennt und sind in diesem Sinn »ungeboren«. Wenn man ihnen eine andere Wirklichkeit zuweist als die absolute des Seins, kann man sie »erscheinen« und wieder »vergehen« sehen. Man kann sehen, wie sie »geboren« werden und »sterben«. Sie rufen die Relativierung der Absolutheit hervor durch den Gegensatz zu der Relativität des Seins oder »Erscheinens«.

[34] Dieser Begriff entspricht unserer »überbewerteten Vorstellung«. Siehe H. V. Guenther, *The Royal Song of Saraha*, S. 83 ff.

[35] Siehe oben, Anm. 9.

[36] sGam-po-pa, Cha 14 a, Ha 3 a, Ki 22 b.

[37] *Mahamudra* bezieht sich auf die Absolutheit des Seins, wie sie sich uns einprägt, wenn wir unserem Sein begegnen.

[38] sGam-po-pa, Ca 26 a f.

[39] Es sind die fünf Emotionen, die als Entstellungen des ursprünglichen Bewußtseins und höchster Glückseligkeit, die Möglichkeit enthalten, diese beiden wieder in Besitz zu nehmen.

[40] sGam-po-pa, Ca 27 ab.

[41] sGam-po-pa, Ta 4 a: »Nichtwissen und Zusammengehörigkeits-Bewußtsein« (das heißt die Unmittelbarkeit des Erkenntnisprozesses) sind wie Fläche und Rücken der Hand. Solange man nicht wissend ist, sind (absolutes Bewußtsein und Geist-an-sich) – wie man sagt – die Wurzel von *samsara*.
Das Verstehen aber soll die Wurzel des ursprünglichen Bewußtseins sein.

[42] *bSre-'pho'i khrid*, fol. 67 b.

[43] sGam-po-pa, Ra 11 ab.

[44] Der Fachausdruck *sunya(ta)* bezeichnet die »offene Dimension des Seins«. Die übliche Übersetzung mit »Leere« oder »Unerfülltsein« vermag nicht den positiven Gehalt des buddhistischen Gedankens zu übermitteln. Diese offene Dimension ist »nichts an sich«, das heißt, daß sie nicht verengt werden kann auf einen Denkinhalt, und wenn die festgelegten Inhalte des Bewußtseins von wesentlichster Bedeutung sind, dann wird die Offenheit des Seins leicht als nihilistisch abgetan. Den positiven Inhalt können wir aus zwei Versen von Saraha und seinem Kommentar über sie entnehmen:

> »*nga* steht für Unerfahrenheit, nichts in sich selbst;
> wenn ein Yogi unaufhörlich seine jugendliche Herrin
> befriedigt, ohne Gedanken von Gut und Böse (nachzugehen),
> dann wird die nächtliche Dunkelheit ausgelöscht und das
> strahlende Licht entzündet.«
> *Ka-khasya Doha*, fol. 55 b.

> »*na* steht für Unerfahrenheit, nichts in sich selbst;
> wenn der unerfahrene Geist (in seiner Unerfahrenheit) verstanden wird,
> wird er nicht von Gut und Böse beschmutzt,
> und die jugendliche Herrin ist von Unmittelbarkeit erfüllt.
> (Der Yogi), der unaufhörlich ihr beiwohnt, ist nicht unterworfen
> Geburt und Tod und nicht (in *samsara*) gefesselt.«
> *Ka-khasya Doha*, fol. 55 b.

»*Na* steht für *naya (naya)* ›unerfahren‹. Durch ein selbstgültiges Bewußtsein wird Unerfahrenheit des Geistes als Offenheit verstanden, nicht aber als intellektuell veranlaßte Leere. *Na* steht für *nirantara*, ›fortlaufend‹. Wenn der Yogi in der Unmittelbarkeit verharren kann, (genießt er) Glückseligkeit, denn Begriffe und ihre Wortbildungen sind angehalten. Zu dieser Zeit steht *na* für *na-si (nasa* ›Zerstörung‹) ›Nacht‹. Dunkelheit der Nacht meint Frustration durch blinde Verliebtheit. Da ›Erscheinung‹, so wie sie dem gewöhnlichen Menschen widerfährt, nicht gegenwärtig ist, herrscht Nihilismus, Frustration. Hat diese Erscheinung der Frustration aufgehört, entsteht ›Erscheinung‹ für den Yogi, das strahlende Licht als äußerste Offenheit. *Tippana* fol. 58b.

»*Na* steht für *naya* oder *ni-dza (nija)* den ›unerfahrenen Geist‹. Der unerfahrene Geist entstand niemals durch Ursachen und Bedingungen. Er ist ursprünglich, ohne Begriffe, ein strahlendes Licht, nichts in sich selbst. Dies bedeutet, daß er nicht etwas ist, das geleert wurde. *Na* steht für *niyamana (nijamanas)* ›unerfahrener Geist‹. Wenn diese Unerfahrenheit verstanden wird, ist kein Gutes oder Böses mehr gegenwärtig. Nachdem es keine Begriffe gibt, ist (diese Unerfahrenheit) nicht beschmutzt. *Na* steht für *nayaghari (nayagharini)* ›jugendliche Herrin‹. ›Sie ist von Unmittelbarkeit erfüllt‹, bedeutet, daß sie glücklich ist; sie ist nicht froh oder glücklich durch Begriffe. *Na* steht auch für ›Unmittelbarkeit‹ und für *ni-ba-ra* (?) ›ununterbrochen‹. Wenn man ununterbrochen bei ihr verweilt, ist man nicht Geburt, Alter und Tod unterworfen. Dies bedeutet, daß nur *samsara* Gebundenheit ist.«   *Tippana*, fol. 60 b.
Das weibliche Symbol zeigt, daß Geist der Nährboden der Gedanken ist und seine (ihre) Funktion die Eingebung ist.

[45] sGam-po-pa, Cha 2 b.
[46] sGam-po-pa, Tha 20 ab.
[47] sGam-po-pa, Nya 5 a–6 a.
[48] MN I 169 f.
[49] Jnanasiddhi VII 3.
[50] *Mahasukhaprakasa 6.*
[51] *Prajnopayaviniscayasiddhi I 27.*
[52] *Doha no. 27.*
[53] Wenn nicht anders angegeben, stammen die Zitate aus Dohakosa von Saraha, in Tibet volkstümlich bekannt unter *People Dohas*. Es existiert eine fragmentarische Apabhramsa-Version, die ins Französische übersetzt wurde von M. Shahidullah, *Les Chants Mystiques de Kanha et de Saraha*. Siehe H. V. Guenther, *The Royal Song of Saraha*, S. 8 ff.
[54] *Tika*, fol. 101 ab.
[55] Die Bezeichnung »wahrer Guru« *(bla-ma-dam-pa)* ist eine der vielen symbolischen Ausdrücke, die in tantrischen Werken benutzt werden. Sie bezieht sich auf die Absolutheit des Seins, nicht auf einen Menschen, da sie sich dem Einzelnen »aufprägt«, der seinem Sein näherkommt. In gewissem Sinn kann der »wahre

Guru« unserer Idee des »Gewissens« verglichen werden, nicht aber in dessen traditioneller Bedeutung als »negative Stimme«, sondern eher in der positiven Auslegung, die Rollo May vorschlägt, als die Fähigkeit eines Menschen, die tieferen Ebenen seiner Einsicht anzuzapfen und bewußter und anerkennender zu sein. Vgl. Rollo May, *Man's Search for Himself*, S. 184. Wenn auch die Führung von »innen« zu kommen scheint und ein höherer Wert sie »übernimmt«, schließt dies nicht Passivität oder Untätigkeit des Einzelnen ein. Wie es der Vergleich zeigt, ist ein sich selbst ausbreitendes Bewußtsein am Werk und macht den Menschen empfindsamer und verständnisvoller. Daher aktiver in einer sinnvollen Weise im Gegensatz zu dem zwanghaften Aktivismus dessen, der sich nur dadurch auszeichnet, daß er nichts weiß und versteht.

[56] »Erinnerung *(dran-pa)* ist ein Fachausdruck, der Bewußtseinsvorgänge zusammenfaßt. Siehe H. V. Guenther, *The Royal Song of Saraha*.

[57] *Doha skor-gsum*, fol. 52 b. Die Identität von Glückseligkeit und absolutem Sein ist auch bestätigt bei sGam-po-pa, Nga 12 a.

[58] Karma Phrin-las-pa bestätigt ausdrücklich in seinem *Doha skor-gsum*, fol. 35 a, daß Begriffe zum Denken eines normalen Menschen gehören und Glückseligkeit zur Buddhaschaft. Der tibetische Ausdruck *'gro-ba* enthält ein Wortspiel, das sowohl »Lebewesen« wie auch »Beweglichkeit« bedeutet.

[59] »Opfer« bedeutet die Hingabe eines höheren Wertes für einen niederen oder gar keinen Wert. Das Leben opfern heißt den Tod, einen Nichtwert annehmen. Die Hingabe eines niederen Wertes für einen höheren ist Gewinn.

[60] *Naro*, fol. 21 a.

[61] ibid.

[62] ibid.

[63] *yid (manas)* unterscheidet sich von *sems (citta)*, das auf die Zielgerichtetheit des Geistes durch Betonung der subjektiven Disposition hinweist.

[64] gNyug II 41 ab. In ähnlicher Weise sagt sGam-po-pa, Ra 10 a: »Während das Übel der Begriffsbildung in einem Geist *(sems)* aufsteigt, bleibt der Geist-an-sich *(sems-nyid)* ungeboren. Seine Ungeborenheit ist seine unaufhörliche Dynamik. Durch diese

ununterbrochene Dynamik des Ungeborenseins führt Verständnis zur Buddhaschaft, Unverständnis zu *samsara*. Sinngemäß hat der Senfsamen eine ölige Substanz. Wenn man den Samen in die Erde legt, wächst er zu einer Pflanze, wenn man den Samen preßt, erhält man Öl. Durch die unaufhörliche Dynamik des Ungeborenseins werden diese Triebkräfte in ihrer Manifestation als wirkliche Wahrnehmung *dharmakaya*. In ihrer Manifestation als Unwissenheit werden sie zu einem Lebewesen. Diese Triebkräfte steigen als Unwissenheit und Entfremdung auf, solange man ein Lebewesen ist. Sie steigen als Wissen und Erfahrung auf, wenn man ein Yogi auf dem Pfad ist, und als Wert-Sein *(dharmakaya)* und ursprüngliches Bewußtsein, wenn man ein Buddha geworden ist.

[65] Siehe oben, Anm. 13.

[66] Dieser Ausdruck wird für den mehr »theoretischen« Aspekt des Buddhismus gebraucht, wie er in den philosophischen Schulen diskutiert wird. Siehe H. V. Guenther, *Treasures on the Tibetan Middle Way*, S. 52.

[67] Dieser Ausdruck bezieht sich mehr auf die »praktische« Anwendung der theoretischen Diskussionen. Siehe H. V. Guenther, *Treasures an the Tibetan Middle Way*, S. 53.

[68] SN II 179.

[69] AN II 211.

[70] AN II 10.

[71] AN II 34.

[72] *Visuddhimagga*, S. 567.

[73] ibid., S. 568.

[74] *Prasannapada*, S. 530.

[75] Für weitere Einzelheiten siehe H. V. Guenther, *Buddhist Philosophy in Theory and Practice*.

[76] Zitiert in *Advayavajrasamgraha*, S. 2.

[77] *Muhasukhaprakasa*, 13.

[78] *bSre-'pho*, fol. 69 b.

[79] Das Bild ist schon in Sarahas *Kayakosamrtavajragiti*. Saraha benutzt es zur Darstellung des Wachtums der Glückseligkeit:
»Zuerst wird die Erscheinung als Offenheit erfahren,
dies gleicht dem Wissen, daß Eis Wasser ist.

Während die Erscheinung der ›Erinnerung‹ nicht aufhört,
ist ihre Offenheit nicht von Glückseligkeit zu unterscheiden.
Dies ist die Stufe, in der Eis wieder zu Wasser wird.
Wenn ›Erinnerung‹ sich aufgelöst hat in ›Nicht-Erinnern‹ und
                         dieses in ›Nicht-Entstehen‹ und
alles unterschiedslos in höchste Glückseligkeit verwandelt ist,
dann gleicht dies dem Eis, das wieder Wasser wurde.«

                                               (fol. 112 a)

[80] *Lam-zab*, fol. 24 b.

[81] *Mahayanasutralankara* IX 67–68.

[82] *Jnanasiddhi* I 48–49.

[83] sGam-po-pa, Ca 32 a.

[84] *Naro*, fol. 61 a.

[85] ibid.

[86] Die Prasangikas forderten zuerst die verschiedenen philosophischen Systeme heraus durch Hinweis auf die ihnen eigenen Unstimmigkeiten, aber stellten kein eigenes System auf. Später entwickelten sie ein eigenes System. Siehe H. V. Guenther, *Buddhist Philosophy in Theory and Practice*, S. 141 ff. Hier ist Bezug genommen zu der negativen Interpretation der »Offenheit des Seins« *(sunyata)* als »absolute Negation« *(med-dgag, prasajya-pratisedha)*.

[87] *Naro*, fol. 61 b.

[88] Siehe auch oben, Anm. 17.

[89] Sie werden dann 'khor-lo *(cakra)* genannt. Diese Brennpunkte werden verständlich, wenn man sie von den Energie-Triebkräften des menschlichen Körpers aus betrachtet und nicht versucht, sie mit Teilen des Organismus zu identifizieren.

[90] *Doha skor-gsum*, fol. 21 a.

[91] Siehe H. V. Guenther, *The Life and Teaching of Naropa*, S. 143 ff. Obgleich die Ermächtigungen hier in einen »objektiven« Zusammenhang gestellt sind, ist eine große Symbolik eingeschlossen.

[92] Das heißt, die Vorstellung des Körpers als Gott, der Rede als Mantra und des Geistes als absolutes Sein.

[93] Dies bezieht sich auf polare Antriebe und Gefühle, die ihre Wurzel in der Einheit und der Antithese des Lebensvorganges haben. Die polaren Kräfte, die hier angezeigt werden, entsprechen dem,

was in unserer Terminologie jetzt als Liebe und Sexualität bezeichnet wird. Bekanntlich fließt das Gefühl der Vitalität abwärts und erfüllt den Beckenbereich und die Geschlechtsorgane. In der Liebe fließt dieses Gefühl aufwärts, erweitert die Sinndeutung und umfaßt das Liebesobjekt, das zur gesamten Welt der Liebenden wird. Der Abwärtsfluß vom Scheitel des Kopfes (dem Gehirn) zum untersten Ende des Körpers (den Geschlechtsorganen) wird *yas-babs* (auch *yas-brtan*) »Abstieg von oben« und der Aufwärtsfluß *mas-brtan* »gehalten von unten« genannt. Obgleich die abwärtssteigenden Gefühle eine andere Qualität haben als die aufwärtssteigenden, sind sie sich quantitativ gleich. Beide Extremitäten besitzen die gleiche Fähigkeit, die Energie zu halten und zu sammeln, deren Bewegung von Natur aus hin- und herfließend ist. Sexuelles Gefühl steht im richtigen Verhältnis zum Gefühl der Liebe und umgekehrt. Deshalb bietet die Kraft der Sexualität, wenn sie nicht durch ein künstlich erwecktes Gefühl von Schuld und Widerstreit unterminiert wird, dem Menschen die intensivste und einzigartigste Form der Seinserfahrung, die immer in Freude und Glück besteht und niemals in einem Gefühl der Flüchtigkeit des Lebens oder der Knechtschaft des Menschen unter einem unverständlichen Postulat. Die Sexualkraft kann diese Möglichkeit geben, da sie dem ganzheitlichen Individuum zugehört und nicht zu einem seiner vielen Aspekte allein. In gewissen Texten, z. B. *Sekoddesatika*, S. 25, wird behauptet, daß in der Vereinigung zwischen Mann und Frau *»bodhicitta* nicht entladen werden darf«. Die Anwendung des Ausdrucks *bodhicitta*, die reich an symbolischem Gehalt ist, ist ein Zeichen, daß es sich nicht in erster Linie um das Vermeiden einer Ejakulation handelt. Es ist eher ein Ratschlag, die pulsierende Bewegung, die die verschiedenen Aspekte der menschlichen Persönlichkeit (das heißt Liebe und Sexualität) vereint, nicht zu zerreißen. Überdies führt der bewußte Versuch, eine Ejakulation zu verhindern, zu Überlegungen über die Unterdrückung, die in diesem speziellen Fall – wie man weiß – zur Impotenz der Erektion führt. Dies ist charakteristisch für den Schizoiden und seine Besessenheit von Sexualität als Mittel, Kontakt mit anderen aufzunehmen. (Siehe Alexander Lowen, *Physical Dynamics of*

Character Structure, The Betrayal of the Body; Pleasure.) Wenn
im *Prajnopayaviniscayasiddhi* V 40 behauptet wird: »Aber er
muß in einer Weise vorgehen, daß der Geist *(manas)* nicht erregt
wird«, betont der Gebrauch des Wortes *manas* die Tatsache, daß
Liebe nicht von der Sexualität und Sexualität nicht von der Liebe
zu trennen sind. *Manas* ist die Funktion, die das Gefühl der Ichbezogenheit aufrichtet und dann als kategorische Wahrnehmung
handelt. Durch sie werden Sexualität und Liebe widerstreitende
Kategorien.

94 *blo-las 'das-pa:* »jenseits der (Grenzen des) Intellekts gehen«,
nicht jenseits des Geistes-an-sich oder Seins-an-sich.

95 *Tika,* 71 b.

96 *Naro,* fol. 81 a.

97 Wir müssen uns nur an die boshaften Ergüsse eines St. Jerome,
eines St. Odo von Cluny und anderer erinnern und an die von
der Kirche entfachte Hexenjagd-Epidemien. Schließlich ist die
gewöhnliche irdische Frau, nachdem die Himmelskönigin ewig
eine Jungfrau bleibt, eine Abscheulichkeit und kann (oder muß?)
von ihrer Verdammnis durch weitere Demütigung und Strafen
gerettet werden. Die Erklärungen gegen die Frau, die in einigen
buddhistischen Schriften gefunden werden, stehen auf einer ganz
anderen Ebene, da sie nicht Teil des Lehrsystems sind. Keine Frau
wurde jemals gequält oder getötet »im Namen des Buddha«,
aber die Zahl derer, die »im Namen Gottes« getötet wurden, ist
unzählig.

98 Kanha, *Doha* no. 29.

99 *Naro,* fol. 77 a. cp. 81 a.

100 ibid., fol. 82 a.

101 *Vyaktabhavanugatattvasiddhi.*

102 *Sekoddesatika,* S. 56.

103 *Naro,* fol. 87 a. Siehe auch oben, Anm. 93.

104 *Doha skor-gsum,* fol. 22 ab.

105 Dies sind Symbole für die Polaritäten, die anderweitig *samsara*
und Nirvana genannt werden, die Welt der Erscheinung und die
offene Dimension des Seins und so fort.

106 Diese Aufzählung stammt aus der intellektuellen Yogacara-
Lehre. Sie erkennt die gewöhnlichen fünf Sinneswahrnehmungen

und die kategorische Wahrnehmung als sechste an, die alle in einer asymmetrischen Beziehung zu einem Zentrum stehen, das den Ich-Sinn hervorbringt. Dieser wird das siebente Ereignis der Wahrnehmung genannt, das aus einem durchdringenden Nährboden hervorgeht, das die Fähigkeit hat, Spuren der Erfahrung und ihrer Veränderungen zurückzubehalten. Das ist die achte Art des Bewußtseins. Siehe für weitere Einzelheiten H. V. Guenther, *Buddhist Philosophy in Theory and Practice*, S. 95 ff.

[107] Dieser Begriff *(chags-lam)* verweist auf die Situation, bei der Sexualität und Liebe von größerer Bedeutung für die menschliche Entwicklung sind.

[108] Die Texte erwähnen gewöhnlich vier Mudras, die sich auf folgende Weise aufeinander beziehen:

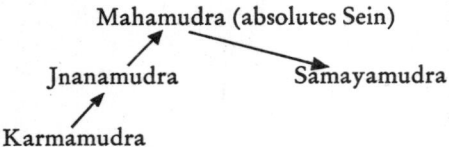

Mahamudra (absolutes Sein)

Jnanamudra   Samayamudra

Karmamudra

[109] *Naro*, fol. 86 b.

[110] *Sekoddesatika*, S. 56.

[111] Große Mutter ist ein Begriff von *prajnaparamita*, »verständnisvolles-unterscheidendes Bewußtsein auf seinem Höhepunkt«.

[112] *Naro*, fol. 87 a.

[113] Mandala ist hier in seiner üblichen Bezeichnung als ein orientierendes Zentrum benutzt, ausgeschmückt durch seine Umgebung.

[114] *Tika*, fol. 72 b. *Doha skor-gsum*, fol. 67 ab.

[115] Siehe *Doha skor-gsum*, fol. 69 a.

[116] Siehe oben, Anm. 108.

[117] *Naro*, fol. 87 b.

[118] *Doha skor-gsum*, fol. 59 a: »Seitdem die Einheit vom Sein, die höchste Glückseligkeit, Herr ist von *samsara* und Nirvana, sprechen wir (von ihm, der dies verwirklicht hat als) Meister.

[119] *Sekoddesatika*, S. 25. Siehe auch oben, Anm. 93.

[120] ibid., S. 3.

[121] *Prajnopayaviniscayasiddhi*, V 22–23.

228

122 Der Ausdruck »Gestalt einer Frau« enthält auch eine Andeutung der Polarität in den strukturellen Triebkräften des Körpers. Da eine Welt für den Körper erforderlich ist, bestehen »innere Vorgänge« wie »äußere Triebe«.

123 *Prajnopayaviniscayasiddhi*, V 3–6.

124 ibid., V 38–39.

125 *Adayavajrasamgraha*, S. 23.

126 *Tika*, fol. 87 b. Cp. *Doha skor-gsum*, 38 a.

127 Weitere Einzelheiten bei H. V. Guenther, *The Royal Song of Saraha*, S. 149.

128 *Doha*, Nr. 32. Dasselbe Bild ist benutzt bei *Tika*, fol. 95 ab.

129 *Dohakosa-upadesagiti (mi-zad-pa'i gter-mdzod man-ngag-gi glu)*, im Volke bekannt als Königin Doha.

130 *Doha skor-gsum*, fol. 59 ab.

131 ibid., fol. 59 b–60 a.

132 ibid., fol. 60 ab.

133 ibid., fol. 60 b.

134 ibid.

135 ibid., fol. 60 b–61 a.

136 Hier sind die Prasangikas gemeint. Siehe auch Anm. 86.

137 *Doha skor-gsum*, fol. 61 ab.

138 ibid., fol. 72 ab.

139 Zitat aus *Dohakosa* von Saraha.

140 *Doha skor-gsum*, fol. 73 a.

141 *Dohakosa*.

142 Königin Doha.

143 *Doha skor-gsum*, fol. 73 ab.

144 Königin Doha.

145 *Doha skor-gsum*, fol. 73 b–74 a.

146 Dies bezieht sich auf die Energie-Struktur des lebendigen Organismus. Weitere Einzelheiten bei H. V. Guenther, *The Life and Teaching of Naropa*, S. 273 ff.

147 *Naro*, fol. 7 b.

148 ibid.

149 Siehe oben.

150 *Tika*, fol. 73 ab.

151 *Advayavajrasamgraha*, S. 23.

[152] *Sekoddesatika*, S. 56.

[153] ibid., S. 57.

[154] *Advayavajrasamgraha*, S. 49.

[155] ibid., S. 24.

[156] ibid., S. 50.

[157] *Tika*, fol. 73 b–74 a.

[158] ibid., 74 ab.

[159] ibid., 74 b.

[160] ibid., 74 b–75 a.

[161] *Doha skor-gsum*, fol. 25 b.

[162] *Tika*, 75 a.

[163] ibid., 77 b.

[164] *Naro*, fol. 65 b.

[165] ibid., 65 b–66 a.

[166] Die konventionelle und absolute Wahrheit. Die Einheit der zwei Wahrheiten leitet sich von dem Yogacara-System ab, in dem sie bereits anklingen.

[167] S. 149.

[168] *Tika*, 101 ab.

[169] *Doha skor-gsum*, fol. 55 b.

[170] *Tika*, fol. 104 b–105 a.

[171] *Doha skor-gsum*, fol. 59 a.

[172] ibid., fol. 56 b.

[173] »Sein-an-sich«, *svabhavikakaya*, ist im wesentlichen ein Begriff der buddhistischen Metaphysik, während »Sein, empfunden als höchste Glückseligkeit«, *mahasukhakaya*, auf die Erfahrung des Seins-an-sich verweist.

[174] *Tika*, fol. 105 a.

[175] ibid., fol. 105 b.

[176] ibid., fol. 75 b–77 a.

[177] *The Mind and its Place in Nature*.

[178] *Doha skor-gsum*, fol. 26 a–27 b.

[179] *sNgags*, fol. 21 b ff.

[180] ibid.

[181] Ca 36 a.

[182] Ja 6 b.

[183] Kunst als Projektion dessen, »wie die Dinge sein sollten und sein

könnten«, kann uns unschätzbare emotionale Befriedigung geben. Aber wieder hängt die Art dieser Befriedigung von unseren tiefsten Werten und Voraussetzungen ab. Wenn das Leben ein Wert ist und unsere Voraussetzung darin besteht, daß wir des Lebens ganz bewußt sein und es aus diesem Bewußtsein heraus leben können, dann werden wir die Freude des Lebendigseins und die Werte suchen, die das Leben steigern. Wenn aber unser »Wert-System« so angelegt ist, daß wir das wünschen, was zu unserer (und der anderen) Zerstörung führt, dann werden wir unvermeidlich in Projektionen des Schreckens und der menschlichen Entwürdigung schwelgen. Die Gewaltsamkeit und Brutalität, die so oft in westlicher Kunst dargestellt wird, ist unmittelbarer Ausdruck der metaphysischen Negation im Westen.

184 Die Skulpturen von Nagarjunakonda gehören dem dritten Jahrhundert an. Zur Geschichte und Bedeutung von Nagarjunakonda siehe *The History and Culture of the Indian People*, Bd. II, *The Age of Imperial Unity*, 4. Aufl., Bombay 1968, S. 224 ff., 524 ff.

185 *Kiratarjuniya* IX 61.

186 *Sisupalavadha* X 22.

187 ibid., X 42.

188 *Kiratarjuniya* VIII 8.

189 ibid., VIII 7.

190 *Amarusataka*, 66.

191 ibid., 65.

192 *Gitagovinda* XII.

Bibliographie

(Nur Primärliteratur)

A. TEXTE IN SANSKRIT UND PALI:

Advayavajrasamgraha   (= Gaekwad's Oriental Series
No. X. L.)

Amarusataka   (= Poona Oriental Series No. 101.
Poona 1959)

Hevajratantra   (= London Oriental Series, Volume 6.
Die Übersetzung einiger Stellen aus
diesem Text ist meine eigene.)

Jnanasiddhi   (= Gaekwad's Oriental Series
No. XLIV.)

Kanha   (= M. Shahidullah, Les Chants Mystiques de Kanha et de Saraha. Paris
1928)

Kiratarjuniya   (= Haridas Sanskrit Granthmala
105. Varanasi 1961)

Mahasukhaprakasa   in Advayavajrasamgraha

Mahayana-Sutralankara   (= Asanga: Mahayana-Sutralankara. Exposé de la Doctrine du Grand
Véhicule selon le système Yogacara,
édité et traduit d'après un manuscrit
rapporté . du Népal par Sylvain
Lévi. Tome I–texte. Paris 1907)

Prajnopayaviniscayasiddhi   (= Gaekwad's Oriental Series
No. XLIV.)

Prasannapada   (= Mulamadhyamakakarikas [Ma-
dhyamikasutras] de Nagarjuna avec
la Prasannapada Commentaire de
Candrakirti. Publié par Louis de la
Vallée Poussin. Bibl. Buddhica IX,
1912)

Sekoddesatika	(=Gaekwad's Oriental Series No. XC.)
Sisupalavadha	(=Vidyabhavan Sanskrit Granthmala 8. Varanasi 1961)
Anguttara-nikaya	Pali Text Society Edition
Samyutta-nikaya	Pali Text Society Edition
Visuddhimagga	Pali Text Society Edition

B. NUR IN TIBETISCHER ÜBERSETZUNG VORHANDENE TEXTE:

Kakhasya doha (Ka-kha'i do-ha)	(bsTan-'gyur, rgyud-'grel, vol. Tsi, fol. 66 a–68 b. Peking ed.)
Kakhasya Doha-tippana (Ka-kha'i do-ha'i bshad-pa bris-pa)	(ibid., fol. 68 b–78 a)
Kayakosa-amrtavajra-gita (sKu'i mdzod 'chi-med rdo-rje'i glu)	(ibid., fol. 78 a–85 a)
Doha-kosopadesa-giti (mi-zad-pa'i gter-mdzod man-ngag-gi glu »Königin Doha«)	(ibid., fol. 34 a–39 b)
Doha-kosa-hrdaya-artha-gita-tika (Do-ha mdzod-kyi snying-po don-gi glu'i 'grel-pa)	(ibid., fol. 97 a–138 a)
Vyaktabhavanugatatat-tvasiddhi (dngos-po gsal-ba'i rjes-su 'gro-ba'i de-kho-na-nyid grub-pa)	(ibid., Bd. Mi, fol. 66 b–72 b)

C. WERKE AUS TIBET SELBST:

Doha skor gsum	(=Do-ha skor-gsum-gyi tika sems-kyi rnam-thar ston-pa'i me-long)
sGam-po-pa	(=Die gesammelten Werke von sGam-po-pa. 38 Bde.)
Naro	(=Jo-bo Naropa'i khyad-chos bsre-'pho'i gzhung-'grel rdo-rje-'chang-gi dgongs-pa gsal-bar byed-pa)

sNgags	(=sNgags-kyi spyi-don tzhangs-dbyangs 'brug-sgra)
gNyug	(=gNyug-sems 'od-gsal-gyi don-la dpyad-pa rdzogs-pa chen-po gzhi-lam-'bras-bu'i shan-'byed blo-gros snang-ba)
bSre-'pho	(=bSre-'pho'i lam skor-gyi thog-mar lam dbye-bsdu)
bSre-'pho'i khrid	(=Jo-bo Naropa'i khyed-chos bsre-'pho'i khrid rdo-rje'i theg-par bgrod-p'ai shing-rta chen-po)
Zab-mo nang-don	(=Zab-mo nang-gi don)
Zab-mo nang-don rnam-'grel	(=Zab-mo nang-don-gyi rnam-bshad snying-po gsal-bar byed-pa'i nyin- byed 'od-kyi 'phreng-ba)